Lütgen · Das Rätsel Nordwestpassage

am 9.1.99 von Anna-Maria für Florian

Kurt Lütgen

Das Rätsel der Nordwestpassage

Illustrationen von Frantisek Chochola

Loewe

CIP-Titelaufnahme der Deutschen Bibliothek

Lütgen, Kurt:
Das Rätsel Nordwestpassage/Kurt Lütgen
Bindlach: Loewe
(Die LeseRiesen)
ISBN 3-7855-1863-3

ISBN 3-7855-1863-3

erstmals erschienen 1966 im Georg Westermann Verlag, Braunschweig
Umschlag: Erich Hölle und Claudia Böhmer
Geographische Übersichtskarten: Erik Pellikan
Satz: Meister-Satz, Hof
Gesamtherstellung: Svornost, Bratislava
Printed in CSFR

Inhalt

1 Die Herausforderung des Ozeans

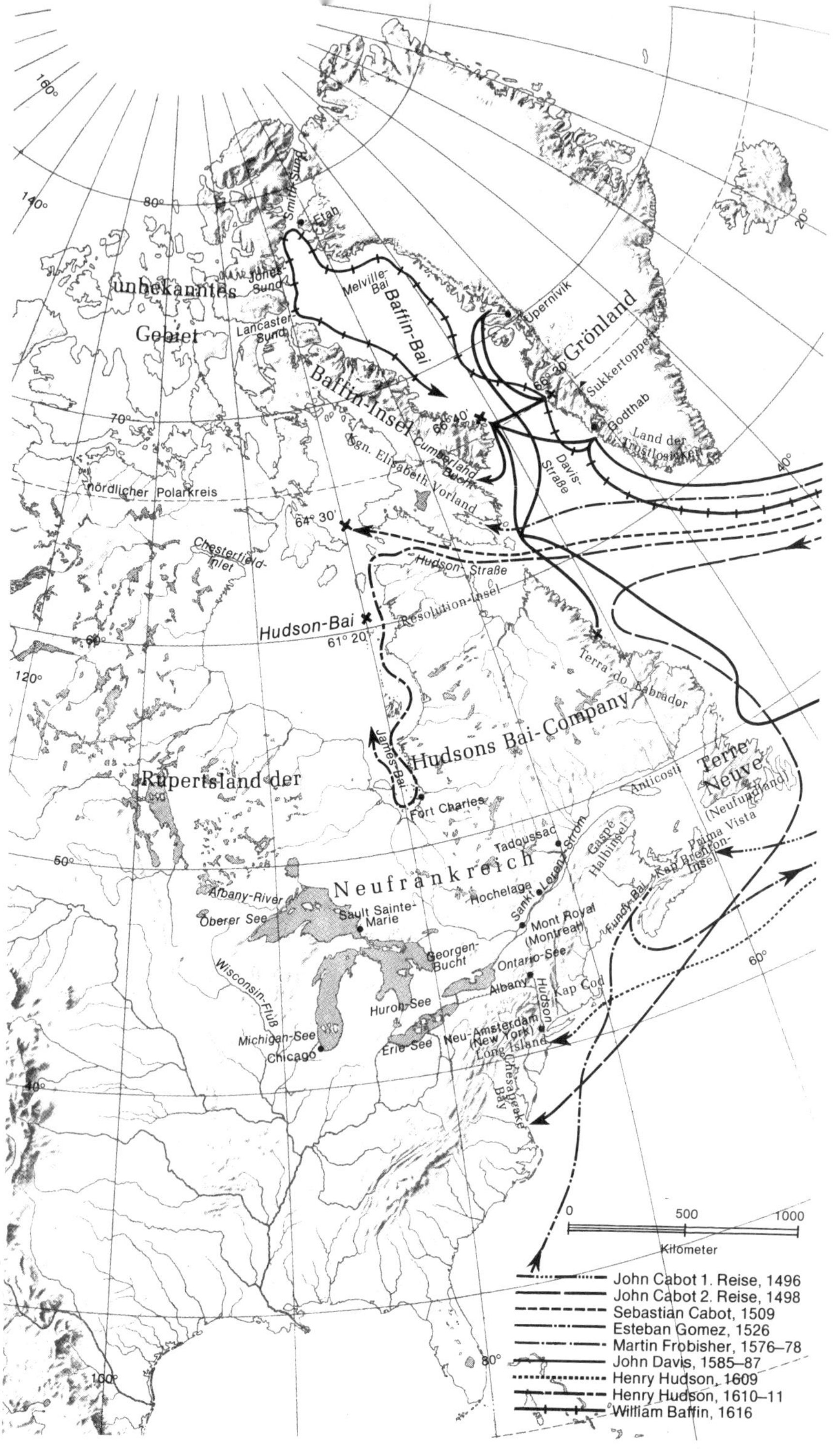

160°
140°
80°
Smith-Sund
Etah
Jones-Sund
unbekanntes
Gebiet
Lancaster-Sund
Melville-Bai
Baffin-Bai
Upernivik
Grönland
Sukkertoppen
66° 30'
Baffin-Insel
66° 40'
Godthab
Land der Trostlosigkeit
70°
Cumberland-Bucht
Davis-Straße
Kgn. Elisabeth Vorland
nördlicher Polarkreis
40°
64° 30'
Chesterfield-Inlet
Hudson-Straße
Resolution-Insel
Hudson-Bai
61° 20'
60°
120°
Terra do Labrador
Hudsons Bai-Company
James-Bai
Rupertsland der
Fort Charles
Anticosti
Terre Neuve
(Neufundland)
Prima Vista
Kap Breton-Insel
Tadoussac
Sankt Lorenz-Strom
Gaspé Halbinsel
50°
Neufrankreich
Hochelaga
Albany-River
Oberer See
Sault Sainte-Marie
Mont Royal (Montreal)
Fundy-Bai
Georgen-Bucht
Ontario-See
Wisconsin-Fluß
Albany
Hudson
Kap Cod
Huron-See
Michigan-See
Neu-Amsterdam (New York)
Chicago
Erie-See
Long Island
Chesapeake Bay
40°
0
500
1000
Kilometer
80°
100°
John Cabot 1. Reise, 1496
John Cabot 2. Reise, 1498
Sebastian Cabot, 1509
Esteban Gomez, 1526
Martin Frobisher, 1576–78
John Davis, 1585–87
Henry Hudson, 1609
Henry Hudson, 1610–11
William Baffin, 1616

Die Botschaft des Atlantik

Durchfahrt im Nordwesten?

Alle erprobten Islandfahrer in Bristol schüttelten mißbilligend den Kopf, als es sich herumsprach, Sebastian Cabot habe den letzten Montag im März 1509 für die Ausreise seiner Expedition bestimmt. Eine Fahrt nach Norden mehr als vier Wochen vor dem Termin, den die Erfahrung von Jahrzehnten gesetzt hatte? Das hieß, dem Teufel die Trumpfkarte zuschieben. Um diese Zeit kam doch die Eisdrift aus dem hohen Norden mit ihren Nebelbänken und Schollenfeldern erst richtig in Gang!

Sogar der besonnene Handelsherr Robert Thorne, selbst alter Fahrensmann und seit langem Cabots nie versagender Freund und Förderer, ließ sich von den Unkenrufen beunruhigen. „Weshalb diese Eile?" fragte er. „Wird der verfrühte Aufbruch nicht den Erfolg deiner Reise gefährden, die wir mit so viel Sorgfalt und Mühe und Geld vorbereitet haben?"

Sebastian wich aus. Anfang April könne man auf dem Atlantik am ehesten mit günstigem Ostwind rechnen, also mit einer raschen Überquerung. Dadurch werde man endlich einmal genügend Zeit für die eigentliche Forschungsarbeit im westlichen Ozean gewinnen. Zeitmangel habe alle bisherigen Unternehmungen behindert. Immer sei der Sommer an den fernen Küsten zu kurz gewesen. „Das will ich ändern!"

Er spürte, daß seine Antwort Thorne nicht befriedigte. Da öffnete er eine Truhe, nahm ein Lederfutteral heraus und entrollte auf dem Arbeitstisch ein großes Pergamentblatt. „Diese Karte habe ich bisher sogar vor dir verborgen.

Sie offenbart ein Geheimnis, das, so fürchte ich, nur Verwirrung stiften müßte, würde es zur Unzeit bekannt."

Thorne vertiefte sich in das Kartenblatt, bis er im Spinngewebe der Linien die Umrisse von Küsten und Inseln erkannte. „Ich sehe nichts Rätselhaftes", sagte er nach einer Weile enttäuscht.

„Wirklich nicht?" Sebastian war zwar daran gewöhnt, bei seinen weitgreifenden Plänen mißverstanden zu werden. Doch wenn es ihm von Freunden geschah, schmerzte es. „Nun, so muß ich dir mein Geheimnis verraten. Hör zu: Jahrhundertelang hat der westliche Ozean, der Atlantik, uns Botschaften geschickt. Immer wieder ist in alten Schriften davon die Rede. Fremdartige Früchte und Baumstämme wurden an die Küsten Irlands und Frankreichs gespült. Bootsreste mit barbarischem Schnitzwerk trieben an die baskischen und galicischen Ufer und tote Menschen mit brauner Haut und straffem, blauschwarzem Haar ans Gestade der Azoren. Auf Nordseeinseln schwemmte die Flut behauene Balken aus unbekanntem Holz an. Woher kamen alle die stummen Boten? – Aus Indien, aus Cathay, dem Reich des Großkhans, so sagten unsere Ahnen. So sagte es noch Kolumbus. Aber glaube mir, Thorne, das ist falsch! Sie kommen nicht aus Asien über den westlichen Ozean, sondern aus einer neuen Welt, deren Größe wir nicht einmal ahnen!"

„Dann hätte sich Kolumbus geirrt und gar nicht die Küste Indiens erreicht?" Thorne sprang erregt auf. „Und John Cabot, dein eigener Vater? War er nicht fest überzeugt, er habe auf seinen beiden ersten Reisen die Küste von Cathay, also Asien berührt? Willst du deinen Vater einen Lügner heißen, Sebastian Cabot?"

„Beide haben sich geirrt! Mein Vater ahnte es. Deshalb drängte er so auf eine dritte Expedition. Leider hat er sie nicht mehr erlebt. Sie sollte Gewißheit bringen."

„Und nun willst du uns diese Gewißheit schaffen?"

Sebastian bedachte jedes Wort, ehe er antwortete. „Nein. Ich habe sie! Dank dieser Karte hier. Ich will mehr.

Ich will die Durchfahrt! Die Durchfahrt im Nordwesten nach Cathay!"

Thorne lachte. „Ich bin manches von euch Cabots gewöhnt. Ihr Träumer haltet nur zu gern für wahr, was eurer Phantasie vorschwebt. Mir, dem Kaufmann, der mit Zahlen und greifbaren Dingen rechnet, mir mußt du schon einige Zweifel gestatten."

„Diese Karte hier erklärt alles", wiederholte Sebastian hartnäckig. „In ihr ist alles Wissen aufgezeichnet, das mein Vater und ich in vielen mühevollen Jahren gesammelt haben. Auf unseren Reisen haben wir jeden, dem durch Geld oder Wein die Zunge zu lösen war, ausgefragt: spanische Mönche, baskische Steuerleute, Florentiner Bankiers und Händler von überall her. Viel verdanken wir dem portugiesischen Kapitän Fernandes, der 1498 als Pilot mit uns nach Nordwesten fuhr. Was er uns mitteilte, bestätigte, was mein Vater und ich auf unseren beiden Fahrten an den Küsten fern im Westen gesehen haben. Das ist das Ergebnis." Er schlug mit der Hand auf die Karte. „Beginnen wir im Süden: Am Äquator haben Spanier und Portugiesen eine Küste entdeckt, die zunächst nach Norden zieht, dann nach Westen abbiegt. Dort schließt sie an die Entdeckungen der letzten Kolumbus-Fahrt an und biegt erneut nach Norden. Freilich bleibt eine Lücke – noch! Setzt sich die Küste hier fort? Oder gibt es hier eine Durchfahrt nach Westen, nach Asien? Die Spanier vermuten das. Ich bin aber überzeugt, daß die Küste sich ununterbrochen weiter nach Norden zieht – bis zu der Stelle, die mein Vater 1496 südlich von den Stockfischinseln erreicht hat, und noch weiter, bis in die Gegenden, die unsere portugiesischen Freunde und Rivalen, Fernandes und die Brüder Gaspar und Miguel Cortereal, erkundet haben."

Thorne unterbrach ihn heftig. „Wenn dieses Bild richtig ist, dann hätten wir im Westen einen Erdteil vor uns!"

Sebastian nickte. „Jetzt hast du mich verstanden. Es ist ein neuer, großer Erdteil! Langgestreckt schiebt er sich in den westlichen Seeweg nach Asien, nach Cathay und Indien. Ich bin überzeugt, daß man ihn nur im Norden oder im Süden umsegeln kann. Ich will es im Norden versuchen. Und ich kenne den Norden. Deshalb will ich meine Fahrt so früh wie möglich antreten."

„Wie lange, meinst du, wird sie dauern?"

Sebastian zögerte mit der Antwort. Er wußte, sie würde wie ein Schlag wirken. Schließlich sagte er leise: „Mindestens vier Monate. Doch das muß unter uns bleiben! Und auch, daß es für meine Mannschaft in diesem Jahr keine Heimkehr gibt, falls uns die Durchfahrt gelingt!"

Thorne nickte. Es war ihm jedoch anzusehen, daß letzte Zweifel noch nicht ausgeräumt waren. „Die Lücken auf deiner Karte, Sebastian, lassen noch vielen Möglichkeiten Raum", sagte er zögernd. „Was macht dich so sicher, daß Kolumbus nicht Indien und dein Vater nicht die östlichste Küste Cathays erreicht hat?"

„Ein einfacher, naheliegender Gedanke: Wäre nämlich das mächtige, reiche Cathay, das uns Marco Polo beschreibt, das Cathay, das angeblich so viele tüchtige Schiffe und erfahrene, wagemutige Seeleute besitzt, uns wirklich so nahe, wäre es sozusagen unser Nachbar am westlichen Ozean – hätten dann nicht seine Schiffe längst den Weg zu uns gefunden, zumal auf dem Atlantik westliche Winde vorherrschen? Ihnen stand wie uns dieser andere Kontinent im Weg. Ob und wie dieses Hindernis zu umgehen ist, das will ich mit meiner Fahrt klären. Ich werde sie am letzten Montag im März antreten!"

Nichts Gutes aus Chioggia

Sebastian Cabots zwei Schiffe gingen am vorgesehenen Tag mit einsetzender Ebbe in See. Am Abend ließ er vor dem Ausgang des Bristol-Kanals beidrehen; er wollte nicht zu weit ins offene Meer hinausgetrieben werden. Bei Nacht in die Reichweite bretonischer oder baskischer Korsaren zu geraten, die den Schiffahrtsweg zwischen Lissabon und

Flandern unsicher machten, danach stand damals keinem englischen Seefahrer der Sinn.

Dieser Gefahr wegen hätte Cabot am liebsten sämtliche Lichter an Bord löschen lassen. Doch als er dem Schiffszimmermann das nur andeutete, schlug der Alte entsetzt ein Kreuz. „Wenigstens ein Licht muß an Bord immer brennen, Herr! Die Lampe, die die Windrose erhellt. Bei ihrem Schein finden die Seelen der Fahrensleute, die ohne letzte Wegzehrung auf See geblieben sind, Trost und Wärme. Niemand darf sie ihnen vorenthalten. Wer weiß, wie bald auch wir sie brauchen, Herr!“

Ein Schauder überlief Sebastian Cabot. Was Arbeit und Spannung der monatelangen Fahrtvorbereitungen überdeckt hatten, stieg bei den Worten des Zimmermanns wieder in ihm auf: die Ahnung, daß er mit dieser Fahrt den entscheidenden Schritt seines Lebens tat, der ebenso gut zum Ruhm wie in düsteres Elend führen konnte. Unruhe begleitete ihn beim Abendrundgang durch das Schiff und hielt ihm den Schlaf fern, als er endlich in seiner Koje lag.

Während er dem Klatschen und Schlürfen der Wellen unter dem Achterkastell lauschte, wanderten seine Gedanken den Weg zurück, den er in den dreiunddreißig Jahren seines Lebens durchmessen hatte.

Am Anfang stand die Gestalt des geliebten und verehrten Vaters, der sich als Seefahrer und Forscher mit dem großen Genuesen Kolumbus wohl messen konnte. Nur dessen Glück hat ihm gefehlt, dachte der Sohn ein wenig bitter, das Glück, zur rechten Zeit mächtige Gönner zu finden. Die Kaufleute von Bristol, Robert Thorne an der Spitze, sind wacker und nicht knauserig. Aber sie haben keine Phantasie. Und was ist ihr Einfluß schon, gemessen an der Macht von Königen?

Giovanni Caboto, Sebastians Vater, war wie Kolumbus Abkömmling einfacher Leute. Er war arm; schlimmer noch: Er stammte aus Chioggia, jener kleinen Nachbarstadt Venedigs, deren Einwohner bei eingesessenen Veneıanern im gleichen Ruf standen wie die Galiläer einstmals in Jerusalem. Was kann aus Chioggia Gutes kommen? hieß es in Venedig. Dabei hätte der junge Kaufmannsgehilfe ein Gewinn für die Stadt werden können, als er nach mehreren Dienstjahren als Frachtaufseher bei venetianischen Handelshäusern das Bürgerrecht der Inselrepublik erwarb. Venedig wußte jedoch mit dem ehrgeizigen Mann, der bald mehr seemännische als kaufmännische Gaben entfaltete, nichts anzufangen.

Er hatte auf den Handelsfahrten im Mittelmeer und nach dem Orient viel gesehen und gehört und gründlich nachgedacht. Er war bei dem Florentiner Toscanelli, dem ersten Astronomen und Kosmographen seiner Zeit, in die Schule gegangen. Toscanelli hatte ihn und eine Reihe von Geographen des 15. Jahrhunderts davon überzeugt, daß die Erde eine Kugel sei. Vorher galt als unumstößlicher Satz, die Erde sei eine Scheibe – umflossen vom Weltmeer, das man sich als unbefahrbar vorstellte. Die Antike hatte zwar die Lehre von der Kugelgestalt der Erde bereits gekannt. Aber sie war in Europa vergessen worden. Nur die arabischen Kosmographen hatten sie bewahrt. Von ihnen übernahm sie zuerst der Kardinal d'Ailly und später Toscanelli, der unter anderen auch Kolumbus für sie gewann.

Ohne diese Lehre wäre der Gedanke an eine Fahrt über den Atlantik nach Westen und an eine Nordwestpassage wohl kaum aufgekommen. Sie rückte für Giovanni Caboto Erfahrenes und Gehörtes in ein anderes Licht. War die Erde wirklich eine Kugel, dann mußte man sich auf ihr jedem Ort von zwei Richtungen her nähern können! Dann konnten zu den Gewürzländern des Ostens nicht nur die mühseligen Karawanenpfade führen, die in Alexandria und Arabien endeten und die begehrten Orientwaren – Gewürze, Perlen, Seide und Gold – unmäßig verteuerten. Der andere, noch zu suchende Weg mußte zugleich einen Zugang öffnen nach Cathay und Cipangu, wie man China und Japan damals nannte.

Von diesen volk- und goldreichen Ländern des Fernen

Ostens hatte Cabotos Landsmann Marco Polo eindrucksvoll erzählt, der im letzten Drittel des 13. Jahrhunderts lange in China gewesen war. „Cipangu“, so hieß es in Marco Polos Bericht, „ist eine Insel im östlichen Ozean, etwa 500 Meilen vom Festland entfernt. Es ist von beträchtlicher Größe. Seine Einwohner sind manierliche Leute. Gold haben sie in Fülle. Da aber ihr König die Ausfuhr nicht erlaubt, besuchen Kaufleute und Seefahrer nur selten und ungern diese Küste. Der Herrscher bewohnt einen reichgeschmückten Palast, wie mir Augenzeugen erzählt haben. Seine Dächer sind mit Goldziegeln gedeckt. Die Gewölbe der Säle sind ebenfalls ganz mit Gold ausgekleidet, und in den Gemächern stehen Tische aus purem Gold. Die Fenster haben goldene Rahmen ...“

Diese verlockenden Schilderungen hatte man zunächst für Lügen gehalten; neuerdings zogen sie immer mehr Seefahrer und Kaufleute, Gelehrte und Fürsten in ihren Bann. Sie machten auch Giovanni Caboto den Kopf heiß. Nach Toscanellis Unterweisung zweifelte er nicht mehr daran, daß der kürzeste Weg nach Cathay und Cipangu über den Nordpol oder doch dicht am Pol vorbeiführte.

Ihn zu finden, war sein Ziel. Doch ihm fehlten die Mittel, ein Schiff auszurüsten. Seine bisherigen Brotherren konnte er nicht für den Plan gewinnen. Als gewiegte Kaufleute überschlugen sie schnell, daß dieser Weg nach dem Osten ihre lukrativen Handelsbeziehungen zum Morgenland entwerten würde, denn das landumschlossene Mittelmeer würde zu ihm keinen ungehinderten Zugang haben. Ein nördlicher Weg nach Indien, Cathay und Cipangu mußte ein Seeweg über den Atlantischen Ozean sein, also an Spanien und Portugal vorbeiführen. Die Portugiesen beunruhigten Venedig schon lange mit ihren Anstrengungen, um Afrika herum einen Seeweg nach Asien zu finden. Sollte Venedig etwa noch Geld für die Suche nach einem weiteren Seeweg aufbringen, von dem dann wiederum diese vermaledeiten Portugiesen profitieren würden? Nein, das tat Venedig nicht.

Sebastian erinnerte sich, wie sehr die Ablehnung seinen Vater gekränkt hatte. Von seinem Ziel konnte sie ihn jedoch nicht abbringen. Er reiste nach Lissabon. Seinen damals fünfzehnjährigen Sohn nahm er mit. „Es kann dir nicht schaden, wenn du Seeluft schnupperst und die Welt kennenlernst", sagte er zu ihm. „Das ist eine gute Ergänzung zu dem, was dir die Lateinschule beigebracht hat. Daß du darüber die Mathematik nicht vergißt, dafür werde ich selbst sorgen!" Lächelnd dachte Sebastian daran, daß der Vater auch nicht an einem einzigen Tag in den unruhevollen nächsten Jahren die Mathematikstunde ausfallen ließ. Längst wußte er, daß der Vater den Unterricht ebenso zur Auffrischung der eigenen Kenntnisse betrieb wie zur Ausbildung des Sohnes. Obendrein mußte die Mathematik sie ernähren. Der Unterricht für wißbegierige Seeleute war oft neben dem Kartenzeichnen ihre einzige Einnahmequelle. Es war eine ergiebige Quelle. In Lissabon schien damals jeder Seemann auf Astronomie und nautische Mathematik geradezu versessen zu sein. Die Einwohner der schönen Stadt am Tejo warteten täglich auf die Nachricht, daß der Seeweg nach Indien gefunden, die Umrundung Afrikas geglückt sei.

Gern wäre Giovanni Caboto in portugiesische Dienste getreten, hätte man ihm nur ein Schiff anvertraut, den Seeweg nach Cathay im Norden zu suchen. Aber wenn die Rede auf dieses Thema kam, wurden die Portugiesen harthörig. Allenfalls sagten sie: „Das ist ein längst überholter Gedanke; der einzig brauchbare Seeweg nach den Ländern Asiens führt um Afrika herum."

Die beiden Cabotos brachten mit zähem, geduldigem Horchen und Fragen allmählich heraus, daß schon Prinz Heinrich der Seefahrer den Seeweg nach Indien im Norden suchen wollte. Sein Plan wurde aber erst zwölf Jahre nach seinem Tod ausgeführt. 1473 segelte Joao Vaz Cortereal mit einem dänischen Geschwader von Island in die Grönlandsee, um von dort aus nach Indien zu gelangen. Treibeis, Nebel und Sturm zwangen die Schiffe zur Umkehr.

Hatten sie überhaupt Land gesichtet? Keiner der portugiesischen Gewährsleute konnte den Cabotos etwas Sicheres sagen. Nur daß Cortereal den ungewöhnlichen Fischreichtum jener Gewässer im Nordwesten erkannt hatte, erfuhren sie. Als er Statthalter der Azoren-Insel Terceira war, setzte die portugiesische Dorschfischerei bei dem Archipel ein, den die Kartographen Portugals deshalb Terra do Bacalhao (Stockfischland) nannten. Seitdem fuhr Jahr für Jahr eine große Zahl von Fischkuttern von den Azoren, aus Lissabon und Nazaré über den Ozean nach Nordwesten, um die Fastenspeise zu holen.

Was hinter diesen Fischbänken im Westen und Norden lag, darum hatte sich seit Cortereal niemand mehr gekümmert. In Portugal dachte jeder nur noch an den Seeweg um Afrika. Fast zu lange schon wartete das Land darauf, daß ihm dieser seit mehr als fünfzig Jahren brennende Wunsch erfüllt werde.

So jedenfalls erschien es den beiden Cabotos. In Wahrheit – aber das erkannten Vater und Sohn erst später – verstanden sich die Portugiesen vorzüglich auf Geheimhaltung. Während sie den Genuesen Kolumbus genauso durch Ausweichen und Wartenlassen zermürbten wie die beiden Cabotos, betrieben sie in aller Stille ihre eigenen Pläne zur Suche nach der nordwestlichen Durchfahrt nach Cathay. An einer so wichtigen Sache wollten sie aber keinen Fremden beteiligen.

Ganz ohne Ertrag für ihre Pläne blieb der Aufenthalt in Lissabon für Caboto und seinen Sohn dennoch nicht. Sie hatten unter den portugiesischen Seeleuten Freunde gewonnen, die den Ozean zwischen Island und dem Stockfischland kannten. Sie erfuhren, daß er zumindest im Sommer offen und eisfrei war, wenn auch häufig stürmisch und nebelverhangen. Hoch im Nordwesten des Atlantik also müßte man den Hebel ansetzen. Vater und Sohn spürten zugleich die Bedeutung dieser Auskunft.

Von jener Stunde an waren sie nicht mehr nur Vater und Sohn, Meister und Lehrling gewesen, sondern Schicksalsgefährten, derselben Sache verschworen. Und das, so schien es Sebastian Cabot im Erinnern, war das beste gewesen, was Lissabon, was die Jahre der Bedrängnis, des Wartens und Wanderns ihnen geschenkt hatten. Mit leeren Händen und doch reich, weil sie eines Sinnes waren und den Kopf voll hatten von festumrissenen, hochfliegenden Plänen, waren sie weitergezogen, um anderswo Hilfe zu suchen.

Cathay bleibt immer das Ziel

In Lissabon hatten sie einen Fingerzeig bekommen, wo solche Hilfe zu finden sei. Durch die portugiesischen Freunde lernten sie englische Kaufleute aus Bristol kennen. Von ihnen hörten sie, daß die Handelsherren von Bristol seit langem Handel mit Island trieben und für geschulte Piloten immer Verwendung hätten. So ließen sich die Cabotos 1491 in Bristol nieder.

Giovanni Caboto, der sich fortan John Cabot nannte, ging nicht gleich daran, für eine Expedition nach Cathay zu werben. Erfahrung hatte ihn Vorsicht gelehrt. Er wollte zuerst in diesem fremden Land Fuß fassen. Wiederum ernährten Kartenzeichnen und Unterricht in nautischer Mathematik Vater und Sohn und verschafften ihnen Ruf und Vertrauen. Mochte darüber auch ihr Ziel, der nördliche Seeweg nach Cathay und Cipangu, etwas in die Ferne rükken, aus den Augen verloren sie es nicht eine Stunde.

Nach fünf Jahren errangen sie den ersten Erfolg. Sie fanden in Bristol Geldgeber, und am 5. März 1496 erteilte König Heinrich VII. von England ihnen das Patent, „auf eigene Kosten, aber unter englischer Flagge zu segeln und alle Länder zu entdecken, so Heiden und Ketzern gehören und vor dieser Zeit den Christen unbekannt waren“.

Im Mai 1496 ging Cabot mit einem kleinen Geschwader in See. Zwei Schiffe hatte er selbst mit Robert Thornes Hilfe ausgerüstet. Die anderen stellte ein Konsortium Bristo-

ler Kaufleute, das auch für die Fracht aus „groben Tüchern, Mützen und schlichten Waren“ sorgte. Am 24. Juni sichteten sie zum erstenmal im Westen Land: wahrscheinlich die Insel, die heute Kap Breton heißt. Cabot nannte es Prima Vista. Bewohner ließen sich nicht sehen. Doch ein Landungstrupp fand gefällte Bäume, Tierfallen und aus Bein gefertigte Nadeln zum Netzeknüpfen. Die Entdecker – entschlossen, weder Enttäuschung noch Zweifel aufkommen zu lassen – erklärten die Fundstücke kurzerhand als Eigentum von Untertanen des Großkhans. Sie errichteten auf einer Anhöhe ein Kreuz mit dem britischen Wappen und dem Markuslöwen von Venedig. Cabot fühlte sich trotz seines Namenswechsels noch immer seiner Heimat verbunden. Danach traten sie die Rückreise an. Anfang

August erreichten die Schiffe Bristol. Tuche, Mützen und Waren mußten ungenutzt wieder ausgeladen werden.

Selbst den Genügsamsten konnte das Ergebnis dieser Fahrt nicht befriedigen. Die Cabots mußten nachhelfen und mischten Geplantes und Erreichtes so geschickt, daß der Zuhörer sah und glaubte, was sie wünschten. Es gelang John Cabot, alle Welt davon zu überzeugen, daß er bei Prima Vista den Ostrand Asiens erreicht hätte. Führe man von dort nach Süden weiter, so würde man unfehlbar auf Cipangu stoßen, auf die reiche Insel, von der „Gewürze, Gold und Perlen des Orients in Fülle zu holen sind".

Der vermeintliche Erfolg John Cabots sprach sich nicht nur in England herum. Überall brannten damals die Waghälse unter den Seeleuten auf eine Gelegenheit, an kühnen Zugriffen auf unbekannte Länder teilzuhaben. Zu ihnen gehörte auch der portugiesische Seemann Joao Fernandes, der von den Azoren stammte und seiner kleinbäuerlichen Herkunft wegen „O Labrador" genannt wurde. Dreimal hatte er zwischen 1492 und 1495 vergeblich versucht, auf den Spuren seines Landsmannes Cortereal die Durchfahrt nach Cathay zu finden. In Lissabon gab ihm niemand Schiff und Mannschaft, denn Vasco da Gama hatte 1497 endlich den lange gesuchten Seeweg nach Indien um Afrika herum geöffnet; damit hielten die Portugiesen das brennendste ihrer Seefahrtsprobleme für gelöst.

Fernandes griff deshalb mit beiden Händen zu, als Cabot ihm den Posten eines Piloten, also eines Navigationsoffiziers, anbot. Im Mai 1498 segelte die zweite Expedition der Cabots nach Westen. Auf Anraten des mit diesem Seegebiet vertrauten Fernandes hielten sie sich diesmal weiter nördlich und erreichten die felsige Küste des Landes, das portugiesische Kartographen nach seinem Entdecker Terra do Labrador genannt haben.

Der Versuch, an seiner Küste entlang nach Norden vorzudringen, scheiterte. Die Mannschaften fürchteten die Treibeisfelder, die selbst im Sommer von Norden herantrieben, verweigerten den Dienst und erzwangen südlichen

Kurs. Er führte die Schiffe an der nordamerikanischen Festlandküste entlang, bis etwa zur Höhe des Chesapeake-Bai. Enttäuschung auch hier! Weder eine Durchfahrt noch Städte oder Gold! Weil der Proviant knapp wurde, kehrten sie im Spätsommer nach Bristol zurück.

Der einzig greifbare Ertrag der Fahrt bestand aus drei fellbekleideten Indianern, die man bei einem Landgang entführte. Diese drei „Wilden" begeisterten England derart, daß darüber das karge Gesamtergebnis der Fahrt vergessen wurde. Selbst der sparsame Monarch wurde von der Begeisterung angesteckt. Er bewilligte John Cabot den Titel eines Großadmirals, der ihn nichts kostete, und die nicht gerade üppige Ehrengabe von zehn Pfund. Den Cabots war es am wichtigsten, daß er außerdem versprach, für eine dritte Expedition zwanzig neue Schiffe zu stellen und als Mannschaft alle Sträflinge, mit Ausnahme derjenigen, die wegen Hochverrats eingekerkert waren. Diesen wüsten Haufen sollten die Cabots jenseits des Ozeans in den von ihnen zu entdeckenden Ländern ansiedeln.

Es kam nicht dazu. Während der Vorbereitungen zu dieser Expedition erlag John Cabot im Alter von 74 Jahren einem Schlaganfall. König Heinrich VII. widerrief daraufhin seine Zusagen. John Cabot hinterließ seinen Söhnen außer einem schmalen Beutel Silber und einem Brett voll geographischer und nautischer Bücher nichts als sein unruhiges Blut und seine rastlose Wißbegier.

Sebastian nahm aus dem Erbe das Buch „Imago Mundi" des Kardinals d'Ailly an sich. Nur er begriff, warum sein Vater gerade dieses bereits 1410 geschriebene, aber erst 1487 in Druck gegebene Werk höher als jedes andere Buch geschätzt hatte. Es vertrat als erstes Werk des Mittelalters nachdrücklich die Lehre von der Kugelgestalt der Erde und war John Cabots weltliche Bibel gewesen. Es begleitete Sebastian auf allen Wegen und natürlich auch jetzt, als er am letzten Märzmontag des Jahres 1509 die große Fahrt antrat, durch die er die Entdeckung seines Vaters zu vollenden hoffte.

Westwärts offene See

Sebastian Cabots Zeitgenossen haben sich darüber gewundert, daß es ihm trotz seiner Jugend gelang, König Heinrich VII. zur Erfüllung wenigstens eines Teils des dem Vater gegebenen Versprechens zu bewegen.

Eine Anekdote erzählt, das habe er mit einer kecken Antwort erreicht. Als er nach langem Warten vom König empfangen wurde, bezweifelte der Herrscher, daß sich der Aufwand für eine dritte Expedition lohnen würde. Da entrollte Sebastian eine neue portugiesische Weltkarte, die ihm Freunde in Lissabon kopiert hatten. Er deutete auf die linke Hälfte dieser Karte, auf einen Inselschwarm, der als „Columbi Cipango" angegeben war. Nördlich davon waren die Stockfischinseln und dicht dabei eine breite Meeresstraße, die westwärts bis zu einem Landblock verlief, der mit den Worten bezeichnet war: Dies ist India, allwo die köstlichen Gewürze, Edelstein und Perlen ohne Zahl wachsen.

„Auf diese Teile der Erde haben die Könige von Spanien und Portugal bereits ihr Siegel gedrückt." Sebastian deutete auf „Columbi Cipango und India". „Sollte Euer Majestät Siegel zu gering sein, in dieser erlauchten Gesellschaft einen Platz zu fordern?"

„Es wäre des Teufels, wollte Uns jemand das nachsagen", empörte sich der König. „Doch nach dieser Karte sieht es aus, als kämen Wir zu spät!"

„Es sieht nur so aus. Hier", Sebastian zeigte auf die Meeresstraße westlich der Stockfischinseln, „hier wäre Platz genug für Euer Majestät Wappen, und zwar der beste Platz! Denn wer auf diese Straße zuerst seine Hand legt, der hält das Tor zu den reichen Ländern jenseits des Ozeans besetzt. Kolumbus hat viele unbekannte Inseln gefunden, aber nicht Indien und nicht Cipangu! Cipangu wartet noch auf seinen Herrn! Warum sollte nicht einer Ihrer Untertanen es entdecken, zum Ruhm und Vorteil der britischen Krone?"

Dieser Verlockung konnte Heinrich VII. nicht widerstehen. Und doch mußte Sebastian noch lange warten, bis er einen bescheidenen Zuschuß bekam.

Die Hauptlast seines Unternehmens trugen wiederum die Bristoler Freunde, allen voran Robert Thorne. Aber mehr als zwei Schiffe hatten sie nicht ausrüsten können. Mit ihnen war Sebastian Cabot jetzt unterwegs nach Westen, um das Rätsel der nördlichen Küsten zu lösen. Fast wären ihm die Portugiesen zuvorgekommen. In den Jahren 1500 bis 1502 hatten die Brüder Gaspar und Miguel Cortereal – Söhne oder Neffen jenes ersten Suchers nach der Nordwestpassage – zwei Fahrten in die Gewässer zwischen Stockfischland, Grönland und Labrador unternommen. Gaspar kam dabei im Treibeis um. Dann verbot König Manoel von Portugal aus Rücksicht auf die Spanier weitere Expeditionen nach Nordwesten. Die Fahrtberichte der Cortereals wurden geheimgehalten. Nur soviel erfuhr Sebastian Cabot durch seine Gewährsleute in Lissabon: Die Cortereals hatten entdeckt, daß die Nordküste von Labrador nach Westen umbog und sich zu einer großen Bucht ausweitete.

War das die Durchfahrt nach Cathay? Würde es ihm gelingen, diese Frage zu beantworten?

Über den Verlauf dieser für die Geschichte der Nordwestpassage wie für das Schicksal Sebastian Cabots wichtigen Expedition wissen wir so gut wie nichts. Deshalb wurde lange bezweifelt, ob sie überhaupt durchgeführt worden sei. Das meiste, was von ihr überliefert ist, stammt aus zweiter und dritter Hand, zum Teil entstellt von Neid und Mißverständnissen. Eine der Darstellungen sagt, Sebastian habe bereits am 11. Juni 1509 auf 64° 30′ nördlicher Breite vor der Hudson-Bai gestanden und die See nach Westen und Süden weithin frei und offen gesehen.

Das kann nur bedeuten, daß er ungewöhnlich günstige Eisverhältnisse angetroffen hat. Denn schon im Mai die Hudson-Straße zu durchsegeln und die Hudson-Bai „weithin frei und offen“, das heißt eisfrei zu sehen, das ereignet sich so selten, daß Cabots eigener Bericht schon deswegen immer wieder äußerstem Mißtrauen begegnet ist. Zu seinen Lebzeiten hat jedoch niemand seine Behauptung angezweifelt, er habe die Nordwestpassage, die vielbegehrte Durchfahrt, entdeckt. Er selbst blieb bis zu seinem Lebensende dabei, daß er bei 64° 30′ nördlicher Breite ungehindert hätte weitersegeln können bis nach Cathay, „wäre nur meine Mannschaft nicht so mutlos und verängstigt gewesen, daß sie mir den Gehorsam verweigerte und mich zur Umkehr zwang".

Verängstigt? Vermutlich durch den Kampf mit den Treibeisschollen der Hudson-Straße. Denn mochte das Eis in einem günstigen Jahr auch weniger mächtig gewesen sein als gewöhnlich, so war es sicher noch bedrohlich genug, einem mit solchen Verhältnissen nicht vertrauten Schiffsvolk das Fürchten beizubringen. Die Mannschaft muß schon sehr entmutigt gewesen sein, sonst hätte sie kaum gewagt, durch offenen Widerspruch die Heimkehr zu erzwingen, ein Vergehen, das damals mit dem Galgen bestraft wurde.

Sebastian Cabot war seinem Wesen nach mehr Gelehrter als Schiffskapitän. Es läßt sich denken, daß er seine Aufmerksamkeit unterwegs stärker den Karten als der Mannschaft zuwandte und deshalb von deren Aufsässigkeit überrascht wurde. Jedenfalls gab er nach und ließ die Schiffe wenden.

Was er mit diesem Nachgeben verschenkte, war mehr als nur die vermeintliche Aussicht, Cathay in kürzester Frist zu erreichen. In dieser einen Stunde der Schwäche und Unentschlossenheit verspielte er unwiderruflich die Möglichkeit, als Entdecker in einem Atemzug mit Kolumbus und Magellan genannt zu werden. Er muß sein Versagen selbst als Schande empfunden haben, sonst hätte er sich die schmähliche Behandlung kaum gefallen lassen, die ihm nach der Rückkehr in England zuteil wurde.

Er scheint sehr kleinlaut aufgetreten zu sein, als er von seiner Fahrt zu berichten hatte, und gerade das war nicht dazu angetan, sich gegen den neuen Ton durchzusetzen, der in London inzwischen die Oberhand gewonnen hatte. Wenige Wochen nach Sebastians Ausfahrt war nämlich Heinrich VII. gestorben. Sein Nachfolger, der achte Heinrich aus dem Hause Tudor, hatte alles abgestoßen, was seinem Vorgänger lieb gewesen war: politische Pläne, Ratgeber, Freunde und Lebensart. Auf diese Wandlung hatte sich schleunigst jeder eingestellt, der von der Krone Vorteile für sich erhoffte.

Der anpassungsfähige Sebastian Cabot hätte es gewiß verstanden, mit der neuen Strömung zu schwimmen, wäre seine Entdeckung nicht durch den Makel der Meuterei und des eigenen Versagens um ihren Glanz gebracht worden. So kam er um den Lohn, den er verdient zu haben glaubte. Es gab weder Ehrengeschenke noch den Titel Admiral für ihn. Die Stellung eines Kartenzeichners in einem unbedeutenden Feldzug des Königs – mehr hatte Heinrich VIII. für ihn nicht übrig. Verdrossen kehrte Sebastian 1512 England den Rücken.

Goldene Ketten

Am liebsten wäre er in portugiesische Dienste getreten. Aber zu dieser Zeit waren in Lissabon alle Blicke nach Indien, alle Kräfte auf die Eroberung der Gewürzländer Südasiens gerichtet. Wer den Ruhm des Entdeckers dem des Eroberers vorzog, war nicht erwünscht. Selbst ein Sohn des Landes, Fernando Magellan, hatte das zu spüren bekommen und den Weg gehen müssen, den nun auch Sebastian Cabot einschlug: den Weg nach Sevilla. Dort befand sich die „Casa de las Indias“, der Indienrat, der für die spanische Krone die Überseebesitzungen in der Neuen Welt verwaltete und kontrollierte. Daneben regte er auch Entdekkungsfahrten an, plante und förderte sie ebenso wie das gesamte Seewesen und die Kartographie des damaligen Spaniens.

Der Indienrat war aus guten Gründen mißtrauisch. Ein Venetianer, der erst den Engländern gedient und für sie in Bereichen, die die Spanier als ihre Domäne ansahen, herumgeschnüffelt und sich dann den Portugiesen angeboten hatte, mußte wohl eher verdächtig als willkommen sein. Man hielt es zwar für geraten, einen so gefährlich fähigen Mann an Spanien zu binden, aber ihm gleich das begehrte Kommando zu geben, damit er seine Entdeckung der Nordwestpassage vollenden konnte – dazu war man nicht bereit. Er hingegen wollte sich mit Geringerem nicht begnügen. Also ließ man ihn nach bewährter Methode warten.

Wenn es um seinen Traum von der Nordwestpassage ging, war Sebastian ebenso zäh und beharrlich wie sein Vater. Drei Jahre lang hielt er in diesem Wartespiel mit. Dann einigte man sich 1516 auf eine spanische Expedition zur Nordwestpassage unter Sebastian Cabots Kommando – vorausgesetzt, daß die Krone einverstanden sei.

König Ferdinand sicherte Cabot in einer Audienz die erbetene Erlaubnis zu. Doch ehe die Zusage verbrieft und besiegelt war, starb der König. Danach wollte sich in Sevilla niemand mehr an die Abmachungen erinnern. Immerhin entschädigte man Cabot mit dem Amt eines „Piloto Mayor“ der Krone. Dessen Aufgabe war es, die amtlichen Karten auf dem laufenden zu halten, für die Verbesserung nautischer Instrumente zu sorgen, bei Seegerichtsfällen sowie Vertragsvorbereitungen als Sachverständiger zu wirken und die Kandidaten für das Pilotenzeugnis zu prüfen. Wer dieses Amt innehatte, saß in der Kommandozentrale des spanischen Seewesens. Alle Schiffsjournale, alle Berichte über neue Entdeckungen gingen durch seine Hand. Jede neue Landkarte bekam er zu Gesicht. Kein Wunder also, daß Sebastian Cabot in der zweiten Hälfte seines Lebens als der am besten unterrichtete Geograph seiner Zeit galt.

Wie groß sein Ansehen in Sevilla war, zeigt der Bericht eines Zeitgenossen: „Er ist so erfahren in Nautik und Erdbeschreibung, daß es in Spanien nicht seinesgleichen gibt und daß man ihn zum Vorgesetzten aller Piloten in der Westindienfahrt gemacht hat. Ich fand ihn liebenswürdig und sehr höflich. Er lehrte mich viel Wissenwertes und zeigte mir eine große Weltkarte, auf der alle Reisen der Spanier und Portugiesen eingezeichnet waren."

Äußerlich war Cabots Leben in seinem Amt zur Ruhe gekommen. In ihm aber glühte noch immer die alte Leidenschaft. Spanien konnte oder wollte sie nicht stillen. Also streckte er anderwärts seine Fühler aus. Unter der Hand unterstützte er Expeditionsvorbereitungen seiner Bristoler Freunde, als sie 1517 planten, den 1509 fehlgeschlagenen Versuch zu wiederholen. Zweimal, 1519 und 1521, verhandelte er mit Venedig und bot der Heimat seines Vaters an, eine venetianische Expedition durch die nur ihm bekannte nordwestliche Durchfahrt nach Cathay und Cipangu zu führen. Als er auch dort keine Gegenliebe fand, soll er auf der Rückreise sich sogar bemüht haben, in Rom den Heiligen Vater für die Nordwestpassage mit dem Argument zu begeistern, auf diesem Weg könne die Ausbreitung des Glaubens unter den Völkern des Ostens mächtig gefördert werden.

Er hielt am Traum seiner Jugend selbst dann noch fest, als Magellan während seiner Weltumsegelung, an deren Vorbereitungen der Piloto Mayor Cabot gewiß beteiligt war, bei Feuerland eine südwestliche Durchfahrt zum Pazifik entdeckte. Der nordwestliche Seeweg nach Cathay mußte vorhanden und für die Schiffahrt wichtig sein. Sogar die Entdeckungen, die die Eroberung Mexikos durch die Spanier zur Folge hatte, bestärkten ihn in seiner Auffassung. Bestätigten doch auch sie nur etwas, was er schon lange vertrat: daß die Neue Welt vom Äquator bis Labrador eine geschlossene Landmasse war.

Wie es südlich des Äquators bis zur Südwestpassage Magellans aussah, das sollte Sebastian auf Befehl Kaiser Karls V. 1526 erforschen. Die Fahrt dauerte vier Jahre. Sie hat viel zur genaueren Kenntnis der Ostküste Südamerikas, insbesondere der La-Plata-Mündung beigetragen.

Aber auch hier erwies sich Sebastian Cabot wiederum mehr als Gelehrter denn als Kapitän, mehr als Träumer denn als Tatmensch; er war nicht der Mann, eine Mannschaft mit fester Hand zu führen. Statt seine Kräfte weitgehender Forschungsarbeit zu widmen, mußte er sie vorwiegend in der Bekämpfung von Meutereien und in Gefechten mit Indianern verzetteln. Als er im November 1529 nach Sevilla zurückkehrte, hatte er von vier Schiffen drei und von 200 Mann 176 verloren. Fast hätte ihn das Desaster seine Stellung als Piloto Mayor gekostet. Nur ein Machtwort des Kaisers bewahrte ihn vor dieser Demütigung.

Narren und Helden

Hätte Sebastian Cabot am La Plata und Paraná statt widerborstiger Indianer und endloser Grassteppen und Wälder volkreiche Städte und Gold gefunden, so wäre er vermutlich als einer der erfolgreichsten Konquistadoren in die Geschichte eingegangen. Doch wie sein Vater zählte auch er nicht zu den Günstlingen des Glücks.

Dieses Mal aber spielte es ihm einen besonders boshaften Streich.

Kaum hatte sein Geschwader 1526 Sevilla verlassen, als beim Kronrat von einem der unzähligen spanischen Agenten in Frankreich die Meldung eintraf: „Des weiteren kann ich berichten, daß vor einigen Monaten französische Schiffe aus dem westlichen Ozean heimgekehrt sind, die unter dem Befehl eines italienischen Piloten namens Verrazano von der Insel Pascua Florida ausgehend an der Küste entlang nach Norden gesegelt sind. Besagter V. will dabei halbwegs zwischen Florida und dem Stockfischland die Einfahrt zu einem breiten und tiefen Sund gesichtet haben, den er für die lange gesuchte nordwestliche Durchfahrt nach Cathay hält. Nur widrige Winde und Proviantmangel haben ihn gehindert, diese Durchfahrt zu durchsegeln. Aus

Dieppe erfahre ich zuverlässig, daß man dort bereits eine neue Expedition für diesen Verrazano ausrüstet."

Diese Nachricht erschien dem Kronrat wichtig genug, sie durch Eilkurier an Karl V. weiterzuleiten. Der Kurier brachte postwendend den Befehl, der Indienrat möge alsbald eine spanische Expedition unter einem angesehenen und vertrauenswürdigen Piloten in das von Verrazano besuchte Gebiet senden.

Wäre dieser Auftrag einige Monate früher gekommen, so hätte er Sebastian Cabot die lange und heißersehnte Gelegenheit zur erneuten Suche nach der Nordwestpassage geboten. Er war aber zum La Plata unterwegs, und so fiel die Aufgabe Esteban Gomez zu, einem portugiesischen Seemann, der sich bei Magellans Erdumsegelung bewährt hatte. Gomez trat seine Reise im Frühjahr 1526 an. Den von Verrazano angeblich entdeckten breiten und tiefen Sund fand er nicht, entdeckte jedoch die Fundy-Bai.

Zur gleichen Zeit begann eine Frage die Überseespanier in Westindien und Mexiko zu beschäftigen: Gab es das Reich Cibola oder die sieben silbernen Städte, von denen es hieß: „Dort verachten die Menschen das Gold, weil es so gemein ist wie anderswo Ton und Holz; an Silber und Edelsteinen haben sie solchen Überdruß, daß sie daraus Pfeilschäfte und -spitzen herstellen."

Dieses Fabelland sollte zwanzig Tagereisen nordwestlich von Florida liegen, nahe am Südmeer, also am Pazifik. Gleich hinter Cibola aber, so wollte die Mär wissen, führte eine Meeresstraße nach Cathay und Cipangu. Sie scheide den nördlichen Teil der Neuen Welt vom südlichen. Von Osten verlaufe sie genau nach Westen und werde von den Portugiesen, die sie befahren haben wollten, die Straße Anian genannt. Es erwies sich später, daß damit nichts anderes als die Nordwestpassage gemeint war.

Vierzehn Jahre später brach im Auftrag des Vizekönigs von Mexiko Francisco Coronado nach Norden auf, um die

Nordwestpassage zu finden und das sagenhafte Goldland Cibola zu erobern. Zugleich mit ihm verließ unter Alarcon eine Flottille Acapulco, um die Küste bis zum 58. Grad nördlicher Breite nach einer Landverbindung zwischen Asien und der Neuen Welt zu erforschen. Alarcon geriet in den Golf von Kalifornien, befuhr den Unterlauf des Colorado River und kehrte um.

Unterdessen eroberte Coronado die Berg- und Höhlensiedlungen der Indianer Neu-Mexikos, fand weder Gold noch Silber und zog mit seiner darüber sehr verdrossenen Truppe weiter bis zum Rio Grande. Von dort drang er mit achtzig Reitern in einem langen, bewundernswerten Ritt durch Texas bis in das heutige Kansas vor.

Diese spanischen Expeditionen brachten Nordamerika immerhin eine kostbare Gabe Europas: das Pferd, den später so berühmten Mustang.

Bis Coronado nach Kansas zog, beherrschte der Büffel die Prärien. Die Indianer des offenen Graslandes durchzogen die endlose Weite zu Fuß. Aus Coronados Reiterzug entliefen Hengste und Stuten. Sie wurden die Ahnen all der Wildpferde Nordamerikas, die sich 250 Jahre später, als die weißen Grenzer aus den Wäldern des Ostens in die Prärien zogen, in großen Herden auf den Grasebenen und in den Tälern der Felsenberge tummelten.

Es war, als habe die Prärie dem spanischen Pferd, dem Abkömmling einer Steppenkreatur, neue Kraft geschenkt mit den Lebensbedingungen, die es während vieltausendjähriger Zähmung hatte entbehren müssen. Es vermehrte sich so schnell, daß um 1800 die Zahl der Wildpferde nicht geringer gewesen sein soll als die der Büffel, die von Kennern auf 50 Millionen geschätzt wird. Augenzeugen aus der Frühzeit des „Wilden Westens“ bekunden, daß sogar im wüstenhaften Arizona die Bergtäler von unübersehbaren Pferdeherden belebt waren. Die Indianer der Prärie aber waren in diesen 250 Jahren verwegene Reiter geworden, die den Vergleich mit den Reitervölkern Asiens nicht zu scheuen brauchten.

Heute gibt es nur noch etwa zehntausend Mustangs, wie die Naturschutzbehörden schätzen, die sich dieser Reste pfleglich annehmen. Aus den Prärien ist der Mustang längst durch die Besiedlung verdrängt, beinahe ausgerottet wie der Büffel, zu dessen Ende das Pferd als Werkzeug des Menschen viel beigetragen hat. Nur in den Tälern der Felsenberge zwischen Arizona und Montana streifen noch einzelne Rudel, lebende Andenken an jene ersten Pferde, die mit Coronados Reitern ins Land kamen.

Sebastian Cabots Vermächtnis

Der Piloto Mayor Sebastian Cabot hätte mit der Stellung und dem Ansehen, das er genoß, zufrieden sein können. Aber solange die Nordwestpassage nicht bezwungen war, fand er keine Ruhe. Von den Spaniern hatte er nach seinen und ihren jüngsten Mißerfolgen nichts mehr zu erwarten. Deshalb streckte er seine Fühler wieder nach neuen Gönnern aus. Mit Genua verhandelte er und nochmals mit Portugal, endlich auch wieder mit England; zunächst ohne Erfolg.

In diesen Jahren nahm die Weltkarte Gestalt an, die sein Vermächtnis an die Welt wurde. In ihr faßte er zusammen, was er selbst gesehen und was andere ihm berichtet oder was sie in ihren Karten als Ansatz und Stückwerk verzeichnet hatten. Nach allem, was seine Zeitgenossen über seine „Neue Weltkarte", die 1544 in London veröffentlicht wurde, berichtet haben, muß sie ein wesentlich klareres und genaueres Bild von der gesamten Ostküste Nordamerikas vermittelt haben als alle späteren Kartenwerke bis weit in das 17. Jahrhundert hinein.

Von der Fülle seiner Kenntnisse und von seiner Urteilskraft zeugte ferner die Denkschrift, die er der englischen Krone 1546 übermittelte. In ihr wies er auf die Möglichkeiten der Dorschfischerei und des Walfangs bei Neufundland und Labrador hin. Er erkannte also bereits, daß die

Entdeckung des Fischreichtums der Neufundland- und Grönlandgewässer eines der wichtigsten Ergebnisse der Suche nach der Nordwestpassage war. Die Einfuhr von Stock- und Klippfisch als den damals einzigen wirklich lange Zeit haltbaren Fischvorräten spielte für alle Länder Europas wirtschaftlich eine große Rolle. Der Neufundland-Fang machte die Länder Westeuropas von der Einfuhr norwegischen Klippfischs, die ganz von der deutschen Hanse kontrolliert wurde, weitgehend unabhängig und lieferte ein Volksnahrungsmittel zu annehmbarem Preis.

Sebastians Denkschrift wirkte so überzeugend, daß König Eduard VI. den Verfasser 1548 zum „Grand Pilot" bestellte und ihm als Lohn für frühere gute Dienste eine Ehrenpension gewährte. Spanien beurlaubte ihn großzügig. Man glaubte dort wohl nicht, daß der nunmehr Dreiundsiebzigjährige noch viel leisten könne.

Hierin irrte man sehr. Sebastian dachte bei seiner Rückkehr nach England trotz seines Alters ernstlich daran, seine lebenslange Suche nach der Nordwestpassage jetzt endlich zu vollenden. Doch zwei Jahre später schwenkte er plötzlich um und befürwortete nachdrücklich den Versuch, Cathay auf einem nordöstlichen Seeweg zu erreichen. Man vermutete, ein 1525 in Rom erschienenes Buch des Russen Gerassimow habe ihn überzeugt, dort sei eine kürzere und leichtere Durchfahrt nach Ostasien zu finden.

Wahrscheinlicher ist, daß er doch resignierte. In London konnte ihm nicht verborgen bleiben, daß weder bei der Krone noch bei der Kaufmannschaft Gegenliebe für einen neuen Nordwest-Vorstoß zu wecken war. Das Mißlingen der 1527 von Rut und 1536 von Hore durchgeführten Expeditionen hatte den Glauben an die Nordwestpassage allgemein erschüttert.

„Ich allein wußte, daß sie vorhanden war, aber niemand wollte mir Gehör schenken", klagte Sebastian noch kurz vor seinem Tod.

In Sevilla war natürlich ebenfalls bekanntgeworden, mit welcher Energie der Greis seine Aufgabe als nautischer

Berater der britischen Krone anpackte. Dieser Mann brachte es gar noch fertig, die Engländer zu einem neuen und womöglich erfolgreichen Vorstoß in die Nordwestpassage anzustiften und sie damit zu einem Rivalen in Bereichen zu machen, in denen Spanien sich als privilegierter Alleinherrscher betrachtete. 1549 widerrief man deshalb den ihm gewährten Urlaub und forderte seine Rückkehr. König Eduard lehnte ab: Sebastian Cabot sei nach eigener Angabe englischer Untertan und könne nur zurückgeschickt werden, wenn er selbst es wünsche. Vier Jahre danach wurde das spanische Ersuchen dringlicher wiederholt. Inzwischen hatte nämlich Königin Maria, die Spanien wohlgeneigt war, den englischen Thron bestiegen. Dieses Mal rettete ihn, daß er sich der Londoner Kaufmannschaft als Berater unentbehrlich gemacht hatte. Ihr Einfluß am Hofe war so groß, daß das spanische Ansinnen übersehen wurde.

Sebastian Cabot setzte die Fülle seines Wissens und den Einfluß seiner Stellung als Grand Pilot weiter für die Nordwestpassage ein. Als Mitbegründer und Ehrenpräsident der „Gesellschaft wagemutiger Kaufleute" (Company of Merchant Adventurers) und der „Moscowitischen Gesellschaft" wurde er zum Anreger und Organisator von Expeditionen, die seit 1553 die Spitzbergen-Gewässer, das Weiße Meer und Nowaja Semlja erforscht haben.

Diese beiden Gesellschaften sind zum Modell für die privilegierte Handelsgesellschaft (Chartered Company) geworden, die bis ins 19. Jahrhundert in der Weltwirtschaft und Politik großen Einfluß hatte. In ihr fanden sich Kaufleute, Bankiers und vermögende Adelige oder Bürger zu finanzieller Partnerschaft zusammen, um bestimmte Zweige des Überseehandels oder überseeische Gebiete zu erkunden und wirtschaftlich zu nutzen. Ihnen wurde vom Landesherrscher dafür ein Privileg erteilt, das ihnen gewisse Vorrechte, vor allem Zollvergünstigungen einräumte, mitunter aber auch ein Monopol für eine bestimmte Warengruppe. Als Gegenleistung erhielt die Krone Kredite, einmalige Zahlungen oder Gewinnbeteiligung.

Mittelbar hat Sebastian mit seiner Tätigkeit für diese Gesellschaften auch wieder seinem alten Plan gedient. Auf allen Schiffen, die unter seiner Schirmherrschaft in die Nordmeere fuhren, wuchs eine Generation eismeererfahrener Seeleute heran. Sie griffen später Sebastians Lebenstraum auf und entrissen dem westlichen Ozean seine Geheimnisse. Der geographischen Wissenschaft erwies Cabot einen unschätzbaren Dienst. Er hielt die Kapitäne dazu an, ihre Logbücher nach einem von ihm entwickelten Schema zu führen, das in übersichtlichen Tabellen alle Beobachtungen (Wetter, Sonnen- und Mondstand, Meeres- und Gezeitenströmungen, völker- und naturkundliche Besonderheiten) zusammenfaßte. Nach diesem Schema sind alle englischen Forscher bis zu Cook verfahren.

Noch in seinen letzten Jahren nahm Sebastian Cabot an allem teil, was Entdeckungen anging. Niemals versäumte er, der Ausfahrt der Schiffe beizuwohnen, die in jedem Frühjahr in die nördlichen Gewässer ausliefen. Nach sorgsamer letzter Inspektion der Schiffe zog er an der Spitze der Prozession von Kapitänen, Steuerleuten und Matrosen zum traditionellen Bittgottesdienst in die Kirche von Bishopsgate oder Gravesend. Dort beichtete und kommunizierte er mit ihnen, als ob er selbst dazu gehöre und wie sie auf Fahrt ins Ungewisse gehe, wobei er stets reichlich für die Witwen und Waisen verschollener Seeleute spendete.

Auch ließ er es sich nicht nehmen, dem gemeinschaftlichen Abschiedsmahl beizuwohnen. „Den Speisen und Getränken sprach der freundliche alte Herr nur mäßig zu", berichtet der Chronist, „aber wenn Fiedel und Flöte zum Tanz aufspielten, litt es ihn nicht auf seinem Sessel. Er drehte sich so munter und unermüdlich mit den Seeleuten im Kreis, daß ihn selbst die jüngsten und übermütigsten Janmaaten dabei nicht zu übertreffen vermochten. Das war denn auch im April 1556 seine letzte Freude. Bald darauf starb er in seinem 81., andere sagen: in seinem 71. Lebensjahr."

Goldsucher Ihrer Majestät

Der Magier von Mortlake

„Unsere Ehe war glücklich, und wir lebten mit unseren Kindern zufrieden in bescheidenem Wohlstand dank dem Vermögen, das mir mein erster Ehemann, der brave und fleißige Herr Thomas Ruggart, hinterlassen hatte. Dann aber führte Herr Michael Lok meinen Mann Martin Frobisher dem Dr. Dee in Mortlake zu. Von diesem Tag an stand er ganz im Bann dieses unheimlichen Menschen und dachte nur noch daran, wie er die nordwestliche Durchfahrt nach Cathay entdecken könne."

So liest man es in einem Bittgesuch, das Frobishers Frau Isabel an Königin Elisabeth I. richtete. Sicher war nicht Dr. Dee allein für die Störung ihres Ehefriedens verantwortlich. Die Anklage verrät aber, welch starken Einfluß man diesem seltsamen Mann zutraute, den seine Zeitgenossen den Magier von Mortlake, seine nächsten Nachbarn heimlich sogar einen Hexenmeister nannten. Was ihnen durch Dienstbotengeschwätz über Geisterbeschwörung in seinem Haus, über nächtelanges Sudeln und Sieden in seiner Alchimistenküche, über seine Suche nach dem Stein der Weisen und nach der Verwandlung von Quecksilber in Gold zugetragen wurde, war ihnen so unheimlich, daß sie ihm eines Tages das Dach über dem Kopf anzündeten und ihn zur Flucht aus England zwangen.

Auch weniger abergläubische Zeitgenossen schrieben ihm magische Kräfte zu. Diese und nicht nur sein ungemein vielseitiges Wissen und die Überzeugungskraft seiner Ideen hätten vermocht, daß er eine so große Zahl verständiger Menschen für die Nordwestpassage gewann.

Dr. Dee war Chemiker, Philosoph, Astronom und Geograph. Er griff als erster das Vermächtnis Sebastian Cabots auf und bemühte sich leidenschaftlich, Seeleute und Geographen davon zu überzeugen, daß die hartnäckigen Versuche der Moscowitischen Gesellschaft nutzlos seien, an der Nordküste Rußlands einen Seeweg nach Ostasien zu finden. Sie waren alle gescheitert. Und warum? Weil man dort wie gegen eine Mauer rennen mußte!

Dr. Dee stützte diese These auf die Berichte und die Karte des Venetianers Zeno, die besagten, daß von Grönland bis Nordrußland eine Landbrücke in großem Bogen das nördliche Meer abschließe. Das behauptete Zeno 1558 in einem Buch über angebliche Entdeckungsfahrten seiner Vorfahren im 14. Jahrhundert. Selbst Gelehrte hielten diesen Bericht und die beigegebene Karte für glaubwürdig. Diese Karte hat die Kartographen des 16. und 17. Jahrhunderts unheilvoll beeinflußt. Sie zeigte zum Beispiel südlich von Island eine große Insel Frisland und südwestlich davon das Land Icaria. Nach ihnen haben die Seefahrer des ausgehenden 16. Jahrhunderts lange gesucht. Erst im 19. Jahrhundert fand man heraus, daß Zeno einen Abenteuerroman geliefert hatte.

Nein, im Norden gab es nur einen einzigen Seeweg nach Ostasien: die Nordwestpassage. Davon war Dr. Dee auf Grund des Zeno-Berichts fest überzeugt. Was bedeutete es denn, daß Sebastian Cabots Versuche, sie aufzufinden und zu durchsegeln, und noch manch andere mißlungen waren? Doch nur, daß es den Forschern an Eismeererfahrung und nautischen Kenntnissen gefehlt hatte.

Den ersten Anhänger gewann Dr. Dee in dem Londoner Importkaufmann Michael Lok, dem die Zeitgenossen den Ehrentitel „Unermüdlicher Freund der Erdkunde“ gegeben haben. Lok war einer jener zahlreichen englischen Handelsherren mit Sinn und offener Hand für Forschungsunternehmen, ohne die sich englische Seeleute am Ringen um diese Durchfahrten nicht so oft und so erfolgreich hätten beteiligen können.

Lok warb alsbald um Seeleute mit Eismeererfahrung, die bereit waren, die Nordwestpassage zu ihrer Sache zu machen. Das war eine schwierige Aufgabe, denn die Moscowitische Gesellschaft, die die Weißmeer- und Spitzbergenfahrt beherrschte, wachte eifersüchtig darüber, daß man ihr keinen ihrer tüchtigen Kapitäne weglockte. Erst als sich Dr. Dee bereit erklärte, Kapitänen und Steuerleuten Unterricht in nautischer Mathematik zu erteilen, wandte sich das Blatt. Wer immer unter den Eismeerschiffern ehrgeizig oder wißbegierig war, horchte auf und fand sich während des winterlichen Aufliegens in Mortlake ein. Nirgendwo sonst konnte man seine Kenntnisse so gut erweitern. Dr. Dee gab nicht nur Unterricht, er besaß auch eine Bibliothek mit einer Fülle mathematisch-astronomischer Werke, erdkundlicher Bücher und Landkarten. Sie war eine der größten Privatbibliotheken jener Zeit.

Auch der damals etwa dreißigjährige Kapitän Martin Frobisher kam zu dem Magier von Mortlake und damit in den Bannkreis der Nordwestpassage, deren hitzigster Verfechter er bald wurde. Er brannte darauf, eine Expedition nach Nordwesten zu wagen. Im Jahre 1576 hatte Lok die nötigen Geldmittel zusammengebracht. Dr. Dee, der am Hof der Königin wohlgelitten war und von den Ministern oft zu Rate gezogen wurde, beschaffte den unerläßlichen Schutzbrief der Krone. Das Abenteuer begann.

Ein schmaler Durchlaß

Die drei Schiffe, mit denen Frobisher im Juni 1576 in See ging, waren zwar nagelneu, aber nicht größer als moderne Nordsee-Fischkutter. Es gehörten schon Verwegenheit und Selbstvertrauen dazu, mit solchen Nußschalen in das unbekannte Eismeer zu fahren.

Bereits bei den Shetland-Inseln geriet das Geschwader in einen Sturm. Eines der Schiffe kenterte, ein zweites drehte bei und kehrte nach London zurück, wo sein Kapitän die Falschmeldung verbreitete, auch das Flaggschiff Gabriel sei gesunken. Frobisher überstand den Sturm jedoch und dachte gar nicht ans Umkehren. Mit dem allein übriggebliebenen Schiff setzte er die Reise fort. Als er eine schnee- und gletscherbedeckte, von einem Treibeisgürtel versperrte Küste entdeckte, erklärte er sie für die Insel Frisland des Zeno-Berichts. In Wahrheit handelte es sich um Südostgrönland.

Frobisher umging diese Küste mit Südwestkurs. Am 20. Juli kam voraus wiederum gebirgiges, schneebedecktes Land in Sicht. Nach Frobishers Positionsberechnung war es auf keiner Karte verzeichnet. Ihm war also seine erste Entdeckung gelungen. Er gab diesem heute als Südostteil von Baffinland bekannten Landstrich den Namen Königin-Elisabeths-Vorland. Dichtes Treibeis verwehrte ihm zunächst den Zugang zur Küste. Erst nach mehrtägigem Lavieren öffnete sich ein schmaler Durchlaß. Die Gabriel glitt in einen langgestreckten Sund hinein. Mehrere Tage segelte Frobisher durch lockeres Eis vorsichtig nach Westen. Dabei kam er zu der Überzeugung, er habe es im Süden mit dem Festland Nordamerikas, im Norden aber mit einem vorgeschobenen Ausläufer Ostasiens zu tun.

Hierin bestärkte ihn das Aussehen der Küstenanwohner, deren mongolischer Gesichtsschnitt ihm auffiel. Er war der erste Europäer seit den isländischen Grönlandfahrern, der Eskimos zu Gesicht bekam. Da der Sund nach Westen unbegrenzt zu sein schien, zog er kühn den Schluß: Hier ist eine Durchfahrt nach Ostasien. Stolz gab er ihr den Namen Frobisher-Straße.

Treibeis drängte von Osten her in immer dichteren Schüben heran und setzte sich bei nächtlichen Frösten an den Ufern fest. Bald mußte die östliche Einfahrt verstopft und die Gabriel dann wie in einer verkorkten Flasche gefangen sein. Eine Überwinterung an diesem öden Strand bedeutete den sicheren Tod. Der Proviant reichte nur noch für drei Monate. Auf die Hilfe der Eskimos war nicht zu rechnen. Nach anfangs freundlichem Verkehr war es beim

Tauschhandel zum Streit gekommen. Die Engländer hatten dabei rücksichtslos von ihren überlegenen Waffen Gebrauch gemacht. Als Rache dafür entführten die Eskimos das einzige noch brauchbare Beiboot der Gabriel mitsamt fünf Seeleuten auf Nimmerwiedersehen.

Ohne dieses Boot war es nicht möglich, den Sund weiter nach Westen zu erkunden. Es gelang Frobisher nur noch, an Land einige Gesteins- und Pflanzenproben zu sammeln sowie einen vorwitzigen Eskimo einzufangen, den er nach England mitnahm, wo er beträchtliches Aufsehen erregte. Es wird berichtet, daß die Londoner den Eskimo anfangs gar nicht als Menschen anerkennen wollten, sondern ihn wegen seiner Fellkleidung für einen Bären oder für ein Exemplar einer aufrecht gehenden Robbenart hielten. Auf jeden Fall beschäftigte er die Phantasie von hoch und niedrig erheblich mehr als die Gesteinsproben, die Frobisher mitgebracht hatte; auch seine Nachricht, er habe eine Durchfahrt nach Asien entdeckt, fand nicht die Aufmerksamkeit, die er erwartet hatte. Die Leute, auf deren Geldbeutel es ankam, waren immer noch stark von der Nordostfahrt fasziniert.

Beim Sichten stieß Lok auf ein gelblich schimmerndes Gesteinsstück. Sehr zu seinem Unglück, bemerkt Purchas dazu, „denn dieser Fund bewegte viele Herzen gewaltig, die Fahrt alsbald zu wiederholen, wobei die gute Sache der Geographie zugunsten einer unsinnigen Jagd auf Edelmetalle ganz aus den Augen kam“.

Der neue Jason

Lok zeigte den gelblichen Steinbrocken überall herum und fand genug Leute, die zum Tanz um dieses vermeintliche Stück vom Goldenen Kalb bereit waren. Auf einmal war in London jedermann überzeugt, Kapitän Frobisher sei ein Hauptkerl, dessen Entdeckung beweise, daß Engländer den Spaniern und Portugiesen weder an Kühnheit noch an

Seemannstüchtigkeit nachstünden und daß die Länder in der Nähe des Pols einen Reichtum an Gold, Silber und Edelsteinen liefern würden, auf den selbst Salomo trotz seiner Schätze Ophirs neidisch sein würde. Auch der Königin kam die Kunde von dem vermeintlichen Edelmetall zu Ohren, und der Name Ihrer Majestät durfte mit einem stattlichen Beitrag an die Spitze der Subskriptionsliste für die neue Expedition gesetzt werden.

Im Juni 1577 trat Frobisher seine zweite Reise wiederum mit drei Schiffen an. Seine Zuversicht, er werde diesmal durch die Nordwestpassage bis zu den Gestaden von Cathay segeln, gründete sich vor allem auf Berechnungen spanischer Geographen, die ihm Dr. Dee zugänglich gemacht hatte. Danach sollte diese Durchfahrt bei günstigen Wind- und Eisverhältnissen in etwa drei Monaten zu bewerkstelligen sein.

Frobisher war gesonnen, diesen Sommer zu nutzen, zumal er in London gehört hatte, daß auch Sir Humphrey Gilbert eine Expedition zur Nordwestpassage plante und daß Francis Drake, als er 1576 mit seiner Golden Hind auf Kaperfahrt in den Stillen Ozean ging, eine Reise durch die Straße Anian ins Auge gefaßt hatte. Er aber, Martin Frobisher, nunmehr Generalkapitän Ihrer Majestät, wollte unbedingt der erste sein, der seiner Königin die Entdekkung der Nordwestpassage meldete. Das Gold von Königin-Elisabeths-Vorland mochte auflesen, wer Lust dazu hatte! In Cathay waren größere Reichtümer zu holen als auf den düsteren Inseln am vereisten Meer.

Frobisher steckte während der ganzen Fahrt in einer Zwickmühle. Seine Gönner, an ihrer Spitze die Königin, erwarteten, daß er möglichst viel goldhaltiges Erz nach Hause schleppte. Ihm aber ging es allein um die Passage. Nur wenn er sie bezwang, durfte er hoffen, daß man ihm verzieh, darüber die Goldsuche versäumt zu haben. Gelang ihm aber die Durchfahrt nicht, dann – ja, dann blieb ihm nichts anderes übrig, als eine Ladung Golderz abzuliefern. Andernfalls würde er als Phantast abgetan und ihm jede weitere Unterstützung für eine neue Suche nach der Nordwestpassage versperrt sein.

Die Eisverhältnisse waren diesmal schwieriger als im Vorjahr. Er fand seine Frobisher-Straße ganz vom Eis verstopft. Da tat er das klügste, was er tun konnte. Er ließ wahllos alle irgendwie metallisch schimmernden Gesteinsbrocken zusammenklauben und in die Schiffsbäuche verladen. Verdrossen segelte er mit dieser Fracht im August heimwärts.

Ehe die Erzscheider ihr Urteil über den Goldgehalt der Ladung gesprochen hatten, ließ der Schatzmeister der Krone die gesamte Fracht in den sicheren Gewahrsam des Tower bringen. Ein Handschreiben der Königin an ihren „lieben Freund, den Generalkapitän Merten Furbusser" floß über von Worten des Lobes. Hundert ihrer Untertanen sollten sich an der Frobisher-Straße ansiedeln und ein Fort zum Schutz der Goldmine errichten. Frobisher sah sich unversehens zum Löwen der Saison befördert. Goldsucher Ihrer Majestät nannten ihn halb neidisch, halb anerkennend die Lästerzungen des Hofs. Der Modepoet Abraham Fleming widmete dem Seebären sogar ein feingedrechseltes Sonett, das mit der Zeile begann: Wie Jason bracht' er heim ein goldnes Vlies . . . Frobisher soll von diesen Versen kopfschüttelnd gesagt haben, sie stünden ihm zu Gesicht wie der Sau das Perlenhalsband.

Unheimlich aber wurde ihm zumute, als ihn die Königin zum Admiral aller von ihm bereits entdeckten und noch zu entdeckenden Meere ernannte, denn schon brach unter den Erzscheidern ein erbitterter Streit über den Goldgehalt des „Nordwesterzes" aus. Michael Lok hatte die Proben einem englischen Metallurgen übergeben. Dessen Auskunft lautete so negativ, daß Lok sie an das Konsortium der Geldgeber der Expedition nicht weitergeben mochte. Er suchte vielmehr noch den beim Hof angesehenen italienischen Alchimisten Agnello auf.

Agnello gebärdete sich zunächst gekränkt, weil man ihn, die wahre und einzige Kapazität, bisher übergangen hatte.

Er ließ sich jedoch gnädigst herbei, die Probe zu untersuchen – nicht ohne vorher mehrfach betont zu haben, wie sehr von seinem Gutachten das Urteil Ihrer Majestät über den Gesteinsstapel im Tower abhänge. Lok verstand und vergoldete ihm die Handflächen, wie der Chronist augenzwinkernd mitteilt. Agnellos Gutachten lautete daraufhin: „Das Nordwesterz weist einen ungewöhnlich reichen und reinen Goldgehalt auf."

Das kam dem zuerst befragten Sachverständigen zu Ohren. Er war auf den Italiener ohnehin nicht gut zu sprechen und freute sich der Gelegenheit, ihm eins auszuwischen. Er zog den deutschen Bergmann und Erzscheider Jonas Schütz ins Vertrauen und übergab ihm Proben des Erzes. Schütz war kurz zuvor nach England gekommen, um dort eine einträgliche Stelle zu finden. Er wog ab, wie sein Urteil beschaffen sein müßte. Ihm war bekannt, daß Loks Konsortium eine Erzgrube in Königin-Elisabeths-Vorland plante, und er rechnete sich dort Vorteile für sich aus. Dementsprechend formulierte er sein Gutachten so, daß es zwar dem Verdikt des englischen Kollegen nicht gerade widersprach, aber doch durchblicken ließ, das Nordwesterz könne sich, falls man auf eine ergiebige Ader stieße, als sehr ertragreich erweisen.

Das zweifelhafte Nordwesterz

Frobisher wird nach dem Gezerr und Gezeter der Landratten erleichtert aufgeatmet haben, als er Ende 1578 mit einem stattlichen Geschwader seine dritte Suche nach der Nordwestpassage aufnehmen durfte. Diesmal hatte er acht Schiffe zur Verfügung: vier große, um Nordwesterz zu laden; vier kleinere, um seine Frobisher-Straße soweit wie möglich nach Westen, am liebsten bis Cathay, zu erkunden.

Mit gutem Wind erreichte er am 23. Juni die Straße. Schon vor der Einfahrt hielt ihn dichter Nebel tagelang fest. Endlich jagte Nordsturm den Nebel, aber auch das

Geschwader auseinander. Dabei sank ausgerechnet das Schiff, das die Baustoffe für das geplante Fort an Bord hatte. Frobishers Flaggschiff Aid und die Ann Frances seines Freundes Kapitän Beste fanden Zuflucht an der Einfahrt einer Meeresstraße, die Frobisher zunächst für eine Verlängerung der Frobisher-Straße hielt. Als er seinen Irrtum erkannte, gab er ihr den Namen Mistaken-Strait (Irrtum-Straße; es war in Wirklichkeit der Eingang zur Hudson-Straße bei der Resolution-Insel). Beste, der tiefer in die Wasserstraße geraten war, teilte Frobisher mit, nach der Stärke von Wind und Gezeiten zu urteilen, müsse es sich um eine weit nach Westen reichende Bucht, wenn nicht gar um eine Straße handeln, die bis zum östlichen Meer reiche. Da Beste ein Draufgänger war wie sein Geschwaderchef, regte er an, der Admiral möge das Nordwesterz dem Teufel empfehlen und sich gleich hier auf die Reise nach Westen machen, nach Cathay.

Das war für Frobisher eine starke Versuchung. Beste berichtet: „Er ging eine ganze Nacht ernstlich mit sich zu Rate. Danach bekannte er mir, wenn er nicht die Verantwortung für das Geschwader hätte, würde er unverzüglich die Fahrt durch Mistaken-Strait fortsetzen bis zum Südmeer oder so weit es Gott gefallen möchte." Hätte er es nur getan! Denn damit wäre die Frage der Nordwestpassage ein für allemal gelöst worden.

Die Flotte sammelte sich wieder vor der Frobisher-Straße, die der Sturm von Eis frei gemacht hatte. Der größte Teil der Mannschaft mußte von den küstennahen Berghängen die bestellten 800 Tonnen Nordwesterz beschaffen. Es zeigten sich auch wieder Eskimos. Sie schwankten zwischen Feindseligkeit und begehrlicher Neugier vor allem für Eisengegenstände. Weiter berichtet Beste: „Als wir unseren Ankerplatz verlegen wollten, war ihnen das gar nicht recht. Sie winkten, wir sollten zurückkehren. Da nun unser Admiral gern einen einheimischen Lotsen und Dolmetscher gewinnen wollte, ging er auf dieses Zeichen hin noch einmal an Land. Er nahm seinen

Oberbootsmann mit, der am besten mit den Eskimos umzugehen verstand. Sie gingen stracks auf zwei Männer zu, die sich ein wenig abseits hielten.“

Diese beiden ließen sich bewegen, Geschenke mit den Fremden auszutauschen. Sie nahmen die dargebotenen Messer und Nähnadeln und boten dafür die Kapuzen ihrer Parkas. Frobisher nahm die Gabe jedoch nicht, sondern packte den einen Eskimo, der Bootsmann den anderen. Weil aber der Boden von tauendem Schnee glitschig war, gelang es den sich wütend wehrenden Eskimos zu entfliehen. Sie rächten sich sofort für die Heimtücke der Weißen.

Hinter einem Felsen hatten sie Pfeil und Bogen abgelegt. Damit griffen sie nun die beiden Fremden an. Frobisher und sein Bootsmann nahmen unter den Augen der ergötzten Mannschaft Reißaus. Bei diesem unrühmlichen Rückzug erhielt der Herr Admiral einen Pfeilschuß in die Sitzfläche und mußte in den nächsten Tagen bei den Mahlzeiten stehen und konnte nur auf dem Bauch liegend schlafen. Seine Laune wird entsprechend gewesen sein.

Rosig war sie ohnehin nicht, denn das Ende des kurzen Sommers rückte heran, und man war mit dem Einsammeln des vermaledeiten Erzes noch immer nicht fertig. Schließlich bemannte Frobisher das Begleitschiff Emma mit Freiwilligen und entfloh auf Erkundung nach Westen. Schlechtes Wetter und dichte Eisfelder sorgten dafür, daß er auch diesmal die Ausdehnung und wahre Gestalt der Frobisher-Straße nicht kennenlernte. Sehr unbefriedigt befahl er seinem Geschwader die Heimkehr.

Hätte er geahnt, was ihn daheim erwartete, er hätte wohl doch Bestes Rat befolgt und wäre durch die Mistaken-Strait nach Westen gesegelt. In London hatte sich nämlich inzwischen ein Sturm zusammengebraut, der für einen redlichen Seemann ärger war als Orkane des Eismeers.

Dem königlichen Schatzamt war der Gesteinshaufen im Tower immer verdächtiger geworden. Es gab weitere Proben an andere Erzscheider, und diese kamen einhellig zu dem Urteil: Das vielgerühmte Nordwesterz ist wertloser Glimmer. Als man dem Hofalchimisten Agnello, dessen positiver Bescheid den ganzen Unfug ausgelöst hatte, diesen Befund vor die Nase hielt, antwortete er nur: „Die Natur ist eben eine Frau. Man muß ihr schmeicheln. Dann zeigt sie sich von ihrer besten Seite!"

In die peinlichste Lage geriet Michael Lok. Die Teilhaber des Konsortiums warfen ihm vor, er sei dem Schwindler auf den Leim gegangen, der offenbar die Gesteinsproben in betrügerischer Absicht mit einigen goldhaltigen Erzstufen anderer Herkunft „gesalzen" habe. Sie setzten Lok derart zu, daß er die Beschuldigung am Ende selbst zu glauben begann und Frobisher einen mehr als unfreundlichen Empfang bereitete.

Frobisher hielt dem Unwetter mannhaft stand. Mit Lok versöhnte er sich, sobald dieser sich darauf besann, daß er seinen Freund gegen dessen Willen zum Goldsucher gestempelt hatte. Die erbosten Konsorten besänftigte er dadurch, daß er ihre Ansprüche soweit wie möglich durch Hergabe seines gesamten Familienvermögens befriedigte. Da verziehen sie ihm großmütig.

Die einzige, die ihm nicht verzieh, war seine Frau Isabel. Noch 1581 beklagte sie sich in der eingangs erwähnten Bittschrift an die Königin darüber, der Kapitän Frobisher habe sie und ihre Kinder durch seine törichten und fruchtlosen Unternehmungen in bitterste Not und Armut gestürzt. Sie bat um eine Unterstützung für ihre Kinder und auch „für den Kapitän Frobisher, dem Gott verzeihen möge". Dieser letzte Zusatz sollte wohl bedeuten: Ich kann es nicht!

Frau Isabel wird später gegen ihren Kapitän nicht weniger nachsichtig gewesen sein als Gott und die Königin von England. Denn 1585, nach einem überaus einträglichen Raubzug unter Drake nach Westindien, war er gewiß in der Lage, sie für alle Vermögensverluste zu entschädigen. Die Königin hatte ihm erlaubt, an jenem Piratenzug wieder als ihr Vizeadmiral und stellvertretender Geschwaderchef teilzunehmen. Im Kampf gegen die spanische Armada (1588) tat er sich so hervor, daß sie ihn adelte. Als Sir Martin Frobisher und Befehlshaber des Ärmelkanal-Geschwaders fiel er 1594 in einem Seegefecht.

Ein Kapitän aus Dartmouth

Das ist der Preis

Jedem, der sich je der Nordwestpassage verschrieb, forderte sie einen hohen Preis ab. Frobisher, der nur mit Geld und zeitweilig gestörtem Familienleben bezahlen mußte, war noch gnädig davongekommen. Anderen wurde mehr abverlangt. So dem Kapitän John Davis, wenige Jahre nach Frobishers Abenteuern.

Als Davis 1579 nach vierzehnjähriger Fahrenszeit in seine Heimat Dartmouth an der Kanalküste von Devonshire zurückkehrte, war er mit seinen 29 Jahren bereits wohlbestallter Kapitän auf großer Fahrt. Es ist zu vermuten, daß er mehrere Reisen nach Spitzbergen und ins Weiße Meer hinter sich hatte. Nur dort kann er die Eismeererfahrung erworben haben, die er später bewies. Er muß bei seiner Heimkehr auch einen gutgefüllten Geldbeutel, vielleicht aus Piratenbeute, mitgebracht haben, sonst hätte er es sich nicht leisten können, in den folgenden sechs Jahren teils in Dartmouth, teils in London zu privatisieren, das heißt, seiner Fortbildung zu leben und auch noch eine Familie zu gründen.

Freudig begrüßt wurde er bei der Heimkehr vor allem von Humphrey Gilbert, einem Freund seiner Kindheits- und Schuljahre. Gilbert hatte sich durch eine umfangreiche Studie über die Vorgeschichte und die Möglichkeiten eines nördlichen Seewegs nach Ostasien einen Namen gemacht. Zusammen mit Dr. Dee bemühte er sich, die Londoner Kaufmannschaft und die Krone davon zu überzeugen, jetzt sei die richtige Zeit, „die Herausforderung des westlichen Ozeans anzunehmen und ihm den Sieg abzuringen, der den Engländern die kürzeste Straße zu den Gold- und Gewürzländern des Ostens sichert".

Gilbert war nicht nur Theoretiker. Er hatte schon 1578 eine Erkundungsfahrt in die Neufundland-Gewässer unternommen. Jetzt bereitete er den ersten englischen Siedlungsversuch auf dieser Insel vor, um auf ihr einen vorgeschobenen Stützpunkt für die Suche nach der Nordwestpassage zu schaffen.

Hierbei mußte ihm ein erfahrener Seemann wie Davis willkommen sein.

Davis begegnete dem Werben des Freundes zunächst jedoch zurückhaltend. Er meinte, er besitze nicht genug Kenntnisse für eine so weitgespannte Aufgabe. Gilbert führte ihn bei Dr. Dee ein, um seine mathematisch-astronomischen Kenntnisse zu erweitern.

Als Gilbert von seiner zweiten Neufundland-Reise dann nicht zurückkehrte, konnte Dr. Dee John Davis leicht davon überzeugen, er sei der rechte Mann, die hochfliegenden Pläne des toten Freundes zu verwirklichen. Walter Raleigh, ein Halbbruder Gilberts und wie dieser mit Davis seit Kindertagen befreundet, unterstützte ihn darin. Raleigh und Dr. Dee ebneten Davis die Wege zu Männern, die genug Einsicht und Geld besaßen, solche Pläne tatkräftig zu fördern.

Dr. Dees Tagebuch bezeugt, daß in seinem Haus zu Mortlake mehrmals lange Gespräche zwischen Davis, dem Minister der Königin, Walsingham, und den einflußreichen Kaufleuten Sanderson, Beales und Hudson stattgefunden haben. Dabei wurde die erste Expedition, die Davis 1585 unternahm, vorbereitet. Nach dem letzten dieser Gespräche gab Dr. Dee dem jungen Kapitän die Mahnung mit auf den Weg: „Haltet Euch immer das Schicksal des armen Frobisher vor Augen! Laßt Euch niemals von der Verlockung übermannen, Ihr müßtet Gold, Edelsteine oder sonst etwas von Geldwert von Eurer Fahrt mitbringen!"

„Aber wenn ich niemandem Vorteile zeigen kann, wer

wird mich unterstützen, wenn es mir nicht schon auf der ersten Fahrt gelingt, die Nordwestpassage zu finden?"

„Ja, das ist die Gefahr", gab Dr. Dee zu. „Aber schlimmer ist die Verlockung durch das Gold. Mit der Nordwestpassage verhält es sich wie mit der Wahrheit. Nur wer sie um ihrer selbst willen sucht, dem ergibt sie sich. Nur wer von der Nordwestpassage nichts anderes erwartet als die Durchfahrt nach Cathay und bereit ist, dafür notfalls sogar mit seinem Leben zu zahlen, nur der wird sie entdecken."

Musik für Mukluq

Die beiden Schiffe der ersten Davis-Expedition, Sunshine und Moonshine, waren nur klein und bescheiden ausgerüstet. Neu war lediglich, daß zur Mannschaft vier Musikanten gehörten. John Janes, der Chronist der Davis-Expeditionen, teilt mit, daß man sie mitnahm, „um die Mannschaft bei guter Laune zu halten und in fremden Ländern die Wilden zu besänftigen, zu ergötzen und ihnen unsere friedlichen Absichten deutlich zu machen".

Davis trat diese erste Entdeckungsfahrt voll Selbstvertrauen, aber ohne übertriebene Hoffnungen an. Er fuhr seit zwanzig Jahren zur See und war ein Mann, der die Kunst der Navigation von Grund auf verstand, er war voll Begeisterung für die Forschung, tapfer und wagemutig, zugleich aber auch klug und bedächtig.

Nach drei Wochen Fahrt gerieten sie in dichten Nebel. Die See war ungewöhnlich ruhig. Trotzdem war „weithin ein furchtbares Getöse zu hören gleich dem einer schweren Brandung", wie Janes vermerkt. Davis schickte seinen Steuermann mit dem Boot zur Erkundung voraus. Es ergab sich, daß nicht eine Klippenküste, sondern ein breiter Treibeisgürtel vor ihnen lag, dessen Schollen in der Dünung aneinanderstießen und dabei das Getöse erzeugten. Am nächsten Tag zeigten sich hohe, zerklüftete Schneeberge. Die Eisbarriere machte das Land unnahbar. Es löste durch sein ödes Aussehen bei allen ein Gefühl tiefer Beklommenheit aus, weshalb ihm der Kapitän den Namen Land der Trostlosigkeit verlieh. Davis vermutete richtig, daß er den Süden Grönlands erreicht hatte.

Sobald das Land außer Sicht kam, behielt er vier Tage lang Nordwest-Kurs bei. In dieser Richtung hoffte er die gesuchte Durchfahrt zu finden, denn nun mußte er ja in das Gebiet zwischen Grönland und Labrador kommen. Land hätte er hier allenfalls an Backbord erwartet. Statt dessen meldete der Ausguck am 29. Juli: „Land an Steuerbord!" Die Küste bestand aus Schären. Dahinter erhob sich eine Kette verschneiter Berge, die nach Osten und Norden den Horizont ausfüllten. Ein langer Fjord tat sich auf. Davis nannte ihn seinem toten Freund zu Ehren Gilbert-Sund. Heute heißt er Godthaab.

Das sommerlich lichte Gesicht der Küste mit blauen Buchten und saftig grünen, blühenden Inselchen überraschte ihn. Er hatte auf dieser Breite nur Öde erwartet. Auf einer der Inseln ging er mit Janes an Land, um nach Brennholz und Trinkwasser Ausschau zu halten. Plötzlich stand wie aus dem Boden gewachsen eine Schar von Eingeborenen vor ihnen, die aufgeregt fuchtelten und schrien. Davis blieb mit seinen Leuten stehen und gab dem Kapitän, der von der Moonshine aus das Land beobachtete, das verabredete Zeichen, die Musikanten herüberzuschicken.

Davis ließ eine Tanzweise anstimmen, zu der die Engländer sich drehten, wobei sie den Wilden zuwinkten und zulachten. Dieser ungewöhnliche Einfall stammte von ihm selbst. Er wollte es besser machen als sein Vorgänger und ohne Gewalt mit den Eingeborenen auskommen. Mukluq, Hauquaq und Genossen hörten und sahen dem Gefiedel, Gedudel und Hüpfen der Fremden erst eine Weile verblüfft zu. Dann faßten sie sich ein Herz. „Einer von ihnen trat vor", erzählt Janes, „wies mit der Hand zur Sonne und schlug sich dröhnend auf die Brust. Das wiederholte er mehrmals. Da bedeuten wir Ellis, ein gleiches zu tun. Danach begannen sie, Zutrauen zu uns zu fassen. Die

Musik spielte weiter. Sie lächelten und wiegten sich im Takt. Wir tanzten ihnen noch eine gute Weile etwas vor und machten ihnen freundliche Zeichen. Von da ab standen wir in so hoher Gunst bei ihnen, daß wir von ihnen alles hätten haben können . . . Sehr umgängliche und heitere Menschen sind sie, frei von Arglist und gewiß leicht zu Frömmigkeit und guten Sitten heranzubilden."

Diese reichlich optimistische Bemerkung hat 150 Jahre später den dänischen Pfarrer Hans Egede veranlaßt, sich der Eskimo-Mission zuzuwenden.

Am 1. August fand das blühende Tauschgeschäft im Fjord ein Ende. Günstiger Südwestwind kam auf, und Davis beeilte sich, seine Reise mit nordwestlichem Kurs fortzusetzen. Nach fünf Tagen sichtete er im Westen auf 66° 44′ nördlicher Breite abermals Land. Er hatte die Meeresstraße überquert, die später seinen Namen erhielt, und die große, langgestreckte Insel erreicht, die einmal den Namen seines Nachfolgers Baffin tragen sollte und die Frobisher das unerfreuliche Abenteuer mit dem Nordwesterz beschert hatte. Aber das wußte Davis nicht. Er vermutete Frobishers Entdeckungen in Südgrönland.

Davis tastete sich an der Küste entlang nach Norden. Der flachere Küstenstreifen mit den verschneiten Bergen in der Ferne erinnerte an die vorher berührte Küste Grönlands. Auch hier sah er – Janes hat das alles sorgfältig vermerkt – Zwergweiden und -birken, beerentragende niedrige Stauden und auf den Schären dicke Polster von Moos, Gräsern und blühenden Wildblumen wie Alpenmohn, Gletscherhahnenfuß, Löffelkraut und Sauerampfer. Unzählige Seehunde lungerten schläfrig auf den Klippen. Vogelwolken kreisten lärmend über Felseilanden. Eisbären zeigten sich und wurden eifrig, wenn auch mit geringem Glück, von den Seeleuten gejagt.

Am 8. August stand Davis im Exeter-Sund vor der heiklen Frage: Weiter nach Norden oder nach Süden? Nur nach diesen beiden Richtungen, aber leider nicht nach Westen, bot sich die See offen dar. Den Ausschlag gaben

schließlich die Klagen der Mannschaft, das Essen sei bei dem feuchtkalten Sommerwetter dieser Breiten zu knapp. Dank früherer Sonderrationen, die der gutmütige Davis bewilligt hatte, war der für sechs Monate berechnete Vorrat bereits erheblich geschrumpft. Davis ließ die Rationen dennoch erhöhen und ging auf Südkurs, bis er eine weit nach Westen ins Land einschneidende Bucht, den Cumberland-Golf, entdeckte. Drei Tage lang ankerte er an der Südküste. Seit Tagen wehte ein steifer Nordwest. Davis hätte nur zu gern diese Bucht, die er für eine Meeresstraße nach Westen hielt, genau untersucht. Da jedoch der Wind nicht umschlug und das Wetter mit jedem Tag winterlicher wurde, glaubte er, in diesem Sommer werde sich nichts mehr erreichen lassen.

Am 30. September 1585 liefen beide Schiffe wohlbehalten wieder in Dartmouth ein.

Zeichen der Höflichkeit

Davis' Gönner hatten sich von diesem jungen Kapitän vermutlich mehr versprochen, als seine erste Expedition halten konnte. Er und sein Freund Adrian Gilbert mußten viel Beredtsamkeit und Tinte verschwenden, um den Geldgebern plausibel zu machen, daß kein Anlaß zur Unzufriedenheit bestehe. Mit Nachdruck berief Davis sich darauf, daß er von vornherein keinen Zweifel daran gelassen hätte, daß die Nordwestpassage nur schrittweise zu erobern sei.

Der Verlauf seiner ersten Fahrt hatte ihn sehr zuversichtlich gestimmt. Er wagte die kühne Prognose: Die Nordwestpassage wird sich nicht als ein ebenso unsicheres Gewässer erweisen wie das Weiße Meer und die Kara-See, vielmehr wird sie fast zu jeder Jahreszeit befahrbar sein. Das Meer dort ist offen, das Klima erträglich, das Wasser sehr tief und fischreich. Es wimmelt von Seevögeln, Seehunden und Walen. Er meinte, der Handel mit Tran, Pelzen und Daunen an den von ihm entdeckten Küsten könne bereits jetzt mit guter Erfolgsaussicht eröffnet werden.

Dieser Hinweis stimmte seine Geldgeber freundlicher. Sie zeichneten großzügige Beiträge zur Ausrüstung einer zweiten Expedition und stellten ihm zwei weitere Schiffe zur Verfügung: die einhundertzwanzig Tonnen große Mermaid und die Pinasse North Star. Sunshine und Moonshine sollten auch diesmal dabeisein. Davis nahm die Mermaid als Flaggschiff und wollte die Erkundungen auch auf Grönlands Ostküste ausdehnen. Kapitän Pope bekam von ihm den Auftrag, mit der Sunshine und der North Star die Küstenlinie nördlich des Landes der Trostlosigkeit möglichst bis 80 Grad nördlicher Breite zu untersuchen.

Bereits am 7. Mai, also wohlweislich früher als im Vorjahr, verließ das kleine Geschwader Dartmouth, jedoch erst am 26. Juni erreichte es den Gilbert-Sund (Godthaab). Hier sollte eine kleine Pinasse gebaut werden, deren fertig zugeschnittene Teile die Mermaid an Bord hatte.

Die im Vorjahr angeknüpften freundlichen Beziehungen

zu den Eskimos wurden sofort erneuert. Janes erzählt: „Als sie in unseren Booten einen der Männer erkannten, die damals bei ihnen gewesen waren, hängten sie sich unter wortreichen Freudenbekundungen an den Dollbord. Ihre Freude veranlaßte uns, unbesorgt an Land zu gehen; wir nahmen zwanzig Messer als Zeichen unserer Höflichkeit für sie mit. Kaum hatte der Kapitän ihren Boden betreten, da stiegen sie aus ihren Kajaks, liefen herbei und umarmten ihn unter herzlichen Willkommensrufen. So hoch stand er infolge seiner Güte bei ihnen im Ansehen. Sie beantworteten unsere Gaben mit schönen Seehundsfellen."

Umschwärmt von neugierigen Eskimos begann man am folgenden Tag den Bau der Pinasse. Zeitweise waren mehr als hundert Kajaks beisammen. Sie brachten Seehunds- und Rentierfelle, Vogelbälge, Schneehasen, Lachse, Dorsche und Vogeleier als Willkommensgaben und Tauschwaren. Aber sie hatten inzwischen begriffen, daß Eisen brauchbarer war als ihre eigenen Werkstoffe Stein, Holz und Knochen. Gab man ihnen nicht, was sie wünschten, so stahlen sie alles, was Eisen war oder so aussah. Diese Diebereien hätten die Seeleute gern mit Gewalt unterbunden. Davis hatte jedoch ausdrücklich untersagt, daß einem Eingeborenen ein Leid getan oder daß auch nur eine Büchse abgefeuert würde. Er wollte sie nicht vergrämen.

Der Kapitän besuchte auf zwei langen Bootsfahrten die Sommerzelte im Innern des Fjords und notierte wiederum alles, was er wahrnahm. Auf diesen Exkursionen konnte er beobachten, wie einer der Inlandgletscher kalbte. Es war nur ein bescheidener Eisbrocken, der da abbrach und mit der Strömung davonschlingerte; immerhin vermittelte er Davis als erstem Europäer eine Ahnung davon, wie die großen Eisberge entstehen mochten, denen er auf See begegnet war.

Vor allem gehörte seine Aufmerksamkeit den Eskimobräuchen. „Auch Zauberei treiben sie gern und viel", notierte er. „Ich glaube jedoch nicht, daß sie ihnen nützt. Als wir bei ihren Zelten waren, hielt einer von ihnen eine lange

Ansprache und zündete dann ein Feuer vor uns an. Unter viel Gemurmel warf er verschiedene Dinge hinein, die wir für Opfergaben hielten. Dann verlangte er, ich solle in den Qualm treten. Ich sagte: Ja, das würde ich tun, aber nur, wenn er es auch täte. Er wollte das nicht. Da packte ich ihn und zog ihn hinein. Zugleich befahl ich meinen Gefährten, das Feuer auszutreten. Damit wollte ich ihnen beweisen, daß ihre Hexerei uns nichts antun könne. Sie nahmen es lächelnd hin. Ich denke, sie gönnten ihrem Zauberer diese Niederlage." Wie der Eskimo-Kenner Rasmussen darlegt, wollten Davis' Gastgeber die Fremden durch Räuchern von bösen Geistern reinigen; Rauch galt bei ihnen als magisches Desinfektionsmittel.

Während der Bootsfahrt im Fjord entdeckte Davis auf einer Insel ein offenes, aus Steinen zusammengefügtes Grab, in dem unter einem umgestürzten Steinkreuz mehrere Skelette nebeneinanderlagen. Wie mochte dieses europäisch anmutende Grab mit dem Kreuz hier unter den nördlichen Heiden entstanden sein, die ihren Toten nie soviel Ehre erwiesen? Stimmte am Ende doch, was Dr. Dee ihm einmal nach portugiesischen Quellen berichtet hatte: daß einer der Brüder Cortereal so weit nach Norden gelangt sei und einige seiner Gefährten dort begraben mußte? Davis zog die Kappe und verharrte im Andenken an diese unbekannten Toten eine Weile in stillem Gebet. Daß er in diesen zerfallenen Gebeinen die Überreste von Wikingern des Westgaus vor sich hatte, konnte er nicht wissen.

Die Erinnerung an die isländischen Grönland- und Winlandfahrer und ersten Besiedler Grönlands war damals dem Gedächtnis Westeuropas entschwunden. Dabei lag der Tod des letzten Grönland-Wikingers wenig mehr als vierzig Jahre zurück. Die Besiedlung Südwestgrönlands hatte um 986 von Island aus begonnen. Die damals entstandenen Siedlungen hatten um das Jahr 1000 die ersten Fahrten nach Nordamerika unternehmen lassen und – als Ostgau und Westgau – bis etwa 1350 geblüht. Dann setzte der Niedergang ein. Die Verbindung nach Island und Norwegen riß fast ganz ab. Schließlich nahmen die von Norden vordringenden Eskimos das Gebiet der Wikingersiedlungen in Besitz.

Bei den Schiffen war es inzwischen doch zu Unzuträglichkeiten mit den Eskimos gekommen. „Well, Sir“, berichtete der Bootsmann der Mermaid, William Crosse, dem Kapitän, „daß die Burschen uns Messer, Bolzen und Nägel klauen, sind wir schon gewöhnt. Das ist auch nicht weiter schlimm. Aber jetzt haben sie den Backbordanker und das eine Beiboot gestohlen, und da hört der Spaß auf. War ein ausgewachsener Raubüberfall, Sir! Sie kamen in Scharen und bombardierten uns mit Steinen. Und verdammt zielsicher sind sie! Es hat blutige Köpfe gegeben! Nichts für ungut, Sir, aber ich glaube, es wäre nicht so weit gekommen, wenn Sie nicht so nachsichtig gewesen wären. Jetzt hilft nur noch eine ständige Wache unter Gewehr.“

Die Wache wurde aufgestellt, das Schießverbot aber blieb bestehen, auch dann noch, als am nächsten Tag eine andere Bande versuchte, den zweiten Anker zu stehlen. Der Überfall wurde abgeschlagen. Crosse, den Davis wegen seiner Zuverlässigkeit besonders schätzte, wurde durch einen Steinwurf am Auge gefährlich verletzt. Da riß selbst Davis die Geduld. Er befahl, einige Eskimos als Geiseln zu ergreifen, und hoffte, dadurch wenigstens das schwer zu entbehrende Beiboot zurückzuerhalten.

Es gelang auch, einen jungen Eskimo zu fangen. Die anderen gaben Boot und Anker dennoch nicht heraus. Nach zwei Tagen gegenseitigen Belauerns setzte plötzlich der günstige Südwest ein, den Davis schon lange herbeisehnte. Er verzichtete auf Anker und Boot und befahl auszulaufen. Amakjuak, die Geisel, mußte die Reise mitmachen. Er schien nichts dabei zu finden. Als Davis ihn auszufragen begann und mit seiner Hilfe das erste kleine Wörterbuch der Eskimo-Sprache anfertigte, das jemals versucht worden ist, arbeitete der aufgeweckte Junge bereitwillig mit. Davis wollte keinen Menschenraub begehen. Deshalb bot er weiter nördlich dem Eskimo an, ihn an Land zu setzen, damit er zu seinen Leuten zurückkäme, deren Zelte man in der Ferne sah. Amakjuak winkte entsetzt ab. Nein, hier säßen Mörder. Mit ihnen lebe sein Stamm seit jeher in Feindschaft. Er wolle lieber bei den Weißen bleiben.

Köderfische

Es war Davis' Absicht, schleunigst die im Vorjahr entdeckte Meeresstraße zu überqueren und die Durchfahrt zu suchen, die er in der Cumberland-Bucht vermutete. Schon nach wenigen Tagen kam ein Eisberg in Sicht. Er war riesig und ausgedehnt, so daß Davis die Pinasse hinüberschickte, um festzustellen, ob es sich nicht etwa um eine unbekannte Insel handelte. Das war nicht der Fall. Der ungewöhnlich große Eisberg hatte Buchten, Berggipfel, Taleinschnitte, Wasserfälle und eine Hochfläche.

Während sie mit bangem Staunen das Ungetüm betrachteten, schob sich eine unübersehbare Menge von Treibeisschollen heran, in deren geschlossene Felder kleinere Eisberge eingekapselt waren. Beim Nahen der Eisdrift wurde es so kalt, daß Nebel den vorher sonnig-milden Tag verdüsterte und dicker Rauhreif Segel und Tauwerk beschlug.

Daß man auf dieser Breite, wo im Vorjahr das Meer eisfrei gewesen war, noch im Hochsommer auf solche Eismassen stieß, ängstigte die Mannschaft. Sie schickte eine Abordnung zu Davis, er möge nicht durch zu große Waghalsigkeit ihre Kinder vaterlos und ihre Frauen einsam machen. Jeder andere Kapitän jenes Zeitalters hätte sich solche Respektwidrigkeit grob verbeten. Davis war anders.

„Vor die Frage gestellt, was wichtiger sei: das Wohlergehen seiner Leute oder die Hoffnungen seiner Auftraggeber, nahm er im Gebet Zuflucht zu Gott", vermerkt Janes in seinem Bericht. „Und da gefiel es der Göttlichen

Majestät, sein Herz zu bewegen, daß er fortfahre, das zu tun, was seinen Ruhm mehren und jedes Christengemüt befriedigen würde."

Die Mahnung der Mannschaft bewirkte, daß Davis sich entschloß, die Mermaid nach Hause zu entlassen, da ihr Verlust für den Eigner ein großer Schaden wäre. Zudem hatte sich das Schiff in den kniffligen Küstengewässern als zu unhandlich erwiesen. Er wollte die Fahrt mit der kleinen, aber wendigeren Moonshine allein fortsetzen.

Davis steuerte nach Osten zurück. Am 2. August stieß er auf 66° 30′ nördlicher Breite auf Land. Hier fand sich ein geeigneter Ankerplatz, der heute noch wegen eines auffällig geformten Berggipfels den Namen Sukkertoppen (Zuckerhut) trägt. Die Moonshine wurde mit Bordmitteln gründlich überholt. Davis nützte diese Pause, um den angrenzenden Küstenstrich zu erkunden. Hinderlich waren dabei die starke Sommerhitze, die er so hoch im Norden nicht mehr erwartet hatte, und die unerträgliche Mückenplage. Mit den Eskimos waren bald, auch mit Hilfe der Musikanten, freundliche Beziehungen hergestellt.

Am 15. August nahm Davis mit der Moonshine, deren Proviantkammer aus den Beständen der Mermaid aufgefüllt war, von neuem Kurs nach Westen. Diesmal überquerte er die Meeresstraße ohne Zwischenfälle. In der Cumberland-Bucht stellte er eine ziemlich starke, nach Westen ziehende Strömung fest, und seine Hoffnung wuchs, hier die Nordwestpassage zu finden. Doch schon nach wenigen Stunden setzte steifer Gegenwind ein, der ihnen das Eindringen in die Bucht wiederum verwehrte.

Am 25. August sah Davis sich deshalb gezwungen, nach Süden abzudrehen. Vom 67. bis zum 57. Breitengrad fuhr er an der Küste entlang. Unterwegs fiel ihm auf, daß auf allen Klippen und Steilufern riesige Seevogelschwärme ihre Nistplätze hatten. Das Meer westlich von Grönland mußte ungemein fischreich sein. Er ließ das Schiff für eine halbe Stunde beidrehen. In dieser kurzen Spanne wurden mit Angeln hundert Dorsche gefangen.

Vom 28. August bis 1. September ankerte Davis in einer Bucht an der Labrador-Küste, wo später die Missionsstation Nain errichtet wurde. Er fand das Land wald- und wildreich, jedoch menschenleer. Auch hier gingen große Mengen schöner Dorsche an die Angel.

Aber das war noch nichts gegen den Fischgrund, den die Moonshine dann drei Breitengrade südlicher berührte. Kaum streifte eine Angel das Wasser, so biß schon ein Fisch an.

Kurz darauf machte ein wüster Nordsturm dem Sommer ein Ende. Davis brach die Expedition ab. Anfang Oktober machte die Moonshine am Kai von Dartmouth fest.

Hier erfuhr Davis, daß Kapitän Pope ebenfalls zurückgekehrt war; er hatte an der Ostküste Grönlands nichts ausgerichtet, weil der Treibeisgürtel zu dicht war.

Am 14. Oktober berichtete Davis im Hause William Sandersons in London seinen Auftraggebern. Auch diesmal mußte er erleben, daß die Herren mit den Ergebnissen der Fahrt nicht so zufrieden waren wie er selbst.

„Uns ist immerhin das Bild der Gewässer westlich von Grönland und ihre östliche und westliche Landbegrenzung wesentlich klarer geworden“, verteidigte sich Davis, denn er brannte auf eine dritte Expedition in das nordwestliche Seegebiet. Vorsichtig deutete er diese Absicht an. Nur bei Sanderson fand sie Beifall. Die anderen Herren wiegten bedenklich die Köpfe.

„Ihr berichtet, Kapitän, daß Ihr drei andere tiefe Küsteneinschnitte gesichtet habt – außer der unzugänglichen Cumberland-Bucht, auf die Ihr nach der vorigen Reise so große Hoffnungen gesetzt habt. Wer sagt uns, daß die anderen nicht ebenso unzugänglich sind?“

„Was ich beobachtet habe, erlaubt mir den Schluß, daß sich im Norden der Neuen Welt weder eine geschlossene Landmasse noch ein Ozean befindet, sondern eine Kette mehr oder weniger großer Inseln. Das bedeutet: die Nordwestpassage muß zu finden sein. Es ist nur eine Frage von Zeit und Geduld.“

„Das heißt also: ein Fernziel", warf einer der Herren ein. Davis spürte sofort, was dahinterstand: Der Wagemut seiner Gönner hatte seine Grenzen erreicht. Da befiel ihn die Furcht, man werde ihm weitere Mittel für die Nordwestpassage verweigern. In seiner Erregung vergaß er die Mahnung Dr. Dees: Nur wer nichts anderes will als die Durchfahrt, wird sie finden!

Hastig stieß er hervor: „Ein Nahziel bietet sich dort an in dem unermeßlich reichen Fischbestand! Hätte ich genügend Fanggeräte und Pökelsalz an Bord gehabt, so hätten wir in kurzer Frist genug Fische fangen können, um die Hälfte der Expeditionskosten zu decken. Nebenbei habe ich im Tauschhandel auch noch 600 gute Seehundsfelle erworben."

„Fische und Felle", rief einer der Herren naserümpfend. „Wenn da nichts Besseres zu holen ist –"

„Schlagen Sie das nicht so gering an", wehrte sich Davis. „Glauben Sie mir, der Segen jenes Meeres ist nicht weniger wert als das Gold Afrikas!"

Jetzt legte sich William Sanderson ins Mittel. Er schlug einen Kompromiß vor: „Kapitän Davis unternimmt so bald wie möglich eine dritte Fahrt. Dabei untersucht ein Teil des Geschwaders unter seinem Kommando die Buchten, die ihm die Durchfahrt zu versprechen scheinen. Um die Kosten der Expedition zu vermindern, soll Kapitän Davis den anderen Teil des Geschwaders zu den Fischgründen schicken, sobald er für die Expedition entbehrlich ist."

Dieser Vorschlag wurde angenommen.

Sandersons Hoffnung

Drei Schiffe rüstete das Konsortium diesmal aus: die große Elisabeth als das eigentliche Expeditionsschiff, die bewährte Sunshine und die nur zwanzig Tonnen große Pinasse Ellen. Die beiden kleineren Schiffe sollten die Fischerei betreiben. Als Mannschaft wählte Davis ausschließlich Fischer von der Devonshire-Küste, die bereits mehrere Fangfahrten zu den Neufundlandbänken hinter sich hatten. Er hielt das für einen Vorzug, bedachte jedoch nicht, daß Fischer vor allem an den Fang denken, zumal wenn sie, wie es in Devonshire üblich war, prozentual an der Ausbeute beteiligt sind. Für Forschungsfahrten waren sie die denkbar schlechteste Mannschaft.

Das wurde Davis erst im Gilbert-Sund klar. Hier sollte das Geschwader geteilt werden. Dabei kam es zu einem schon an Meuterei grenzenden Widerstand unter der Mannschaft. Jeder wollte zu den Fischgründen, keiner zeigte Neigung zur Erkundungsfahrten nach Norden und Westen. Als Davis gar noch bekanntgab, nur die Sunshine und die Ellen sollten zum Fischfang fahren, schlug der Unwille hohe Wellen. Vor allem die Ellen wurde allgemein abgelehnt. Sie hatte sich auf dem Atlantik schon als schlechter Segler erwiesen.

Seemannsleben auf Segelschiffen ist zu allen Zeiten hartes Brot gewesen. Seinen Leuten dieses harte Brot mit Prügeln zu würzen, entsprach nicht Davis' Art. Er wußte zwar genau, daß sie Rauhbeine vom gröbsten Zuschnitt waren und manche noch schlimmeres, er wußte aber auch, wie gering ihr Lohn war. Vierzehn Shilling im Monat für den Vollmatrosen waren die Regel – ein dürftiges Entgelt für entbehrungsreiche, gefahrvolle Arbeitstage. Schlechte Behandlung an Bord war allgemein üblich. Damals glaubten manche Seefahrer allen Ernstes, ihr Schiff werde nur guten Wind haben, wenn die Schiffsjungen jeden Montagmorgen ihre gehörige Tracht Prügel bekämen. Fluchen wurde mit drei, Schlafen auf Wache und Lügenhaftigkeit mit fünfzehn bis dreißig Peitschenhieben, tätlicher Angriff auf einen Vorgesetzten mit Kielholen bestraft. Wahrscheinlich konnte man eine Mannschaft, die oft genug der Hefe der Bevölkerung entstammte, nicht anders in Zucht halten.

John Davis scheint diese Auffassung seiner Kapitänskollegen nicht geteilt zu haben. Es ist in den Berichten nirgends die Rede davon, daß er harte Strafen verhängt hätte. Feigheit kann man ihm nicht vorwerfen. Er hat sich niemals gescheut, sein eigenes Leben im Dienst der selbstgewählten Aufgabe aufs Spiel zu setzen. So muß man annehmen, daß er ein für seine Zeit ungewöhnliches Maß an Verständnis und Mitgefühl für den einfachen Seemann besaß.

Auch diesmal ging er im Gebet mit sich zu Rat und forderte dann Freiwillige auf, mit ihm auf der Ellen die Forschungsfahrt fortzusetzen. Nun zeigte es sich, in wie hohem Ansehen Davis bei seinen Leuten stand. Es meldeten sich sechzehn Freiwillige, die, wie Janes schreibt, lieber mit ihrem Kapitän auf Entdeckung fahren wollten, als nach ertragreichem Fang zu Hause in den Schenken sich aufzuspielen.

Die sechzehn bekamen jedoch erneut Bedenken, als sich herausstellte, daß die Ellen ein verborgenes Leck hatte und 300 Pumpenschläge während einer Wache nötig waren, um den Raum trockenzuhalten. Eine Fahrt mit diesem „alten Eimer" würde nicht nur riskant, sondern eine Plakkerei ohnegleichen werden. Als sie Davis erklärten, dazu hätten sie denn doch keine Lust, griff er wiederum nicht zu Gewalt und Zwang, sondern suchte die Burschen beim Ehrgefühl zu packen.

„Wollt ihr schon heute euer feierliches Versprechen brechen? Könnt ihr mir etwa vorwerfen, daß ich jemals nicht gehalten hätte, was ich versprach? Habe ich euch in Not und Gefahr im Stich gelassen? Wovor fürchtet ihr euch? Vor harter Arbeit? Vor dem Tod? Seemannsleben ist immer harte Arbeit, und der Tod kann den Seemann jederzeit und überall ereilen. Ein rechter Kerl – und ich halte jeden von euch bis jetzt noch dafür – stellt sich lieber zum Kampf, als daß er sich nachsagen läßt, er sei einer möglichen Gefahr aus dem Weg gegangen wie ein Kind einem großen Hund."

Der Appell wirkte, und das spricht für Davis ebenso wie für seine Mannschaft. Ein Schiffstyrann herkömmlicher Art hätte mit einem großen Schiff nicht erreicht, was er mit seiner kleinen, klapprigen Ellen zustande brachte. Sie segelte die Westküste Grönlands hinauf bis 72° 12′ nördlicher Breite. Weiter nördlich war noch kein europäischer Seefahrer gewesen. Eine hohe, fast senkrecht aus der See steigende Wand bildete an dieser Stelle die Landmarke. Er gab ihr seinem Gönner zu Ehren den Namen Sandersons Hoffnung. Heute heißt sie Upernivik.

Einen Tag lang verweilte die Ellen am Fuß dieses Kliffs. Die See leuchtete weithin in klarem Blau. Einzelne Eisberge trieben majestätisch vorüber. Im Osten ragten die Schneeberge und Gletscherfelder des Binnenlandes funkelnd in den Himmel.

Beim Anblick des allseits offenen Meeres glaubte sich Davis der Eingangspforte zur Nordwestpassage, der Erfüllung seines großen Traumes ganz nahe. Nach Norden zu kein Eis, nur das weite Meer – frei, groß, sehr salzig, unermeßlich tief, dunkelblau, so lautet die Logbucheintragung dieses Tages.

Aber das arktische Meer hielt auch hier am nächsten Tag schon nicht mehr, was es verheißen hatte. Über Nacht kam Nordoststurm auf. Die tags zuvor friedliche See schäumte jetzt grau unter trübem Himmel. Die Ellen mußte vor der Gewalt des Sturms beidrehen und sich jagen lassen – nach Westsüdwest. Am 2. Juli sah Davis eine mächtige Eisbank vor sich: das bis zum heutigen Tag gefürchtete Mittlere Packeis der Baffin-Bai und der Davis-Straße. Deren oft zwei bis drei Meter hohe Schollenpacken bilden mitunter ein 300 Kilometer langes Feld.

Davis pirschte sich an der Schollendrift entlang nach Süden. Es war erstaunlich, wie gut sich die viel gescholtene Ellen unter der Führung eines ebenso wagemutigen wie bedächtigen, erfahrenen Kapitäns und in der Hand weniger, tüchtiger Seeleute bewährte. Nach drei Tagen scharfen Segelns gelang es, das riesige Packeisfeld nach Westen hin zu umgehen. Am 19. Juli lag die Ellen vor der Cumberland-Bucht. Diesmal konnte Davis deren Küstenlinie bis in den äußersten Winkel abtasten.

Sechs Tage danach erreichte er zwischen 62° und 63° nördlicher Breite eine Einfahrt, die er schon bei der zweiten Expedition gesichtet, aber nicht untersucht hatte. Er gab ihr den Namen Lumleys-Inlet. Daß er tatsächlich die Frobisher-Straße vor sich hatte, wußte er nicht, da die Kartographen Frobishers Entdeckungen nach Südgrönland verlegt hatten. Auch hier war keine Durchfahrt zu finden, das erkannte Davis bald. Also weiter nach Süden. Er suchte einen tiefen Küsteneinschnitt, den er im Vorjahr gesichtet hatte und den er für aussichtsreich hielt. Er erwies sich bei näherer Untersuchung als sehr gefährliches Gewässer.

„Eine jagende Strömung riß uns mit", vermerkt das Logbuch. „Als die Flut einsetzte, stürzte sie wie ein Schwall aus einem geöffneten Mühlwehr in die Einfahrt hinein, brüllend und mächtige Strudel erzeugend." Nur mit Mühe führte Davis seine Ellen wieder nach Südosten in ruhigeres Wasser. Mit einem stärkeren Schiff, das ein paar derbe Treibeisstöße vertragen konnte, so meinte er, hätte er die Frage: Bucht, Meeresstraße oder gar Nordwestpassage, schon jetzt lösen können.

Die Ellen war nach diesen Strapazen so leck, daß sie, wie Janes schreibt, „Wasser schlappte wie ein durstiger Hund". Davis wünschte seine beiden anderen Schiffe herbei, die ihn bei Neufundland erwarten sollten. Am verabredeten Punkt und Tag traf er sie nicht an. „Wir dachten, ihr wäret mit der Ellen längst irgendwo im Norden abgesoffen", erklärten die Gemütsmenschen am 15. September, als Davis wenige Tage nach ihnen in Dartmouth einlief. „Wir gingen sofort alle miteinander an Land zur St.-Petrox-Kirche, um Gott für die Heimkehr zu danken", schließt Davis' Logbuch. Gewiß kam diese Danksagung nicht nur bei ihm, sondern selbst bei dem rauhbeinigsten seiner Janmaaten aus Herzensgrund.

Gescheiterte Pläne

Davis' Arktisfahrten waren damit beendet. Seine Leidenschaft für die Nordwestpassage war jedoch nicht gestillt. Selbst der jahrelange Kampf mit der spanischen Seemacht, der bald darauf begann, hinderte ihn nicht, immer neue Pläne für die Entdeckung der Durchfahrt nach Cathay zu entwerfen. Als ihm ein Kriegszug gegen die Azoren einen beträchtlichen Beuteanteil einbrachte, entschloß er sich 1591, auf eigene Kosten eine Expedition auszurüsten. Er setzte alles aufs Spiel: seinen Ruf als Kapitän, sein Vermögen und seine Ehe. Seiner Frau Faith erschien diese Hingabe an ein Phantom, wie sie es nannte, als etwas Krankhaftes. Sie kämpfte mit Tränen, Bitten und Drohungen gegen seine Absicht, sich mit Cavendish zu einer Fahrt durch den Pazifischen Ozean zur Straße Anian zu verbinden. Vermutlich wußte sie, in wie üblem Ruf der Pirat Cavendish stand, und ahnte, daß ihr Mann sich bei einem Bündnis mit diesem Seeräuber auf ein Wagnis einließ, das für einen Menschen seiner Art gefährlicher sein mußte als Sturm und Treibeis arktischer Meere.

Es lief wie so oft. Der Starrkopf des Träumers setzte sich durch gegen Tränen und Vernunft seiner Frau, aber die Frau behielt am Ende mit ihren Befürchtungen recht. Cavendish hatte zwar für vortreffliche Kanonen und genug Munition gesorgt, aber an Tauwerk, Segeln und Proviant gespart. Die Mannschaft bestand aus Abenteurern und Galgenvögeln und nur vierzehn vollwertigen Seeleuten. Davis sah das nicht. Cavendishs Versprechen, die Reise solle nur der beabsichtigten Forschung nach der Nordwestpassage dienen, blendete ihn. Daß der alte Seeräuber insgeheim entschlossen war, den arglosen Partner beiseite zu schieben, wenn erst der Pazifik erreicht wäre, ahnte Davis nicht.

In der Magellan-Straße geriet das Geschwader in Seenot und mußte in einer Feuerland-Bucht Schutz suchen. Hier entwischte Cavendish mit dem am besten davongekommenen Flaggschiff unter dem Vorwand, Hilfe zu holen. Tatsächlich ging er im Pazifik auf Kaperfahrt und überließ die Zurückgebliebenen dem langsamen Verderben durch Kälte, Hunger und Krankheiten.

Zweimal wurde der geduldig wartende Davis nur mit Mühe einer Meuterei Herr. Einfallsreichtum und Energie seines Freundes Janes richteten schließlich eines der Wracks soweit her, daß man die Heimreise wagen durfte. Nach einer qualvollen Fahrt, bei der zeitweilig nur noch fünf Dienstfähige an Bord waren, erreichte Davis im Juni 1593 Dartmouth.

Nicht nur die Expedition war gescheitert. Die Gläubiger Cavendishs hielten sich an Davis und ließen ihn in Schuldhaft setzen. Seine Freunde befreiten ihn zwar, aber sein ganzes Hab und Gut kam unter den Hammer. Er selbst wurde in Dartmouth monatelang unter Hausarrest gehalten. Während dieser Wirrnisse verließ ihn seine Frau.

Daß Davis trotz aller Schicksalsschläge sich weiterhin mit allen Fasern seines Wesens an seine Aufgabe gebunden fühlte, zeigten die nächsten Jahre. Was er auch dachte und tat, kreiste um das Rätsel Nordwestpassage. Sowohl seine Schrift „Seemannsgeheimnisse“ (1595) wie seine Denkschrift „Hydrographische Beschreibung der Welt“ (1596) bemühten sich, den Seeleuten wie der Regierung Englands die Suche nach der nordwestlichen Durchfahrt ans Herz zu legen. Mit beschwörenden Worten gab er in dem zweiten Buch den Ratgebern der Königin zu verstehen: „Ein nördlicher Seeweg nach Cathay und Indien ist unzweifelhaft vorhanden und wird zu Ruhm, Ehre und Wohlstand des Reiches Ihrer Majestät beitragen.“ Den Herren des Kronrats sagte er, daß er nach wie vor bereit sei, „mit seiner Person und seinen bescheidenen Fähigkeiten die Suche nach dieser Durchfahrt auf sich zu nehmen. Denn sie ist eine Gabe Gottes, eigens für uns gedacht zu unserem nie endenden Glück! Ihrer Majestät Residenz London wird durch sie Europas Lagerhaus werden, die Nährmutter der Welt und die Krone der Nationen . . . Auf die Erlangung dieser göttlichen Gabe hinzuarbeiten, ohne schwach zu werden, willig und fröhlichen Herzens, geziemt guten Christen."

Die Herren des Kronrats hatten andere Sorgen und deshalb taube Ohren für Sirenenklänge. Davis mußte einsehen, daß die Sache der Nordwestpassage in eine Flaute geraten war. Nüchtern wog er ab, wo seine Pläne auf Gegenliebe stoßen könnten. Die Antwort konnte nur lauten: in Holland. Diese Nation hatte in jahrelangem Kampf um ihre Unabhängigkeit unerhörte Kräfte entwickelt. Tüchtige Schiffer waren die Niederländer immer gewesen. Jetzt wurden sie innerhalb weniger Jahre kühne Langfahrer und Tiefwassersegler. Ihre Werften bauten die schönsten und seetüchtigsten Schiffe, die es damals in Europa gab.

Mit diesen Schiffen griffen sie dreist in die Überseebesitzungen der Spanier und Portugiesen ein. Auf Malakka, Java, Ceylon und den Molukken hatten sie mit bestürzender Schnelligkeit und Zielstrebigkeit Fuß gefaßt. Das vor allem veranlaßte Davis, sich nach Holland zu begeben. Er hoffte, man werde ihn dort in der Indienfahrt verwenden und ihm Gelegenheit bieten, von Java, also von Asien aus, noch einmal nach der Straße Anian zu suchen. Auch den Holländern, so überlegte er, mußte ein verkürzter, nordwestlicher Seeweg nach Asien willkommen sein.

Auf der Straße Anian hatte ihn ein Bericht Michael Loks über seine Begegnung mit dem griechisch-spanischen Seemann Juan de Fuca neuerdings eindringlich hingewiesen. De Fuca gab an, er sei 1592 in spanischem Auftrag von der Westküste Mexikos nach Norden gesegelt, zwischen dem 47. und dem 48. Grad nördlicher Breite auf eine weite Einfahrt gestoßen und dieser Meeresstraße zwanzig Tage lang gefolgt, bis ihre Küste wieder erst nach Nordwesten, dann nach Norden, Nordosten und endlich ganz nach Osten ausbog, wo sich weithin offene See zeigte.

Man weiß bis heute nicht, was von Juan de Fuca zu halten ist. War er wirklich der Entdecker der Meeresstraße vor der kanadischen Stadt Vancouver, der man später seinen Namen gegeben hat? Hat er womöglich als erster Europäer das Bering-Meer erreicht? Oder war er ein Aufschneider, der sich mit seinem Seemannsgarn eine Belohnung erschwindeln wollte?

John Davis nahm den Bericht für bare Münze, bestätigte er doch, was er nur zu gern glauben wollte: Es gab die Straße Anian und damit die Möglichkeit, die Nordwestpassage von der Rückseite her anzugehen! Es war ihm jedoch nicht vergönnt, sich noch einmal ins Labyrinth Nordwestpassage hineinzutasten. Am 27. Dezember 1605 fand er in der Malakka-Straße bei einem Überfall japanischer Piraten den Tod.

Das greifbare Ergebnis seines Lebens blieb zunächst der Beginn der sehr einträglichen Wal- und Robbenfängerei, die vor allem schottische Seefahrer in der Davis-Straße bis hinauf nach Sandersons Hoffnung zu Beginn des 17. Jahrhunderts aufnahmen. Als wissenschaftlicher Ertrag hat die genauere Kenntnis der Westküste Grönlands und der Ostküste von Baffinland zu gelten. Sie hätte sich fraglos stärker ausgewirkt, wären nicht Davis' Karten in Archive eingesargt worden und dort verlorengegangen.

Als bestes bleibt die Erinnerung an einen Menschen, den selbst seine Schwächen und Niederlagen nur liebenswerter erscheinen lassen, wie sein Biograph Markham sagt: „Als ein aufrichtig frommer Mann, Forscher von wissenschaftlicher Gründlichkeit, ernsthaft, aber nicht ohne Humor, begeisterungsfähig, doch kein Phantast, voll Verständnis für Untergebene und Menschen fremder Völker, treuer Freundschaft fähig, standhaft in der Bedrängnis, so steht dieser Kapitän aus Dartmouth in der nicht eben kleinen Schar großer Männer des glorreichen Elisabethanischen Zeitalters gewiß nicht in der letzten Reihe.“

Die Fahrten der Discovery

Nach Osten – nach Westen

Mochte auch die Sache der Nordwestpassage nach dem Ende der Davis-Expeditionen in eine Flaute geraten sein: unvermindert blieb ihre magische Anziehungskraft. Schon kurze Zeit nach Davis' Tod fühlte sich erneut ein Mann gedrängt, diesem verlockenden Traum nachzujagen, ein Mann, der sich in seinem Wesen zwar sehr von seinem Vorgänger unterschied, ihn in der Besessenheit für dieses Ziel jedoch womöglich noch übertraf.

Dieser Mann hieß Henry Hudson. Woher er kam und auf welchen Wegen ihn sein Leben zu der Leidenschaft für die Nordwestpassage geführt hat, wissen wir nicht. Wir sind nur über einen kurzen Abschnitt seines Lebens zuverlässig unterrichtet, über die Zeit vom 19. April 1607 bis zum 21. Juni 1611.

In dieser Zeitspanne führte er die vier großen Reisen durch, denen auf unseren Landkarten in dem Hudson-River bei New York, der Hudson-Straße bei Labrador und dem großen Binnenmeer Hudson-Bai ein bleibendes Denkmal gesetzt ist. Jede dieser vier Reisen hatte nur ein Ziel: im Norden die Durchfahrt nach Ostasien, nach dem Cathay Marco Polos zu finden.

Die erste Reise sollte geradenwegs über den Nordpol führen. Kürzlich war die kuriose These aufgekommen, das Polarmeer selbst müsse eisfrei sein, nur seine Ränder seien vom Eis blockiert. Die Moscowitische Gesellschaft beauftragte Kapitän Hudson, diese Theorie zu prüfen. Natürlich fand er das Polarmeer nicht eisfrei. Aber es gelang ihm als erstem Seefahrer, die Nordwestküste Spitzbergens zu erreichen und bis zum 82. Grad nördlicher Breite vorzudringen.

Im nächsten Jahr erteilte ihm die gleiche Gesellschaft den Auftrag, den Versuch zur Entdeckung einer nordöstlichen Durchfahrt zu erneuern. Er scheiterte dabei ebenso wie seine Vorgänger am Eis der Kara-See. In seinem Logbuch findet sich der eigenartige Vermerk, er habe die Suche nach der Nordostpassage zwar aufgegeben, weil keine Hoffnung mehr bestehe, sie zu finden, sich dann aber entschlossen, Kurs nach Nordwesten zu nehmen, da er noch Proviant genug habe, bei günstigem Wind sein Glück bei Kapitän Davis' Lumleys-Inlet zu versuchen.

Diese kühne Kehrtwendung ist ebenso bezeichnend für den Menschen und Forscher Henry Hudson wie die Bedenkenlosigkeit, mit der er die Rücksicht auf die Interessen seiner Auftraggeber und auf das Wohlergehen seiner Mannschaft beiseite schob. Wäre er nur nicht ein so schlechter Menschenkenner gewesen! Nie verstand er es, seine Mannschaft in die Hand zu bekommen. Es fehlte ihm dazu an dem Verständnis und der Geduld, die Davis ausgezeichnet, oft auch behindert hatten. Und es fehlte ihm darüber hinaus an der Härte, anderen den eigenen Willen aufzuzwingen. Entschloß er sich zur Härte, so geschah es gewiß zur unrechten Zeit.

Seinen Auftraggebern mißfiel seine Eigenwilligkeit natürlich. Sie entließen ihn nach der Rückkehr von der zweiten Reise.

Daraufhin begab sich Hudson wie sein Vorgänger Davis nach Holland.

Hudson setzte seine Hoffnungen auf die 1602 gegründete Niederländische Ostindien-Kompanie, die damals Europas kapitalkräftigstes und expansionsfreudigstes Unternehmen war. Nachdem die Versuche ihrer Kapitäne Barents und Heemskerk mißlungen waren, eine nordöstliche Durchfahrt nach Ostasien zu finden, würden die Direktoren der großen Gesellschaft vielleicht geneigt sein, nun der

Nordwestpassage Wohlwollen und vor allem Geld zuzuwenden.

Nach mühsamem Verhandeln schloß Hudson mit der Niederländischen Ostindien-Kompanie einen Vertrag. Die Gesellschaft versprach, ihm ein 60-Tonnen-Schiff zu stellen und es mit Mannschaft, Takelung, Proviant und anderen Notwendigkeiten zu versehen. Der Kapitän versprach, mit diesem Schiff spätestens Anfang April 1609 nach Nowaja Semlja zu segeln und von dort dem Breitengrad zu folgen, bis er imstande sei, südwärts bis zum 60. Breitengrad zu fahren. Als Honorar sollte Hudson 65 englische Pfund erhalten und, falls ihm unterwegs etwas zustieß, seine Frau eine einmalige Entschädigung von 16 Pfund. Man sieht, allzu großzügig war die mächtige Gesellschaft nicht. Die Unterhändler hatten schnell erkannt, daß dieser englische Kapitän schon beglückt war, wenn man ihm überhaupt ein Schiff gab. Sie übersahen jedoch, daß Hudson seine Hintergedanken hatte, als er um des Schiffs willen sogar auf seine Pläne von der Nordwestpassage verzichtete und sich wieder zum Nordostkurs verpflichtete.

Sein Steuermann Juet, dessen Reisebericht erhalten ist, erzählt: „Ehe Hudson am 25. März 1609 die Reise antrat, hat er eine große Kiste mit Karten und Büchern an Bord gebracht, die sich alle mit der Nordwestpassage befaßten. Für die Nordostfahrer war nur das Allernötigste darunter.“

Hudson führte seine Halbmond korrekt nach Norden und erreichte am 5. Mai das Nordkap. Von diesem Tag an schweigt Juets Bericht, bis es am 19. Mai unvermittelt heißt: „Nach allerlei Verdruß mit Nebel und gefährlichem Eis heute ziemlich stürmisch, Schnee und arge Kälte. Setzen unsere Reise mit Kurs West zu Nord fort.“ Hudson hatte also wenden und Gegenkurs einschlagen lassen! Juet begründet diesen Kurswechsel nicht. Niederländische Geschichtsschreiber meinen, es habe an Bord Meuterei gegeben. Trifft das zu, dann ist wohl niemals einem Kapitän eine Meuterei gelegener gekommen. Lieferte sie ihm doch die plausible Ausrede, die Suche nach der Nordostdurchfahrt aufzugeben und sich der Nordwestpassage zuzuwenden, wie er es schon bei Vertragsabschluß im stillen geplant hatte.

Die Mannschaft war vermutlich mit der Westfahrt ganz zufrieden. Sie hätte bei einer sofortigen Rückkehr nach Holland ein Gerichtsverfahren und strenge Bestrafung gewärtigen müssen.

Am 2. Juli erreichte die Halbmond die Neufundlandbänke. Diesmal hatte Hudson nicht Lumleys-Inlet im Auge, sondern die angeblich von Nordost nach Südwest verlaufende große Meeresstraße, die Verrazano 1525 entdeckt haben wollte. Da neuere spanische Berichte aufgrund indianischer Hinweise davon sprachen, in der Mitte der Nordamerikaküste müsse eine Wasserstraße zwischen Atlantik und Pazifik sein, hielt Hudson es für vielversprechend, seine Suche nach der Nordwestpassage am 42. Breitengrad zu beginnen.

Am 17. Juli hatte er die Festlandküste der Neuen Welt vor sich und tastete sich vorsichtig an ihr entlang nach Süden, bis er den breiten Sund erreichte, der sich zwischen Connecticut und Long Island erstreckt. Was er hier fand, befriedigte ihn sehr. Juets Tagebuch vermerkt: „Das ist ein zum Landen sehr angenehmer Hafen und ein Land, lieblich anzuschauen."

Bei Streifzügen an Land gelang Hudson eine Entdekkung, die für die Nachwelt nicht weniger folgenreich sein sollte, als es die einer Nordwestpassage an dieser Stelle gewesen wäre. Er fand die Mündung des Stroms, der heute Hudson-River heißt, also ein weiteres, Hochseeschiffen zugängliches Einfallstor zum Kontinent Nordamerika.

Am 6. September ließ Hudson einen Erkundungstrupp in die Strommündung rudern. Er kehrte mit guter Nachricht zurück. Beim Loten hatte sich tiefes Fahrwasser ergeben, und die Ufer des Stroms waren, wie Juet berichtet, „gar lieblich mit Gras, Blumen und trefflichen Bäumen bewachsen, die einen überaus süßen Duft ausströmten". Die Patrouille war auch Indianern begegnet. Sie hatten

die Fremden „sehr höflich aufgenommen, einen Kreis um sie gebildet und dazu nach ihrer Weise gesungen".

Einige Tage danach fuhr das Schiff mit der Flut stromaufwärts, bis die Gezeitenwirkung aufhörte. Hier ging Hudson am 20. September vor Anker, schickte seinen Steuermann mit einem Boot zur Erkundung des Landes weiter stromauf und ging selbst an Land, um dem nächsten Häuptling einen Besuch zu machen. „Wir sahen dort", berichtet Juet, „ein aus Eichenrinde geschickt zusammengefügtes, kreisrundes Haus mit gewölbtem Dach. Es enthielt eine große Menge Mais und Bohnen der letzten Ernte – genug, um wohl drei Schiffe damit zu beladen. Als wir das Haus betraten, breitete man Matten zum Sitzen aus und trug für uns Essen in sauber geschnitzten Rotholzschüsseln auf . . . Das Land ist vortrefflich bewirtschaftet und hat eine Fülle verschiedenartiger Bäume. Die Eingeborenen sind sehr freundlich. Als sie bemerkten, daß wir zur Nacht nicht an Land bleiben wollten, nahmen sie an, wir hätten vor ihren Waffen Angst. Da brachen sie vor unseren Augen ihre Pfeile in Stücke."

Bei seinem Gegenbesuch an Bord wurden der Häuptling und seine Leute mit Wein und Schnaps bewirtet, und die Rothäute tranken sich einen Mordsrausch an. Dem Häuptling mundete der Genever des Kapitäns so gut, daß er sich fortan mehr auf dem Schiff als an Land aufhielt und ihm folgte, als es weitersegelte.

Hudsons Steuermann war inzwischen bis in die Gegend des heutigen Albany vorgedrungen. Sein Bericht raubte dem Kapitän die letzte Hoffnung, dieser Strom könne zu einer Durchfahrt nach dem Pazifik führen. Er mußte sich damit abfinden, daß er zwar einen sehr fruchtbaren, von Europäern bisher nicht betretenen Landstrich der Neuen Welt entdeckt hatte, aber nicht die Nordwestpassage.

Die Fahrt stromab verlief nicht ohne Zwischenfälle. Das Schiff saß mehrfach tagelang auf Sandbänken fest. Kurz vor der Mündung gab es eine Begegnung mit feindseligen

Indianern. Angehörige eines Stammes, mit dem man bisher nichts zu tun gehabt hatte, kamen an Bord und bestaunten und betasteten neugierig die fremdartigen Dinge auf dem großen Schiff der hellhäutigen Fremden. Einer konnte der Versuchung nicht widerstehen und stahl ein Kopfkissen, das ausgerechnet dem ganz humorlosen Juet gehörte, der ohnehin für die „Wilden“ nur Mißtrauen und Verachtung empfand. Juet griff sofort zur nächsten, geladen bereitstehenden Büchse und erschoß den Indianer.

Das wirkte wie ein Signal auf die ganze Besatzung. Wer eine Waffe in Griffnähe hatte, feuerte, schlug oder stach auf die verwirrt fliehenden Indianer ein. Die aber kehrten am Abend, als die Halbmond bei aufkommender Flut ankern mußte, rachedurstig zurück. Ihr Angriff wurde zwar abgewiesen, verriet den Weißen jedoch, welcher Wildheit im Kampf diese Rasse fähig war.

Am 4. Oktober 1609 gelangte die Halbmond wieder auf hohe See. Ihre Mannschaft hatte wenig Lust, schon in die Heimat zurückzukehren; am liebsten hätte sie auf Neufundland überwintert. Hudson wäre das recht gewesen. Seine Gedanken beschäftigten sich bereits mit der nächsten Fahrt zur Suche nach der Nordwestpassage, die er bei der von Davis beschriebenen „Einfahrt mit der Wirbelströmung“ ansetzen wollte. Dafür hätte Neufundland eine gute Ausgangsbasis abgegeben.

Aber ein Blick in die Proviantkammer belehrte ihn eines Besseren. Bei schmalen Rationen mit einer nicht gerade zuverlässigen Mannschaft auf der rauhen Stockfischinsel zu überwintern, das war zu gefährlich. Er segelte freilich nicht nach Holland zurück, sondern nach England.

Am 7. November 1609 lief die Halbmond in Dartmouth ein. Hudson übergab Schiff und Logbuch dem niederländischen Konsul. Mochten die Herren in Amsterdam sehen, was sie damit anfingen.

Das Direktorium der Niederländischen Ostindien-Kompanie wird von Verlauf und Ergebnis dieser Expedition und von dem Verhalten ihres Kapitäns Hudson kaum erfreut gewesen sein. Zwar hatte er ein fruchtbares Land entdeckt und eine stattliche Ladung schöner Biberfelle von dort mitgebracht, die immerhin einen Teil der Unkosten aufwogen. An Siedlungsland lag der Gesellschaft jedoch nichts. Und Pelze? Biberfelle? Die Niederländische Ostindien-Kompanie befaßte sich mit lukrativeren Waren: mit Pfeffer, Zimt, Muskat, Kampfer.

Was sie nicht reizte, lockte andere um so mehr. Was Hudsons Matrosen daheim erzählten, veranlaßte zunächst einige holländische Händler, sich an dem von Hudson entdeckten Strom niederzulassen. Sie erwarben gegen Eisenwaren, Glasperlen und Schnaps von den Indianern vor allem Biberfelle und verschifften sie nach Europa. Dabei standen sie sich so gut, daß sie schon 1613 bei ihrer Regierung um einen Schutzbrief zur Gründung einer Kolonie einkamen. Sie holten Handwerker und erste bäuerliche Ansiedler herüber, die den Grundstein zur Stadt Neu-Amsterdam legten. Einige Jahrzehnte später, als die Engländer den Holländern diese Kolonie abnahmen, erhielt sie den Namen New York.

Gefährliche Spannungen

Die letzte Expedition hatte Hudson Klarheit über das Bild der Ostküste Nordamerikas verschafft. Er wußte, daß er nur westlich von Grönland, in Verfolgung des Weges von Davis, die Nordwestpassage finden konnte. Weder die Expedition von Weymouth (1602) noch die von Knight (1606) hatten den Erkenntnissen Davis' Neues hinzugefügt.

Hudson scheint allen Ernstes geglaubt zu haben, die Niederländische Ostindien-Kompanie werde ihm noch einmal eine Expedition ausrüsten. Ehe er jedoch Antwort auf eine solche Anfrage erhielt, untersagte ihm die britische Krone, das Land zu verlassen. Dahinter steckte vermutlich der Einfluß eines neuen, sehr regsamen Konsortiums, das sich

„Gesellschaft zur Erforschung der Nordwestpassage", kurz „Nordwest-Gesellschaft" nannte. Sie wurde von dem weitblickenden Kaufmann Thomas Smith geführt, der denn auch Hudson für englische Dienste gewann. Die Nordwest-Gesellschaft sorgte für den Ankauf eines Schiffes, für dessen Ausrüstung und die Besoldung der Mannschaft.

Das Schiff für Hudsons vierte Expedition hatte eben erst die Werft verlassen. Es bekam den Namen Disvocery und war mit seinen 55 Tonnen eine Nußschale. Es muß dennoch ein sehr seetüchtiges Schiff gewesen sein, das den Fähigkeiten seiner Erbauer alle Ehre machte; sonst hätte es nicht fünf Arktisfahrten ohne nennenswerte Schäden überstehen können.

Solide, aus bestem Eichenholz, waren alle diese kleinen Schiffe. Aber schön und schnittig im heutigen Sinn waren sie nicht. Der französische Marinehistoriker de la Varende meint, sie seien mit ihren unverhältnismäßig hohen Bug- und Heckaufbauten, den Kastellen, mit ihrem geringen Tiefgang und ihren bauchigen Formen wie ruhende Seevögel von den Wellen geschaukelt worden, statt daß sie sie wie die berühmten Klipper des 19. Jahrhunderts mit scharfem Bug schäumend durchpflügt hätten.

Von Bequemlichkeit war keine Rede. Selbst die Heckkajüten für Kapitän und Steuermann waren eng, schlecht gelüftet und sparsam möbliert. Ein Mannschaftslogis gab es nicht. Matrosen und Handwerker schliefen in Hängematten, die sie aufhängten, wo unter Deck gerade Platz war: in der Segelkammer oder vor allem im Takelwerksraum, wo es nach Teer, Hanf und Werg stank.

So wird es auch auf Hudsons kleiner, aber tüchtiger Discovery ausgesehen haben, als sie am 17. April 1610 von London aus zu ihrer Jungfernreise in See ging.

Wie eigenwillig Hudson war, zeigte sich, als er, noch ehe die Themsemündung passiert war, den Steuermann Coleburne mit einem aufkommenden Küstenfahrer zurückschickte. Nach allem, was über diesen Seemann bekannt ist, beraubte er sich damit eines zuverlässigen Rückhalts.

Die Nordwest-Gesellschaft hatte Coleburnes Einstellung verlangt. Hudson jedoch versteifte sich auf seinen alten Gefährten Juet. Er vermutete wohl, seine Auftraggeber wollten ihm Coleburne als Aufpasser mitgeben.

Sobald Coleburne das Schiff verlassen hatte, machte Hudson Juet zum Obersteuermann und Ersten Offizier. Damit kränkte er Bylot, den Zweiten Offizier, der ein fähiger und erfahrener Seemann, aber empfindlich und nachtragend war. Das war der Keim zu späteren Spannungen. Die übrige Mannschaft war die übliche Mischung aus Gutwilligen und Mißmutigen, Fähigen und Unfähigen, redlichen Arbeitern und Drückebergern. Aus dem Rahmen fiel der Leichtmatrose Henry Greene, ein junger Mann aus guter Familie, den Hudson in London verwahrlost aufgelesen und den Winter über in seinem Haus wie einen Sohn gehalten hatte. Daß er damit an diesem durch und durch verdorbenen Burschen nichts gebessert hatte, sollte er bald erfahren. Auch diesmal war wieder John an Bord, Hudsons zweiter Sohn, jetzt vierzehn Jahre alt, der seinen Vater auf allen vier Reisen begleitet hat. Bereits vor Island überwarf sich Greene mit dem Ersten Offizier Juet, der sich daraufhin im Namen der ganzen Mannschaft bei Hudson über ihn beklagte: Dieser junge Schnösel sei unerträglich faul, frech und widersetzlich, werde auch nie ein rechter Seemann werden. Der Kapitän täte gut, ihn auf Island zurückzulassen.

Hätte Hudson Blick und Gefühl für die bedrohlichen Spannungen an Bord seines Schiffes gehabt und einen umsichtigen Ersten Offizier an seiner Seite, dann hätte man das aufsteigende Unheil hier noch abwenden können. Verdrossen, daß man ihn mit lächerlichen Zänkereien behelligte, tat er etwas sehr Törichtes. Er stellte sich vor Greene, kränkte Juet und verärgerte die redlichen Seeleute.

Juet rächte sich. Er brachte unter der Mannschaft das Gerücht in Umlauf, der widerwärtige Stänkerer Greene sei der Spion des Kapitäns. Dieser bösartige Unsinn kam Hudson erst vor der Südspitze Grönlands zu Ohren. Er drohte Juet, ihn in Eisen legen und in Island an Land setzen zu lassen. Derartig hartes Durchgreifen hätte wahrscheinlich wie ein reinigendes Gewitter gewirkt.

Doch Hudson änderte wieder einmal seinen Entschluß und verdarb alles, Juet winselte um Verzeihung, berief sich auf die alte Kameradschaft, gelobte Besserung und Gehorsam. Und der Kapitän gab nach. Nicht, um die Gefühle des alten Gefährten zu schonen, vielmehr weil die Rückkehr nach Island einen Zeitverlust von vierzehn Tagen bedeutet hätte, der womöglich den Erfolg der Expedition in Frage stellen konnte, wie Hudson meinte. Offenbar kam er nicht darauf, daß die Mannschaft aus seinem Schwanken den Schluß ziehen mußte, mit diesem Kapitän könne man machen, was man wolle, wenn man nur Dreistigkeit geschickt mit Heuchelei mischte.

So unerfreulich sah es an Bord der Discovery bereits aus, als sie sich am 9. Juni vor Davis' Einfahrt mit der Wirbelströmung befand. Die Resolution-Insel (von Hudson Insel Glücksfall genannt) war das erste Stück Land, das er an der Nordostseite der Meeresstraße sichtete. Man gab ihr später seinen Namen, obwohl Cortereal, Sebastian Cabot und John Davis sie vor ihm gefunden haben. Die in dieser Jahreszeit noch beträchtlichen Treibeisfelder und Eisberge setzten der Discovery hart zu. Einmal wäre sie fast von einem Eisberg, der sich plötzlich auf die Seite legte, zerschmettert worden. „Das“, so bemerkt das Tagebuch des Matrosen und ehemaligen herrschaftlichen Dieners Habakuk Pricket, „war uns eine gute Warnung, diesen Ungeheuern künftig nicht mehr so nahe zu kommen.“

Die Stimmung der Mannschaft wurde in den Eislabyrinthen der Hudson-Straße natürlich nicht besser. Es war bitter kalt. Schnee, Regen und Nebel lösten einander ab. Trotzdem mußten die Ausgucktonne im Mast und das Lot ständig besetzt sein. Bei Nebel lag die Discovery oft tagelang still, allen Zufällen der Strömung und Eisdrift preisgegeben.

Nach vierzehn Tagen mühseligen Lavierens und Tastens

zwischen Nord und Süd erspähte Hudson eine breite Ausbuchtung, die sich nach Süden erstreckte. War das die Durchfahrt? Hudson glaubte, wie noch die meisten Geographen seiner Zeit, Nordamerika sei wie ein Spiegelbild Südamerikas geformt, laufe also nach Norden in einer schmalen Spitze aus. Zu seiner Enttäuschung mußte er bald erkennen, daß er nur eine weite Bucht, die Ungava-Bai, vor sich hatte.

Kaum hatte Nordwestkurs die Discovery aus dieser Sackgasse herausgeführt, da fiel schwerer Nordsturm sie an. Hudson blieb nichts anderes übrig, als einen erprobten Kunstgriff der Eismeerfahrer anzuwenden. Er suchte gerade beim Eis Schutz. Dort, wo der Seegang am schwächsten war, inmitten eines großen Treibeisfeldes, an einer Scholle vertäut, machte die Discovery alle Bewegungen des Feldes mit. Zahllose harte Stöße trafen sie, aber die festen Eichenplanken hielten stand.

Die Mannschaft war weniger standfest. „Einige unserer Leute wurden in diesen Tagen ganz krank", berichtet Prikketts Tagebuch. „Ich will nicht gerade sagen, sie wurden aus Angst krank, aber ich konnte nur geringe Anzeichen anderer Leiden bei ihnen beobachten." Und weiter schreibt er: „Als der Sturm endlich aufhörte, suchten wir unseren Weg aus dem Eis heraus, wo sich offenes Wasser anbot. Unser Kurs mußte sich ganz nach den Spalten im Eis richten und führte bald nach Norden, bald nach Westen, nach Nordwesten oder Südwesten. Überall versperrte uns das Eis schnell wieder den Weg. Als unser Kapitän das sah, hielt er strikt Kurs nach Süden. Er dachte, dort müsse er offenes Wasser finden. Aber im Süden wurde es noch schlimmer, und endlich wurden wir ganz vom Eis eingeschlossen."

Angst und Unzufriedenheit bei der Mannschaft machten sich in einem offenen Ausbruch Luft. Die Männer beschimpften Hudson, er steuere das Schiff ohne Not ins Eis hinein. Der Kapitän beantwortete die unsinnige Anschuldigung so, wie es John Davis zu Gesicht gestanden und genützt hätte, ihm, Henry Hudson, von seiner Mannschaft aber nicht abgenommen wurde. Er zeigte den Murrenden seine Karte und erklärte ihnen, welchen Weg die Discovery trotz aller Schwierigkeiten bereits bewältigt hatte. Dann stellte er ihnen die Frage: „Wer will mit mir diesen so erfolgreich begonnenen Weg fortsetzen? Und wer möchte umkehren?"

Keiner kam mit der Sprache heraus. Nur einer – Prickett meint, der unausstehliche Greene sei es gewesen – rief höhnisch lachend aus dem Hintergrund: „Hätte ich hundert Pfund, ich wollte gern neunzig davon hergeben, wenn ich von hier aus zu Fuß nach Hause laufen könnte!" Zu einer Auseinandersetzung kam es nicht, denn das Eis krachte bedrohlich gegen die Bordwand. Der Kapitän hätte gar nicht erst zu befehlen brauchen: Alle Mann an Deck! Sie stürzten von selbst nach oben und an die Eishaken, um die Schollen wegzuschieben. Jeder wußte, er hatte nur Aussicht, hier lebendig herauszukommen, wenn er alle Kraft einsetzte.

Ein paar Stunden später riß der Wind das Eisfeld auf und machte den Weg zu einer Insel frei, hinter der die Discovery Schutz fand. Diese Insel heißt heute Akpatok. Sie unterscheidet sich, wie der Geograph Coates feststellt, durch nichts von ihren öden Nachbarn und ist ein höchst unerfreuliches Stück Erde. Hudson aber muß sie wie ein Stück Paradies erschienen sein, denn er gab ihr den Namen Desire Provoketh (Du erweckst Verlangen).

Der einsame Mann, bedroht von einer aufsässigen Mannschaft und einem der ungebärdigsten Meere des Erdballs, konnte nur an sich selbst und seiner nun wirklich erprobten Discovery Halt finden. In die Namen, die er den Inseln gab, scheint er Gefühle gelegt zu haben, die sein nüchternes, lakonisches Logbuch verschweigt. Nach „Glücksfall" und „Du erweckst Verlangen" folgten, obwohl es sich nach Coates nur um öde, von Schneefetzen und Tümpeln, Felsen und Mooren bedeckte, unfreundliche, ja abschreckende Eilande handelte, „Gottes Gnade" und „Halt fest an der Hoffnung".

Das Meer seines Schicksals

Am 2. August öffnete sich endlich zwischen einer kleinen Felseninsel und den ragenden Klippen der Festlandküste eisfreies Wasser vor der Discovery. Hudson bestieg eine dieser Klippen und sah nach Westen und Süden zu das Meer weit offen. Bei diesem Anblick war er überzeugt, nun endlich den Lohn für alle seine Pläne und Plagen zu erhalten. Dieses Meer mußte, wenn nicht alle Geographen irren, der Pazifische Ozean sein. Dann lag der Weg nach dem Osten Asiens frei vor ihm, dann hatte er die Nordwestpassage entdeckt!

Am 3. August schreibt er in sein Logbuch: „Gingen durch die Enge. Nachdem wir mit östlichem Wind zehn

Seemeilen nach Südwesten gesegelt waren, immer in Sicht von Land, bog die Küste nach Süden ab. Bestimmte hier unsere Position, stellte fest, daß sich das Schiff 61° 20′ nördlicher Breite befand. Nach Westen zu offene See!" Das sind die letzten erhaltenen Worte von Hudsons eigener Hand.

Er segelte an der Küste entlang nach Süden weiter in der festen Überzeugung, auf dem Weg nach Cathay zu sein. Es wurde September, als sich der vermeintliche Weg nach Asien als Sackgasse erwies. Aber nun war es zu spät, um noch umzukehren.

Die Enttäuschung warf Hudson so aus dem Gleichgewicht, daß die Besatzung seine Unsicherheit spürte. Sofort brach die stets nur mühsam niedergehaltene Aufsässigkeit wieder aus. Juet sah seine Stunde gekommen. Er beschuldigte den Kapitän vor aller Ohren der Feigheit und Unfähigkeit. Doch Hudson hatte, ohne es zu wissen, noch immer den besseren Teil der Mannschaft hinter sich. Der Zimmermann Staffe und der Koch Matthews sprangen ihm bei und deckten auf, daß Juet schon seit Wochen gehetzt und sogar eine bewaffnete Meuterei vorbereitet hatte. Seine Kumpane schwiegen betreten, und Hudson gewann noch einmal die Oberhand. Er degradierte Juet und ersetzte ihn durch Bylot. Die Mehrheit der Mannschaft empfand dieses Urteil offenbar als gerecht. Jedenfalls erhob sich kein Widerspruch.

Die Gefahr einer Meuterei war einstweilen gebannt. Die andere Gefahr, der nahende Winter, wurde mit jedem Tag bedrohlicher. Trotzdem dachte der Kapitän nicht ans Überwintern. Noch Anfang Oktober, bei zunehmend stürmischem Wetter, kreuzte er zwischen dem Ost- und Westufer der James-Bai hin und her, weil er immer noch auf eine Durchfahrt nach Westen oder Süden hoffte. Erst am letzten Oktobertag, nachdem sie drei Monate wie in einem Irrgarten verbracht hatten, ließ er sein Schiff endlich in einer flachen, schon von Eis überkrusteten Lagune vor Anker gehen.

Zehn Tage später fror die Discovery ein. Das Abenteuer der Überwinterung begann.

Überwintern unter arktischen Bedingungen war zu Hudsons Zeit etwas sehr Seltenes. Vor ihm hatte es bisher nur der Holländer Willem Barents gewagt, der 1596 mit seiner Mannschaft an der Nordostküste der Insel Nowaja Semlja überwinterte. Der Mannschaft graute vor der Kälte. Und ob der Proviant ausreichte? Ob man auf engem Raum in langen, öden Monaten friedlich miteinander hausen könnte? Der Ansturm dieser Fragen machte Hudson noch reizbarer und ungerecht selbst gegen den zuverlässigsten Mann seiner Besatzung, gegen den Zimmermann Staffe.

Sobald der Entschluß zum Überwintern gefaßt war, hatte Staffe sich überlegt, was getan werden mußte. Er schlug vor, ein winterfestes Haus zu errichten. Aber Hudson fuhr ihn an: „Das Schiff genügt als Quartier; Jagd und Fischfang sind wichtiger, um den Proviant zu strekken." Erst als hoher Schnee lag und das Land unter grimmigem Frost stöhnte, mußte er einsehen, daß die Mannschaft in den engen, naßkalten Schiffsräumen nicht durchhalten konnte. Jetzt sollte Staffe sein Haus bauen, aber schnell, schnell!

„Jetzt ist es zu spät! Der Boden ist tief gefroren, und das gefrorene frische Holz läßt sich mit Säge und Beil nicht mehr bearbeiten", erklärte der Zimmermann. „Ein redlicher Handwerker gibt sich nicht zur Pfuscharbeit her."

Hudson hörte aus dieser Antwort nur den Tadel heraus, der ihn hart traf, weil er nur zu berechtigt war. Erregt beschimpfte er den Zimmermann, er gehöre wegen Widersetzlichkeit von Rechts wegen an die Rahnock! Staffe erwiderte darauf mit aufreizender Ruhe: „Nur zu, Kapitän! Es fragt sich, ob Ihr das Schiff nach dem Winter ohne Zimmermann seeklar bekommt!"

Um ihn zu strafen, gab Hudson denn sinnlosen Befehl, daß keiner mit Staffe sprechen dürfe. Schon am nächsten Tag erwischte er ausgerechnet Greene, dem er eben einen warmen Mantel zugeteilt hatte, im Gespräch mit Staffe.

Erbost über Greenes Ungehorsam, nahm er ihm den Mantel wieder weg. Es kam zu einem Wortwechsel, bei dem Hudson sich dazu hinreißen ließ, ihn anzuherrschen: „Wie komme ich dazu, solch einem Lumpenkerl noch länger zu helfen!“

Diese Beschimpfung verzieh Greene dem Kapitän nie. Staffe war großzügiger. Trotz aller Schwierigkeiten machte er sich ans Werk. Und da er sich als Schiffszimmermann in jeder Lage zu helfen wußte, brachte er zuletzt doch eine leidlich brauchbare Behausung für die Mannschaft der Discovery zustande.

Dank ergiebiger Vogeljagd im Spätherbst und hinreichender Brennholzvorräte verbrachten sie den Winter in diesem Unterschlupf erträglich. Schlimm wurde es erst im Frühjahr, als im Schneeschlamm keine Jagd und noch kein Fischfang wieder möglich war. Da hielten Skorbut und Hunger ihren Einzug. Hudsons Versuch, sich wandernden Indianern zu nähern und Fleisch einzuhandeln, schlug fehl. Die Rothäute wichen in die Wälder zurück. Als sich die Fremden ihnen an die Fersen hefteten, scheuten sie sie durch einen Waldbrand zurück.

Endlich brach das Eis auf. Die Discovery hatte ohne nennenswerte Schäden den Winter überstanden, besser jedenfalls als die Mannschaft, die durch Krankheit und Hunger so geschwächt war, daß die meisten kaum zu den nötigen Aufklarungsarbeiten imstande waren. Sechs litten infolge des Skorbuts an geschwollenen Gelenken und mußten an Bord getragen werden.

Aber erst Mitte Juni konnte die Discovery wieder in See gehen. Zuvor gab es eine harte Auseinandersetzung zwischen Hudson und Bylot. Bylot hatte während des Winters zusammen mit Staffe alles getan, um die Mißmutigen und Verzagenden zu ermuntern. Er wußte besser als der Kapitän, was man der Mannschaft noch zumuten durfte. Als Hudson die Absicht äußerte, die Expedition jetzt nicht abzubrechen, sondern die Fahrt nach Nordwesten fortzusetzen, weil er dort die Nordwestpassage zu finden hoffte, widersprach Bylot.

Hudson fuhr ihn hart an und nannte ihn einen Feigling, der um nichts besser sei als der hinterlistige Juet. Bylot antwortete ebenso grob, Hudson sei blind vor Ehrgeiz und habe kein Herz für seine Mannschaft. Ein Schiff zu führen verlange mehr, als Karten lesen zu können und Positionsberechnungen exakt durchzuführen.

Hudson degradierte Bylot auf der Stelle zum Matrosen und ernannte den Bootsmann King, einen Analphabeten, zum Ersten Offizier.

Wenige Tage nachdem die Discovery den Winterhafen verlassen hatte und sich auf Fahrt nach Norden befand, beging Hudson einen weiteren, unbegreiflichen Fehler. Er ließ den ganzen Restbestand des Dauerproviants an die Mannschaft verteilen. Mochte von nun an jeder selbst sehen, wie weit er mit seiner Ration kam. Natürlich kam keiner weit damit. Die Unbeherrschten verschlangen Hartbrot und Käse an einem einzigen Tag. Lautes Jammern über Leibschmerzen war die Folge.

Währendessen heckten Greene und der Schiffsfeldscher Wilson Pläne aus, wie man den Kapitän zwingen könnte, die Discovery statt in neue Abenteuer und Gefahren nach Hause zu führen. Man müßte ihn und seinen Anhang beseitigen! Aber wie? Sie wollten sie nicht umbringen; sie sollten die Möglichkeit haben, ihr Leben zu retten. Man müßte sie im Beiboot aussetzen und ihnen eine Muskete, Munition, Netz und Angel mitgeben. Durch Überredung und Drohungen brachten sie es dahin, daß die Mehrheit sich ihnen anschloß.

Hudson und seine wenigen Getreuen merkten nichts, bis es zu spät war. Die beiden degradierten Offiziere Juet und Bylot verhielten sich in ihrem Groll passiv. Sie lehnten sich nicht einmal auf, als sie sahen, daß es bei der Revolte zu einer furchtbaren Grausamkeit kam. Die Meuterer schafften, als sie den Kapitän und seinen Sohn John in das Beiboot gesetzt hatten, auch noch fünf Kranke über Bord.

Greene erklärte laut, man müsse sich auch dieser unnützen Fresser entledigen.

Das alles war schnell und fast geräuschlos geschehen, so daß der Zimmermann Philipp Staffe unter Deck nichts davon gemerkt hatte. Erst als die Wache, die ihm die Meuterer vor die Tür gestellt hatten, zu laut polterte, erwachte er und schob die Bewacher mit seinen Zimmermannspranken beiseite. Als er erkannte, was sich abspielte, nahm er Seesack und Werkzeugkasten und ging an Deck, um über die Jakobsleiter zu seinem Kapitän ins Boot zu steigen. Greene und Juet vertraten ihm den Weg und beschworen ihn, an Bord zu bleiben. Er solle es gut haben – so gut, wie noch unter keinem Kapitän in seiner ganzen Fahrenszeit. Sie wußten nur zu genau, daß sie diesen tüchtigen Seemann bei der Heimreise noch sehr nötig haben würden.

Der alte Fahrensmann schüttelte den Kopf, hob sein Gepäck bedächtig über Bord und stieg hinterher. Niemand wagte mehr, ihn zu hindern. „Lieber zugrunde gehen mit meinem Kapitän, als mit euch Schurken am Leben bleiben!“ rief er, stieg nach unten und warf die Bootsleine los. Langsam trieb das Boot achteraus, in den dünnen Nebel hinein, der über dem dunklen Wasser braute.

Das war das Ende der vierten Expedition, die Kapitän Henry Hudson unternahm, um die Nordwestpassage zu suchen. Von den Meuterern kehrten nur wenige nach England zurück. Juet, Greene, der Feldscher Wilson und der Bootsmann kamen noch in der Bai bei einem Überfall auf ein Eskimolager um. Die anderen stellten sich daheim dem Gericht. Es verfuhr mit ihnen milder als sonst bei Meuterern üblich. Man hielt ihnen die Fehler ihres Kapitäns, die Leiden der Überwinterung und die Qualen der Heimfahrt zugute.

Straffes Regiment im Winterlager

Ohne nennenswerten Schaden hatte allein die kleine, standhafte Discovery dieses Abenteuer überstanden. Als man sie in der Deptforder Werft auf den Strand zog, brauchte man nur einige Fässer Teer, ein paar Ballen Werg und einige Krüge frischer Farbe, um sie wieder seeklar zu machen. Bereits im folgenden Jahr konnte sie aufs neue in arktische Gewässer geschickt werden.

Daß es zu ihrer zweiten Reise schon so bald kam, war auf die Gewissensbisse des Möchtegern-Seefahrers Habakuk Prickett zurückzuführen. Gewiß, er hatte an der Meuterei gegen Hudson nicht teilgenommen, weil er gerade skorbutkrank war. Aber er hatte von den Vorbereitungen gewußt und aus Angst um sein Leben geschwiegen. Das brannte ihm auf der Seele, und er lag seinem ehemaligen Herrn, dem Förderer arktischer Forschungen und Partner der Nordwest-Gesellschaft, Sir Dudley Digges, in den Ohren, doch etwas zur Rettung Hudsons und seiner Gefährten zu unternehmen.

„Ein Mann wie Hudson, der mit Indianern umzugehen versteht, hat sicher an der Küste überlebt, an der die Meuterer ihn ausgesetzt haben. Fische und Wild gibt es dort genug; der Zimmermann Staffe wird für eine feste Behausung gesorgt haben." Bylot, von Digges befragt, war ebenso zuversichtlich.

Daraufhin befürwortete Digges vor der Nordwest-Gesellschaft eine Hilfsexpedition in die Hudson-Bai, die zugleich Hudsons Forschungen nach Westen und Nordwesten fortführen sollte. Das Kommando übernahm Sir Thomas Button. Obersteuermann auf der Discovery wurde Robert Bylot.

Button griff seine Aufgabe mit Umsicht an. Ihm kam zugute, daß er Partner der Nordwest-Gesellschaft war und sich deshalb besser als ein gewöhnlicher Seekapitän Gehör zu verschaffen wußte. Außerdem besaß er Seemannserfahrung und die Kenntnisse eines Gelehrten. Er faßte von vornherein eine Überwinterung ins Auge und überzeugte die Gesellschaft davon, daß man bei einer Dauer von mindestens achtzehn Monaten von der Expedition genaue Beobachtungen, Vermessungen und Karten erwarten könne.

Seine Planung bewährte sich, als es an der Südküste der Hudson-Bai zur Überwinterung kam. Zwar litt die Mannschaft sehr unter der auf dieser Breite lange anhaltenden scharfen Kälte. Doch da die Herbstjagd große Vorräte an Wildfleisch gebracht hatte, die geräuchert und gepökelt bereitlagen, gab es keine Hungersnot und nur vereinzelt Spuren von Skorbut. Die vier Toten, die man im Frühsommer zurückließ, waren nicht an dieser Krankheit gestorben. Zu ihnen gehörte auch Kapitän Nelson, dessen Namen der Fluß, an dem Button überwintert hatte, heute noch trägt.

Zum leiblichen und seelischen Wohlergehen der Mannschaft trug vor allem die Beschäftigungstherapie bei, die sich Button ausgedacht hatte. Er veranstaltete Wettbewerbe in Ringen und Holzspalten, „Klönabende“ und Gesangswettstreite. Dabei wurden kleine, aber lockende Preise ausgesetzt: ein Extrakrug Bier, eine Sonderzuteilung Schnaps, eine zusätzliche Ration Fleisch oder Käse, ein paar Shilling als Zuschuß zu der kargen Seemannslöhnung. Im übrigen herrschte straffe Disziplin im Winterlager. Sie schrieb jedem wöchentlich ein Bad in dem an Land errichteten Waschhaus vor und zweimal wöchentlich „Reinschiff“ in den Wohnhütten wie auf den im Eis eingefrorenen Schiffen, ferner regelmäßige Arbeitsstunden, in denen Kleidung, Handwerkszeug und Tauwerk instand zu setzen waren. Buttons Kapitäne hatten nicht glauben wollen, daß sich englische Seeleute einen langen Winter hindurch an Land ohne Widersetzlichkeit einem so straffen Regiment fügen würden. Aber das Experiment glückte und bewies, daß eine Überwinterung in arktischem Klima ohne Verlust an Aktionsfähigkeit möglich war.

Das war der Erfolg dieses Unternehmens. Eine Spur von dem verschollenen Hudson fand Button nicht. Im Sommer

1612 hatte er die ganze Südküste der Bai und im Sommer 1613 deren Westküste fast bis zum Chesterfield-Inlet erkundet, und seine Aufzeichnungen und Karten gaben Aufschluß über den Umfang dieses Binnenmeeres. Nur dessen Nordteil blieb einstweilen unerforscht. Aus seinen Beobachtungen über Ebbe und Flut in der Bai schloß Button, sie müsse nach Westen hin mit dem Ozean verbunden sein. Nach Auffassung der Hydrologen jener Zeit konnte der Atlantik allein durch den Schlauch der Hudson-Straße die Tiden in der Bai nicht so stark beeinflussen. Es bestand also nach Buttons Meinung noch immer begründete Hoffnung, in der Hudson-Bai die Nordwestpassage zu entdekken.

Weil die Discovery auch ihre zweite Reise so gut bestanden hatte, schickte man sie im nächsten Jahr wieder auf Forschungsfahrt. Diesmal führte Kapitän Gibbons das Kommando, und Bylot war abermals als Steuermann an Bord. Von dieser Fahrt, die den nördlichen Teil der Hudson-Bai erforschen sollte, ist nur zu melden, daß es Gibbons nicht gelang, die Hudson-Straße zu passieren. Den ganzen Sommer lang wartete er in einer Bucht der Labrador-Küste vergebens auf günstige Eisverhältnisse. Für die Discovery war das, gemessen an den zwei voraufgegangenen strapaziösen Fahrten, fast eine Erholungsreise.

Ein Pilot kommt an Bord

Die Erkundung des Nordabschnittes der Hudson-Bai gelang erst während der vierten Fahrt der Discovery. Sie war das Verdienst zweier Männer, die sich hier zum erstenmal zu gemeinsamer Arbeit zusammenfanden: von Robert Bylot, der nun endlich Kapitän des Schiffes wurde, und von seinem Piloten William Baffin.

Eine solche Arbeitsteilung an Bord eines Langfahrers war zu damaliger Zeit nicht ungewöhnlich. Auch Drake hatte einen Piloten, einen – wie man heute sagen würde –

Navigationsoffizier, an Bord seiner Golden Hind. Dessen Aufgabe war es, den Kurs abzusetzen, die Positionsbestimmungen vorzunehmen und die Karten auszuwerten, zu ergänzen oder zu berichtigen. Nicht alle Schiffskommandanten jener Zeit besaßen die hierzu nötigen Kenntnisse.

William Baffin kann, als er Pilot auf der Discovery wurde, kein junger Mann mehr gewesen sein; er hatte bereits eine mehrköpfige Familie, wie die Kirchenbücher von Londoner Pfarreien bekunden. Zudem war er schon mehrere Jahre als Eislotse im Dienst der Moscowitischen Gesellschaft gefahren. Sein Lebenslauf und seine Wesensart erinnern an einen anderen großen englischen Seemann: an Kapitän James Cook. Wie dieser kam Baffin aus einfacher Familie. Bis heute hat sich weder sein Geburtstag noch -ort feststellen lassen. Wie Cook begann er seine Seemannslaufbahn nach dürftiger Schulbildung auf der untersten Stufe und arbeitete sich mit Intelligenz und Fleiß nach oben. Sein Zeitgenosse Purchas schildert ihn als einen trefflich geschulten, wenn auch nicht durch Schulen gegangenen Seemann und Mathematikus, der sich in dem Wunsch, schreibgewandt und des Wortes mächtig zu werden, mit vielen Künsten und Wissenschaften so ernstlich beschäftigt hatte, daß man die Früchte seines Fleißes in seinen Logbüchern leicht erkennen konnte.

Wie Cook hatte auch Baffin eine angeborene Freude an sorgfältigster Arbeit, an geduldiger, exakter Beobachtung und Berechnung. Kein anderer Seefahrer seiner Zeit hat seinen Karten eine so genaue Vermessungsarbeit vorausgehen lassen, das Gesehene so sorgfältig und klar beschrieben. Das zeigt uns heute noch die einzige erhaltene Karte von seiner Hand, die Karte der Nordwestküste der Hudson-Bai. Allein ihretwegen, urteilt Parry, habe er verdient, daß das Land, dessen Südufer auf diesem Kartenblatt dargestellt ist, den Namen Baffinland trägt.

Ebenfalls wie Cook besaß Baffin bei aller kühlen Sorgfalt Phantasie und Wagemut genug, im gegebenen Augenblick entschlossen, ja dreist, den Sprung ins Unbekannte zu tun. Und endlich hatte auch er wie Cook das Glück, daß zur rechten Zeit einflußreiche Männer seine Begabung erkannten und ihm Aufgaben stellten, an denen er sich bewähren und wachsen konnte. Markham nennt ihn einen kühnen Seefahrer, einen Beobachter von wissenschaftlicher Gründlichkeit und Urteilskraft und einen großen Forscher und Entdecker.

Wurde einem Kapitän ein Pilot beigegeben, so barg das die Gefahr von Spannungen, sogar Feindseligkeiten in sich, da der Kapitän in seinen Vollmachten durch ihn beschränkt wurde, sich womöglich durch ihn kontrolliert fühlen konnte. Besonders ein nach langem Warten endlich zum ersten selbständigen Kommando berufener Seemann wie Bylot mochte da empfindlich reagieren. Es spricht für die Klugheit wie für den Charakter beider Männer, daß sie sich aufeinander einstellten und ein gutes Gespann wurden.

Vom Resultat ihrer ersten gemeinsamen Forschungsfahrt war vor allem das Oberhaupt der Nordwest-Gesellschaft, Sir Thomas Smith, befriedigt. Als Baffin ihm zu bedenken gab, daß nordwestlich der von Davis gemachten Entdeckungen noch viel zu erwarten sei, stimmte ihm Sir Thomas zu und bot all seinen Einfluß auf, um seine Partner von der Notwendigkeit einer neuen Expedition zu überzeugen, die an Davis' Forschungen anknüpfen sollte.

Baffin hat diesem königlichen Kaufmann, der nicht nur ein unermüdlicher und großzügiger Förderer geographischer Forschung, sondern auch einer der Großen in der englischen Wirtschaftsgeschichte war, und den anderen Partnern der Nordwest-Gesellschaft auf seinen Karten ein wohlverdientes Denkmal gesetzt. So findet man auf der Karte von Grönland und Nordkanada heute noch einen ganzen Katalog von Namen, die er für rühmenswert hielt: Horne-Sund, Kap Dudley Digges, Wolstenholme-Sund, Hakluyt-Inseln, Jones-Sund, Lancaster-Sund, Smith-Sund.

Selbst wenn man annimmt, daß Baffin mit diesen Namensverleihungen nicht nur schuldigen Dank abstatten, sondern auch seinen Förderern schmeicheln wollte, und wenn man einräumt, daß Thomas Smith und seine Partner ihr Geld nicht allein der Wissenschaft zuliebe für Entdekkungsfahrten aufwendeten, sondern auch um möglicher materieller Vorteile willen, so bleibt doch die Tatsache bestehen, daß ohne die Großzügigkeit dieser Männer und ihrer Vorgänger Lok, Sanderson und Beales die Seefahrer nicht das Ihre zur Erforschung der Erde hätten leisten können.

Thomas Smiths Unterschrift stand auch unter der Reiseinstruktion, die Baffin ausgehändigt wurde, ehe er am 21. März 1616 mit der Discovery zu ihrer fünften Fahrt in arktische Gewässer auslief. Es ist bezeichnend, daß dieses Schriftstück an Baffin adressiert ist, obwohl auch diesmal Bylot als Kapitän das Schiff führte. Die Nordwest-Gesellschaft betrachtete also Baffin als den Expeditionsführer.

Der Wortlaut der Instruktion ist aufschlußreich für das Bild von der Erde zu dieser Zeit. Obwohl seit der Entdeckung Amerikas durch Kolumbus 125 Jahre verstrichen und nicht weniger als 32 Fahrten zur Entdeckung der Nordwestpassage durchgeführt waren, bestand noch immer keine Klarheit darüber, wie Amerika nördlich von Labrador, westlich der Hudson-Bai und nördlich der Küste Kaliforniens aussah und wie die Ostküste Asiens nördlich der Straße von Formosa in Wirklichkeit verlief.

Am 1. Juni hatte die Discovery die Davis-Straße hinter sich und Davis' nördlichsten Punkt, Sandersons Hoffnung (Upernivik), erreicht. Der Vorstoß ins Unbekannte konnte beginnen. Doch hier gab es den ersten Aufenthalt. Am 2. Juni mußte das Schiff hinter einer Insel Schutz suchen. Ein riesiges, dicht geschlossenes Packeisfeld verlegte ihm dreißig Tage lang den Weg. Baffin nutzte die Zeit, um Eskimos aufzusuchen, die schon damals so hoch im Norden einen Wohnplatz hatten. Er fand sie mißtrauischer und scheuer, als Davis sie beschrieben hatte, wunderte sich jedoch nicht darüber. Er wußte, wie dänische Goldsucher in den letzten Jahren an der Westküste mit den Eingeborenen umgegangen waren. Mit Geduld und Freundlichkeit gelang es ihm, einen Tauschhandel in Gang zu bringen.

Am 30. Juni meldete der Ausguck freies Wasser. Und von nun an stand die Expedition unter einem Glücksstern. Sie hatte ein ungewöhnlich günstiges Eisjahr erwischt. Das berüchtigte Mittlere Packeis, das sonst bis August diese Gewässer sperrte, war kleiner als in den anderen Jahren und bereits vorbeigedriftet.

Nur zwei Tage brauchte die Discovery, um die später bei Walfängern und Arktisforschern so gefürchtete Melville-Bai zu überqueren und in das sogenannte „Nordwasser" zu gelangen, das sich bis Etah meistens eisfrei darbietet. Voll gespannter Erwartung segelte Baffin durch diese offene See, „die unsere Hoffnung auf die Durchfahrt mächtig belebte". Aber vor dem langen, tiefen Fjord, den er Wolstenholme-Sund nannte, änderte sich das Wetter innerhalb einer Stunde, wie es dem arktischen Meer eigentümlich ist.

Sommerlich sanfter Wind wich wütendem Sturm, der die Discovery zwang, den Fjord zu verlassen und freie See zu suchen. Sie büßte das Focksegel ein, und als der Sturm immer heftiger tobte, mußte der Kapitän alle Segel streichen lassen, um nicht auch noch die Masten zu verlieren. Mit Mühe brachte er sein Schiff in eine schützende Bucht, der Baffin den Namen Wal-Sund gab, weil sie sie mit einer großen Walherde teilen mußten.

Trotz der Schäden an der Takelung wurde die Reise fortgesetzt, sobald das Wetter aufklarte. Baffin steuerte die Discovery in einen breiten Sund hinein, der sich nach Norden öffnete. Durch Eisberge, vielleicht aber auch durch eine der in diesen Breiten nicht seltenen Luftspiegelungen getäuscht, glaubte er, der Sund sei nach Norden zu von Höhenzügen begrenzt, und ließ wenden. So entging es ihm, daß er in Wirklichkeit eine Meeresenge vor sich hatte. Dieser große Sund erhielt von Baffin den Namen, den er heute noch trägt: Smith-Sund.

Am 10. Juli stand die Discovery südwestlich vom Smith-Sund vor einer anderen breiten Einfahrt, dem Jones-Sund. Eisbänke vor der Küste ließen das Schiff nicht nahe herankommen, deshalb schickte Baffin das Beiboot an Land. Es kam ebenso wie zwei Tage später vor dem Lancaster-Sund mit der Auskunft zurück: Bucht von Eis verstopft und im Westen von schneebedeckten Höhen abgeschlossen.

Warum ist Baffin trotz günstiger Eisverhältnisse und anhaltend guten Wetters nicht tiefer in den Lancaster-Sund eingedrungen? Warum verließ er sich auf den Bootsmann, der vom Boot aus keine weite Sicht haben konnte? Warum gab er die Hoffnung, hier die Nordwestpassage zu finden, so früh auf? Er verpaßte auf diese Weise die Erkenntnis, daß auch der Lancaster-Sund nicht eine Bucht war, sondern die Einfahrt zu einer Meeresstraße, die weit nach Westen führt.

Und warum strebte Baffin nun wie getrieben am Rand der Küsteneisbänke entlang wieder der Davis-Straße zu? Will man nicht annehmen, daß er sich auch an der Einfahrt des Lancaster-Sundes von Luftspiegelungen täuschen ließ, so gibt es hierauf nur eine Antwort: Der Gesundheitszustand der Mannschaft verschlechterte sich zusehends. Aus dem Logbuch geht hervor, daß schon am 12. Juli zwei Mann am Skorbut gestorben waren. Vier andere wiesen alarmierende Zeichen dieser Krankheit auf. Wahrscheinlich hat Kapitän Bylot daraufhin in berechtigter Sorge um Schiff und Mannschaft seinem Piloten nahegelegt, die Expedition abzubrechen. Baffin gab nach, weil er Bylots Sorgen verstand; aber wohl auch, weil seine Hoffnung, eine Durchfahrt zu finden, immer geringer wurde, je weiter sich das Schiff an der Küste der großen Insel südwärts bewegte, die später auf Parrys Vorschlag Baffinland genannt wurde.

Ohne Eisberührung überquerte die Discovery den Norden der Davis-Straße und ging am 28. Juli beim Zuckerhutberg (Sukkertoppen) vor Anker. Alle gehfähigen Besatzungsmitglieder wurden sofort an Land geschickt, um „Skorbutgras“ (Löffelkraut) und junge Zwergweidentriebe zu sammeln. Die Weidentriebe wurden mit Bier aufgekocht, aus dem Kraut Salat und eine Beigabe zu Grütze und Erbsensuppe bereitet. Diese Frischgemüsezufuhr ließ alle Kranken innerhalb von acht Tagen gesund werden. Am 30. August traf die Discovery wieder im Heimathafen London ein.

Die fünfte Fahrt der Discovery blieb für lange Zeit das erfolgreichste Unternehmen in den Gewässern westlich von Grönland. Dennoch hatte sie keine Folgen. Ja, ihre Ergebnisse wurden schließlich sogar angezweifelt. Da Baffins Längenberechnungen, von unerklärlichen Kompaßabweichungen irritiert, späteren Nachprüfungen nicht standhielten und englische Walfänger in der Baffin- und Melville-Bai nie wieder so günstige Eis- und Wetterbedingungen antrafen, erklärte man Baffins Bericht sogar für Seemannsgarn. Hinzu kam, daß seine Karten bis auf die von der Nordküste der Hudson-Bai bald verlorengingen.

Deshalb gaben die holländischen Kartographen des 17. Jahrhunderts Baffins Entdeckungen nur in entstellter Form wieder. Die Mißdeutungen wurden immer gröber, bis es 1819 in einem englischen Werk unter dem Stichwort „Baffins Bay“ hieß: „Entdeckt im Jahre 1616 nach B.s Bericht, der jedoch für unglaubwürdig gehalten wird.“

Sieht man von den Unternehmungen des Dänen Munk (1619) und der englischen Kapitäne Foxe (1631) und James (1631/32) ab, die nichts Neues ergaben, so waren mit der fünften Arktisfahrt der Discovery für mehr als hundert Jahre die Bemühungen beendet, in der Hudson-Bai und westlich von Grönland die Nordwestpassage zu finden. Baffin selbst hatte gemeint, hier eine Durchfahrt nach Asien zu suchen, sei nicht mehr der Mühe wert. Trotzdem kam er von der Nordwestpassage nicht mehr los.

Wie sein Vorgänger Davis hoffte auch er, von Asien aus zu erreichen, was von Europa, vom Atlantik her, anscheinend nicht möglich war. Er trat 1617 in die Dienste der Britischen Ostindien-Kompanie, wohl in der Absicht, von Indien oder Malakka aus zur „Hintertür der Nordwestpassage“ zu kommen. Als er 1622 bei der Belagerung einer portugiesischen Festung am Persergolf fiel, fand man in seiner Steuermannskammer die für seine Zeit ungewöhnlich große Summe von 800 Pfund Sterling. Man hat schon damals vermutet, er habe sie von seinem Gehalt und aus dem Gewinn von Privatgeschäften zusammengespart, um ein Schiff auszurüsten, das von Asien her auf die Suche nach der Nordwestpassage gehen sollte.

2 Das große Wasser im Westen

unbekanntes Gebiet
Jones-Sund
Lancaster-Sund
Melville-Bai
Baffin-Bai
Upernivik
Grönland
Sukkertoppen
Godthab
Baffin-Insel
Cumberland-Bucht
Kgn. Elisabeth Vorland
Davis-Straße
Jacques Cartier, 1534–36
Samuel de Champlain, 1603–12
Etienne Brûle und
Jean Nicolet, 1610–1634
Pierre Radisson, 1654
Alaska
Golf von Alaska
70°
nördlicher Polarkreis
Chesterfield-Inlet
Hudson-Straße
Resolution-Insel
Hudson-Bai
60°
Terra do Labrador
Hudsons Bai-Company
James-Bai
Rupertsland der
Fort Charles
Tadoussac
Anticosti
Terre Neuve
(Neufundland)
Prima Vista
Gaspé Halbinsel
Kap Breton Insel
Neufrankreich
Hochelage
Sankt Lorenz Strom
50°
Albany-River
Oberer See
Sault Sainte-Marie
Ottawa-Fluß
Mont Royal (Montreal)
Fundy-Bai
Georgen-Bucht
Ontario-See
Albany
Hudson
Kap Cod
Wisconsin-Fluß
Huron-See
Michigan-See
Chicago
Erie-See
Neu-Amsterdam (New York)
Long Island
Chesapeake Bay
160°
140°
120°
100°
80°
60°
40°
0
500
1000
Kilometer

Ein Seemann aus Saint-Malo

Geh zu d'Ango!

Am 5. September 1534 war der Franzose Jacques Cartier mit seinen beiden Schiffen von seiner ersten Expedition ins westliche Meer wohlbehalten heimgekehrt. Er durfte mit Recht auf das, was hinter ihm lag, stolz sein. Eine Woche später freilich, als er vor zwei königlichen Räten in Rouen Rechenschaft über seine Fahrt ablegte, verlor sich das Triumphgefühl. Beflügelt von Kampf und Sieg hatte er seine Erlebnisse und Entdeckungen den Zuhörern mitreißend schildern wollen. Sein Schwung erlahmte rasch bei ihren kühlen, unbeteiligten Fragen. Diese Landratten! dachte er erbittert. Haben keine Vorstellung von Sturm und Nebel auf dem Meer, haben Ängste, Hoffnungen und Enttäuschungen nicht miterlitten.

Immer hölzerner wurde sein Bericht. Verdrossen breitete er zuletzt die Karte vor ihnen aus, deren Linien und Zeichen, Zahlen und Namen wiedergaben, was er gesehen hatte. In dürren Sätzen faßte er den Ertrag seiner Fahrt zusammen: „Ehe wir Stockfischland erreichten, das unsere bretonischen Fischer Terre Neuve, das Neue Land, nennen, waren dort nur zwei Punkte mit Sicherheit bestimmt: das Kap, das die Portugiesen als Boa Vista bezeichnen, und die Baie des Chateaux. Alles andere war ungewiß. Die portugiesischen Kartenzeichner hielten das Stockfischland für eine Inselgruppe. Meine Karte zeigt, daß es eine einzige große Insel ist. Ich habe ihre ganze Nord- und Westküste genau erkundet. Ich habe ferner die Felsenküste nordwestlich der Baie des Chateaux untersucht. Ich bin sicher, sie gehört zu dem Land, das die Portugiesen Labrador nennen.

Weiter habe ich im Gegensatz zu der bisherigen Annahme unserer Fischer festgestellt, daß die Baie des Chateaux keine Bucht ist, sondern eine Wasserstraße, die das Stockfischland im Westen begrenzt. Erst als wir auch diese Küste genau untersucht hatten, bin ich nach Süden weitergesegelt – bis zu Cabots Prima Vista. Von dort aus segelte ich wieder westwärts, und zwar an einer bergigen Küste entlang. Wir hatten schon keine Hoffnung mehr, an dieser Küste jemals eine tief einschneidende Einfahrt zu finden. Am achtzigsten Tag unserer Fahrt erst kamen wir an einen Sund, der tief ins Hinterland führte. Er erwies sich bei genauer Untersuchung als ein mächtiger Strom. An seinem Ufer haben wir Freundschaft mit den Eingeborenen geschlossen. Zwei von ihnen haben mich auf der Heimreise begleitet. Es ist ein armes, aber gutmütiges Volk. Vor der Rückreise habe ich auf einer Uferhöhe ein Kreuz mit dem Wappen unseres Königs aufrichten lassen. Ich kann beschwören, daß ich an den Küsten und in den Gewässern, die meine Schiffe berührt haben, nichts unerforscht gelassen habe, was unseren Augen erreichbar war. Ich bin deshalb überzeugt, daß ich meinen Auftrag erfüllt habe."

Die königlichen Räte waren immer noch nicht befriedigt. Warum hatte er sich so lange bei der Erforschung der Westküste des Stockfischlandes aufgehalten? Sein Auftrag wies ihn doch an, im Westen eine Durchfahrt nach Cathay zu suchen.

„Weil es wichtig war, die Karte zum Nutzen späterer Unternehmungen so genau wie möglich auszuführen!"

Und jener von ihm angeblich entdeckte große Strom? Warum war er seinem Lauf dann nicht gefolgt? Warum hatte er sich nicht Gewißheit über die Städte und Herrscher der Anwohner verschafft?

„Darauf war ich nicht vorbereitet. Ich durfte mich nicht von den gefährlichen Herbststürmen an jener Küste festhalten lassen. Zum Überwintern hätte mein Proviant nicht ausgereicht. Auch konnte ich nicht wissen, wie sich die Bewohner jenes Landes auf die Dauer zu uns stellen würden. Etwaigen Angriffen standzuhalten, fehlte es mir an Waffen und Munition. So hielt ich es für richtig, heimzukehren, um die Ergebnisse der Fahrt zu sichern."

Aber wie stand es nun mit dem Weg nach Cathay? Hatte er wenigstens Anzeichen dafür entdeckt, daß er dem Land des Goldes, der Edelsteine und Gewürze nahe gekommen war?

Cartier zuckte die Achseln. „Darüber weiß ich nichts", sagte er ehrlich. „Diese Frage könnte nur eine neue Fahrt beantworten. Dank meiner Vorarbeit wird sie sich ohne die langen Umwege der ersten durchführen lassen. Die beiden Eingeborenen, die ich mitgebracht habe, werden mich ihre Sprache lehren. Dann kann ich sie fragen, wie es im Innern ihres Landes aussieht. Auch das wird uns bei einer neuen Fahrt helfen."

Die Räte nahmen Logbuch und Karte entgegen und reisten ab, um den König Bericht zu erstatten. Mit keinem Wort deuteten sie an, ob sie der Krone eine neue Expedition unter der Führung Cartiers empfehlen würden.

Jacques Cartier, dessen Selbstbewußtsein leicht ins Wanken geriet, sah nach diesem kühlen Empfang den Erfolg seiner ersten Fahrt schon in eine Niederlage verwandelt. Am Ende wußten seine Freunde für ihn keinen anderen Trost als den Rat, mit dem sie ihm schon einmal vor Jahren aus einer Sackgasse herausgeholfen hatten. „Geh nach Dieppe", sagten sie, „geh zu Jean d'Ango!"

Diesen Rat erhielten im ersten Drittel des 16. Jahrhunderts fast alle französischen Seeleute, die aus der Eintönigkeit der Fracht- und Küstenschiffahrt heraus wollten, um etwas zu vollbringen, was ihren Namen berühmt machte oder ihre Taschen mit Gold füllte. Dieppe war damals die Königin aller Hafenstädte an der Kanalküste Frankreichs. Hier regte sich zuerst der Ehrgeiz, auch Frankreich an den Abenteuern und dem Reichtum der Neuen Welt jenseits des Meeres zu beteiligen.

Zwei Männer hatten diesen Ehrgeiz geweckt und hielten

ihn wach: die beiden Sieurs d'Ango, Vater und Sohn. Die Geschichtsschreiber der französischen Seefahrt haben ihnen die bezeichnenden Beinamen „Condottieri der See" und „Fürsten des Meeres" gegeben. Bei ihnen gingen Reeder und Bankiers, Fürsten und Korsaren ein und aus. Sie alle trugen dazu bei, Dieppe und das Haus d'Ango zum Stapelplatz geographischen Wissens, zum Ausgangspunkt großzügiger Pläne zu machen.

Vater und Sohn d'Ango hatten die Handelshäuser in Lyon und Rouen dazu bewogen, mit ihrem Kapital den Schiffsbau zu finanzieren, aber auch Entdeckungsfahrten und – Raubzüge zu den von den Spanieren entdeckten und beherrschten Küsten Venezuelas, Brasiliens und Westindiens zu fördern. Die zu diesen Zwecken gebauten Schiffe zogen die fähigen und wagemutigen Seeleute der Küste an wie Honig die Bären. Ihre Korsarenfahrten wurden zur hohen Schule der Seemannschaft, ihr Draufgängertum machte den beiden iberischen Flotten bald zu schaffen. Dreißig Schiffe der d'Angos blockierten einmal wochenlang die Tejo-Mündung zur Vergeltung für portugiesische Übergriffe gegen Diepper Schiffe. Im Sold der d'Angos war auch Juan Terrier gefahren, der erste der französischen Korsaren, die in der Karibischen See auf spanische Silbergaleonen Jagd machten.

Rückhalt für ihre verwegenen Unternehmungen fanden die d'Angos immer wieder bei König Franz I. von Frankreich. Er trat als erster den spanischen Alleinherrschaftsansprüchen in Übersee entgegen. „Die Sonne leuchtet für mich ebenso wie für die anderen. Ich würde gern die Klausel in Adams Testament sehen, die mich von der Verteilung der Welt ausschließt. Zudem hat der Heilige Vater seinerzeit, als er die spanischen und die portugiesischen Ansprüche gegeneinander abgrenzte, nur erklärt: Die Länder und Inseln, die durch Seefahrer oder Beauftragte Spaniens gefunden wurden, sollen Spanien gehören, nicht auch diejenigen, welche von Seeleuten oder Abgesandten anderer christlicher Nationen entdeckt werden."

Eine so kühne Sprache konnte Franz I. nur führen, weil ihm die Schiffe und Seeleute der d'Angos zur Verfügung standen und dazu noch deren Geld. Hiervon machte er mitunter mehr als großzügig Gebrauch. Seinen Dank stattete er mit Schutzbriefen für Korsaren und Entdeckungsfahrten ab. So hatte ihn Jean d'Ango schnell für den Plan gewonnen, Erkundungsfahrten im westlichen Ozean durchzuführen, als er ihm den Globus von Johann Schöner vom Jahr 1520 vorführte. Auf ihm war deutlich zu sehen, daß der Nordosten der Neuen Welt auf der gleichen Breite wie Frankreich lag, „ein Nachbar Frankreichs jenseits des Meeres"! War das nicht ein Wink des Schicksals? Warum die Westfahrt nach Indien nicht dort versuchen?

Auf diese Anregung hin waren die beiden Entdeckungsfahrten Verrazanos durchgeführt worden. Ihr verdankte auch Jacques Cartier den Auftrag, im nordwestlichen Atlantik nach der Durchfahrt nach Cathay und Cipangu zu suchen. Den Schutzbrief für seine Fahrt gab die Krone gnädigst her, die Kosten trug das Haus d'Ango. Warum hatten sie gerade Cartier, den Seemann aus Saint-Malo, hierfür gewählt?

Geboren in dem bedeutungsvollen Jahr 1492, in dem Kolumbus die erste Westfahrt nach Indien wagte, ging Cartier mit zwölf Jahren zur See, sehr gegen den Willen seiner verwitweten Mutter, die ihn auf die Lateinschule geschickt hatte, damit er Kleriker würde. Er diente sich nicht auf Fischerbooten und Küstenfahrern seiner Heimatstadt empor, sondern auf den größeren Schiffen, die in La Rochelle, Honfleur und Rouen beheimatet waren. Bis nach Portugal und Dänemark, ins Mittelmeer und an die Küste von Brasilien sollen ihn seine Fahrten geführt haben. Gefechte mit Piraten hatte er bestanden und auch wohl selbst als Pirat gefochten. Mit dreißig Jahren galt er als maître-pilot, also als Kapitän von erprobter nautischer Befähigung. Nur ein derart ausgezeichneter Seemann durfte wagen, den d'Angos seine Dienste anzubieten.

Es ist denkbar, daß Cartier bereits damals von der Nordwestpassage träumte. Von seiner Heimat Saint-Malo aus fuhren seit Beginn des 16. Jahrhunderts die Fischer in jedem Frühjahr über den Atlantik zum Stockfischland. Und daß er seinen Marco Polo nicht nur gelesen, sondern wie ein Evangelium in sich aufgenommen hat, steht fest. Sicher hat er auf seinen Fahrten auch von den Versuchen der Portugiesen und Engländer gehört, im nordwestlichen Atlantik eine Durchfahrt zu den reichen Ländern zu finden, von denen Marco Polo erzählt hat.

Cartier war sehr unglücklich, als er nach seiner ersten Reise ins Westmeer glaubte, man sei mit ihm nicht zufrieden. Erst als ihm Jean d'Ango im Oktober 1534 ein Lob aussprach und ihm bestätigte, man werde ihm eine zweite Fahrt übertragen, war er wieder ganz er selbst.

Schon am 30. Oktober 1534 befahl Franz I., für eine neue Fahrt „drei Schiffe zu beschaffen, sie gehörig auszurüsten, zu bemannen und für 15 Monate zu verproviantieren". Die königliche Reise-Instruktion, die Cartier dann im März 1535 erhielt, enttäuschte ihn freilich. Es hieß darin: „Ihr sollt von Unserem Königreich die Reise nach dem Neuen Land unternehmen und Inseln und Länder entdekken, von denen man sagt, es seien dort große Mengen Gold und viele andere Schätze zu finden."

Die Durchfahrt nach Cathay war nicht mit einem Wort erwähnt und auch nicht die Nordwestpassage, an die Cartier vor allem dachte. Aufs neue wurde er kleinmütig.

„Findet Ihr nur Eure Durchfahrt, Cartier", tröstete ihn d'Ango lachend. „Alsdann segelt getrost nach Cathay! Alles andere laßt für später. Seht darauf, daß Ihr etwas Greifbares vorzuweisen habt, wenn Ihr zurückkommt. Ein paar bunte Papageien sind in den Augen eines Königs wertvoller als eine noch so exakte Landkarte."

Kanadas große strömende Straße

Cartier brauchte fast zwei Monate, um den Atlantik zu überwinden. Zwischen Irland und Island hielten ihn Nebel und schwere Stürme fest. Sein Geschwader wurde zersprengt. Das Flaggschiff Grande Hermine erreichte den vereinbarten Treffpunkt bei Kap Boa Vista am 7. Juli 1535, die beiden anderen Schiffe trafen erst am 26. Juli ein. Kostbare Zeit war vertan, die Mannschaft erschöpft und entmutigt. Die Schiffe selbst hatten zum Glück nur geringe Schäden davongetragen.

Mehr als drei Tage Rast durfte Cartier seinen Leuten nicht gönnen. Er sprach aufmunternd mit jedem einzelnen; mit dem einen kameradschaftlich, mit dem anderen als strenger Kommandant, hier bittend, dort scherzend, hier mahnend, dort befehlend. Vor allem lobte er ihren Mut und ihre Standhaftigkeit im Kampf mit der See, und damit gewann er sie. Sie faßten wieder Zutrauen zu sich selbst und ihrem Befehlshaber.

Am ärgsten hatten die beiden Indianer gelitten in ihrer Angst, die Heimat nie wiederzusehen. Daß sie den Stürmen entkommen waren, erschien ihnen als der stärkste Beweis für die göttergleiche Kraft der Weißen. „Der Große Geist muß euch sehr lieben", sagte Domagaya, als Cartier auch ihm Mut zusprach.

Am 29. Juli setzte das Geschwader seine Reise fort und durchlief ohne Aufenthalt die Meeresstraße westlich von Neufundland. Am 10. August, dem Tag des heiligen Laurentius, stand es vor dem weiten Golf, der die größte Entdeckung der ersten Expedition Cartiers gewesen war. Die beiden Indianer hatten schon seit Tagen vom Vorderkastell der Grande Hermine Ausschau nach Zeichen gehalten, die die Nähe ihrer Heimat verraten würden. An diesem Morgen liefen sie freudig erregt zu Cartier:

„Steuere nach Südwesten! Dort ist Land. Riechst du es nicht? Der Geruch von Wäldern, von Holzrauch ist in der

Luft. Wir sind auf dem Wasser des Stroms angelangt, auf der großen strömenden Straße!“

„Auf dem Strom, an dessen Ufern eure Heimat ist?“ Cartier schüttelte ungläubig den Kopf. „Ich sehe doch überall nur Meerestiere: Thunfische, Tümmler in ganzen Schulen.“

Das sei im Hochsommer immer so, erklärte Domagaya, offensichtlich stolz darauf, daß er, der seit dem vergangenen Herbst immer nur von seinen weißen Freunden belehrt worden war, es nun eimmal besser wußte. Als es heller wurde, zeigte er Cartier den unabsehbaren glitzernden Makrelenschwarm, der sich tief im klaren Wasser nach Südwesten, das heißt stromaufwärts, bewegte. Auf diesen unüberschaubaren Schwarm machten die anderen Fische Jagd.

Cartier wollte ihm auch jetzt noch nicht glauben. Da holte Domagaya einen Eimer voll Wasser herauf und ließ ihn kosten. Es war brackig, es war Süßwasser, mit bitterem Meerwasser vermischt. Bald darauf kam ein langer blauer Küstenstreifen in Sicht: die Insel Anticosti. Da endlich war Cartier überzeugt, daß er den vor einem Jahr entdeckten großen Strom wiedergefunden hatte. Er gab ihm dem Heiligen des Tages zu Ehren den Namen, den Kanadas große strömende Straße heute noch trägt: Sankt-Lorenz-Strom.

Kaum war die Westspitze von Anticosti passiert, da erspähten die scharfen Augen der Indianer schon die Umrisse eines Höhenzuges im Süden. „Die Berge von Honguedo“, jubelten sie. „Dort habt ihr uns im vorigen Sommer an Bord genommen.“

„Und jetzt soll ich euch in eure Heimat zurückbringen, nicht wahr?“ fragte Cartier sie mit einem Hintergedanken. „Oder wollt ihr mit mir den Strom weiter hinaufsegeln? Ihr könntet meine Lotsen sein und meine Dolmetscher, meine Augen und mein Mund.“

Der ältere der beiden wollte nach Hause und wurde am nächsten Tag an seinem heimatlichen Strand abgesetzt. Domagaya aber, der beweglicher, neugieriger und wohl auch eitler war, schwankte nur einen Augenblick. Dann versprach er, die Franzosen bis zum Saguenay oder auch bis Stadacona zu bringen.

Cartier horchte auf. „Saguenay, was ist das?“ Trotz seiner langen winterlichen Unterhaltungen mit den beiden Rothäuten hörte er diesen Namen zum erstenmal.

„Es ist der Name eines großen Flusses, aber auch eines mächtigen Königreichs, das landeinwärts an diesem Fluß liegt.“

„Und Stadacona?“

„Stadacona ist eine Stadt am Strom, noch eine Tagesreise weiter als Saguenay.“

„Eine große Stadt? So groß wie meine Heimat Saint-Malo?“

„Ja, eine große Stadt.“ Domagaya zögerte. „Aber nicht so groß und nicht so schön wie Hochelaga.“ Plötzlich von Mitteilungsdrang überwältigt, fuhr er fort: „Die Menschen von Hochelaga wandern nicht wie mein Stamm mit dem Wechsel der Jahreszeiten. Sie haben feste Häuser. In den Häusern haben sie große Schätze. Sie bebauen den Boden wie deine Landsleute. Sie brauchen nicht die Dürre des Sommes und nicht die Kälte des Winters zu fürchten. Sie haben immer genug zu essen, und in ihren Häusern ist es warm. Sie fürchten auch keinen Feind; sie haben gute Waffen und um ihre Häuser eine hohe, starke Mauer, wie die Städte in deiner Heimat.“

Cartier stockte fast der Atem. Das waren ja unerhörte Neuigkeiten, die dieser Heimlichtuer auf einmal auspackte. Sofort dachte er an das, was er bei Marco Polo über die goldstrotzende Hauptstadt Cipangus gelesen hatte.

Würde ihn der Strom gar zu dieser Stadt führen? Cartier wurde es fast schwindlig bei diesem Gedanken. „Ja“, sagte er zu Domagaya, „ich werde Saguenay, Stadacona und Hochelaga besuchen. Ich werde den Strom hinaufsegeln, eure große strömende Straße.“

Freundschaft am Strom

Am 1. September erreichten die Schiffe die Einmündung des Saguenay, der von Norden kommend mächtige Wassermassen zwischen waldigen Höhen hindurch dem Sankt Lorenz zuführte. Wenige Tage später gingen sie bei Stadacona vor Anker. Staunend stellte Cartier fest, daß der Strom selbst hier, 200 Meilen vom Meer entfernt, noch immer breit und tief wie ein Meeressund war. Die Wellen gingen hoch wie auf offener See. Meeresgetier aller Art tummelte sich im Wasser. Wo sonst in der Welt gab es einen solchen Stromriesen? Trotzdem entschloß sich Cartier, seine beiden großen Schiffe bei Stadacona zurückzulassen und nur mit der kleinen Emerillon weiterzufahren. In einem stillen Altwasser des Stroms fand er einen geschützten Winterhafen. Hier sollte der nächste Frühling abgewartet werden, falls die Fahrt nach Hochelaga hielt, was er sich von ihr versprach.

Cartier ließ sich von der geplanten Erkundungsfahrt auch nicht abhalten, als ihn Domagaya mit der Neuigkeit überraschte, er könne den weißen Häuptling nicht weiter begleiten. In Hochelaga spreche man nämlich eine andere Sprache, und die verstehe er nicht. Außerdem werde die Fahrt weiter stromauf wegen vieler Sandbänke und Stromschnellen sehr gefährlich. „Bleib hier, geh nicht weiter!" flehte Domagaya. „Du wirst stranden, und wir verlieren unseren besten Freund."

Cartier fand heraus, daß hinter diesen Bitten nicht so sehr echte Besorgnis als vielmehr die Eigensucht des Häuptlings von Stadacona steckte. Dieser Donnacona war gewitzt. Er wollte die Franzosen als Bundesgenossen für einen Kriegszug benutzen und deshalb in der Nähe behalten. Aber Cartier brannte darauf, das vielgerühmte Hochelaga kennenzulernen. Daß sich schon die Stadt Stadacona als ein Haufen dürftiger Rindenhütten entpuppt hatte, mahnte ihn nur, seine Erwartungen nicht zu hoch zu schrauben.

Er war kein bedenkenloser Draufgänger. Deshalb bemühte er sich zunächst, den Rückzug zu sichern. Er ließ das Altwasser, in dem er ankerte, durch ein Palisadenwehr gegen Hochwasser und Treibeis schützen. Er befahl, während seiner Abwesenheit neben dem Hafen auf einem Hügel ein befestigtes Lager zu errichten, dem er den Namen Saint Croix gab. Hier sollten zwei Drittel der Mannschaft zurückbleiben. Außerdem mußte er dafür sorgen, daß er die Freundschaft der Indianer gewann, ihnen aber zugleich Respekt einflößte. Ein freundlicher Zufall kam ihm zu Hilfe.

Seit seine Schiffe bei Stadacona ankerten, strömten von allen Seiten die Indianer zur Saint-Croix-Bucht. „Man könnte fast meinen, sie hätten auf uns gewartet", sagte Cartiers Schwager Jalobert. Er traf das Richtige. Cartiers Besuch im Vorjahr war im vergangenen Winter am ganzen unteren Sankt Lorenz das Hauptgesprächsthema gewesen. Eine der wandernden Indianerbanden hatte es der anderen erzählt: Weiße Männer mit großen Schiffen sind auf dem Strom gewesen, zwei junge Männer aus Honguedo sind mit ihnen über das „Große Wasser" im Osten gefahren. Daß die Weißen zurückgekehrt waren und die beiden Honguedo-Leute wieder mitgebracht hatten, dazu noch viele wunderbare Dinge, die sie freigebig verschenkten, das hatte sich in den letzten Wochen am Strom und in den Wäldern mit Windeseile verbreitet.

Nun drängten sich Tag für Tag Schwärme von Besuchern um die Schiffe. Cartier ließ sie durch Domagaya begrüßen. Der junge Indianer tat sich als weitgereister Seefahrer wichtig und spielte sich als Freund der Weißen vor seinen Landsleuten gewaltig auf. Was er ihnen dabei von Wesen und Wissen, Kunst und Kraft der Weißen berichtete, beeindruckte seine Zuhörer so, daß sie es schleunigst ihrem Häuptling Donnacona zutrugen, dem seine Würde nicht erlaubte, sich unter die Neugierigen zu mischen.

Ein paar Tage hielt er es aus, abseits zu bleiben. Eines Morgens aber kam er doch selbst; würdevoll zurückhaltend auch jetzt, wenngleich ihn das offensichtlich Mühe kostete. Cartier trat ihm nicht minder würdevoll entgegen und ließ ihm Geschenke überreichen: einen schönen Dolch, rote Wolldecken, Spiegel und Zierkämme. Daran knüpfte sich ein langes Gespräch, bei dem Domagaya als Dolmetscher wirkte, wenn Cartiers Kenntnisse der Landessprache nicht ausreichten. Das Gespräch endete für Cartier überraschend. Donnacona bedankte sich feierlich bei ihm. Nicht für die Geschenke; die nahm er hin wie einen selbstverständlichen Tribut. Er dankte für Cartiers Zuverlässigkeit. „Du hast die beiden Männer meines Volkes wieder zurückgebracht, wie du es ihren Eltern versprochen hattest", sagte der Häuptling. „Du hast die lange Meerfahrt nicht gescheut, um dein Versprechen zu halten. Du hast damit Freundschaft gestiftet zwischen meinem und deinem Volk."

Nichts hätte Cartier willkommener sein können als diese Wendung. Geschickt knüpfte er an Donnaconas Worte an und erwiderte: „So darf ich hoffen, daß du meinen Schiffen und meinen Leuten für den nächsten Winter in deinem Land Gastfreundschaft gewähren wirst?" Der Häuptling überschlug im Geist, ob das ihm und seinem Volk Nachteil oder Vorteil bringen würde. Nach einer Weile sagte er: „Ihr alle sollt mir und meinem Volk willkommen sein, solange es euch beliebt, auf unserer Erde zu bleiben."

Hochstimmung in Hochelaga

Am 19. September segelte Cartier mit der Emerillon und zwei großen Indianerbooten den Strom hinauf. Er reiste nur bei günstigem Wind. Bei Gegenwind oder Flaute sowie nachts barg er seine kleine Flotte hinter einer der vielen flachen Inseln im Strom. Jede Rast nutzte er, um sich mit Land und Leuten bekannt zu machen und seine Karte und seine Merkbücher zu ergänzen. Zweifel begleiteten ihn auf der ganzen Fahrt. Zwar erwartete er nicht mehr, in Hochelaga die prunkvolle Hauptstadt Cathays,

Cambaluc, zu finden, die Marco Polo in glühenden Farben geschildert hatte. Danach sollten Straßen und Karawanenwege in Cathay von Warenzügen und reisenden Kaufleuten belebt sein, die der Hauptstadt zustrebten. Cartier aber war bisher nicht einem Frachtkahn begegnet, und an Land hatte er nur schmale Waldpfade gesehen, auf denen einzelne streifende Jäger unterwegs waren.

Nein, in Cathay befand er sich nicht! Konnte dieses Land nicht Marco Polos Cipangu sein, „eine Insel, 500 Meilen vom Festland entfernt, im östlichen Ozean“? Polo hatte Cipangu nie selbst besucht. Warum sollte es dort nicht rauhe ärmliche Landstriche geben wie daheim in Frankreich auch?

Am 28. September setzten Stromschnellen, denen die Emerillon nicht standhalten konnte, der Segelfahrt ein Ende. Cartier paddelte mit den Indianerbooten weiter, die man um die Schnellen herumtragen konnte. Von da ab ging es langsam voran. Erst am 19. Oktober kam er vor Hochelaga an.

Hier wurde, wie Domagaya ihm angekündigt hatte, eine andere Sprache gesprochen. Cartier sah sich zu seinem Leidwesen wieder auf Zeichensprache und einen fragwürdigen Dolmetscher aus seiner indianischen Bootsmannschaft angewiesen, der einige Brocken aus der Irokesen-Sprache kannte. Mit dessen Hilfe gelang es, den herbeidrängenden Indianern begreiflich zu machen, er wolle ihren Häuptling begrüßen. Sie führten ihn höflich zur Stadt hinauf.

Cartier ermahnte sich unterwegs immer wieder: Erwarte nicht zuviel! Denke an Stadacona! Trotzdem klopfte ihm das Herz, und die starke Spannung bedrängte ihn. Würde er hier endlich eine Stadt von Cipangu betreten? Würde er erfahren, daß er mit dem Sankt-Lorenz-Strom die heißersehnte Durchfahrt, die Nordwestpassage, gefunden hatte?

Die Menge, die ihn umlagerte, teilte sich. Er konnte die Stadtmauer sehen, konnte sogar durch ein Tor in die Stadt hineinschauen. Bei diesem Anblick sanken seine Spannung und Hoffnung in sich zusammen wie ein Segel, wenn der Wind ausbleibt. Die Stadtmauer war ein lehmverschmierter Palisadenwall, kunstlos und unverziert, und durch das offene Tor sah er Holz- und Rindenhütten, die alles andere als prunkvoll waren. Nichts war zu sehen von goldenen Dächern, von bunten, glasierten Ziegeln, von Menschen, die, in Seide und kostbare Pelze gekleidet, gesittet einhergingen.

Niemand hinderte Cartier, die Stadt zu durchstreifen und sich alles genau anzusehen. Er brauchte nicht viel Zeit dafür. Unterwegs nahm er wahr, daß die größte der flachen Hütten kaum fünfzehn Meter lang und höchstens vier Meter breit war. Alle ungepflasterten Gassen mündeten auf einen Platz aus festgestampften Lehm, auf dem ein großes Feuer brannte, das offenbar ständig unterhalten wurde. Die Einwohner gingen, wie ihre Landsleute am unteren Sankt Lorenz, halb nackt. Ihre dürftige Kleidung bestand aus Wildleder und Fellen. Die Felder, die an den Palisadenwall grenzten, waren mit einer kleinkörnigen Abart der sogenannten brasilianischen Hirse bestellt, wie man damals den Mais in Europa nannte. Es war gerade Erntezeit. Kürbisse, Bohnen und Erbsen wurden in den Hütten gespeichert. Als Wohnhäuser waren sie also nicht gedacht. Später fand er heraus, daß auch die Irokesen Hochelagas, wie alle anderen Indianer, in Tipis, in Zelten, hausten. Indianerfrauen verarbeiteten Maiskörner mit hölzernen Stampfern zu Mehl, vermischten das Mehl mit Wasser zu einem Brei und backten daraus auf heißen Steinen flache Fladenbrote. Sie schienen die Hauptnahrung des Volkes zu sein.

Während er den Frauen noch bei dieser Tätigkeit zusah, wichen die Neugierigen, die ihm folgten und hin und wieder scheu seine Ärmel, seine Stiefel betasteten, plötzlich zurück. Die Frauen ließen Stampfer und Brei stehen und verschwanden hinter den Hütten. Die Männer hockten sich mit gesenkten Köpfen nieder. Ein paar junge Leute schleppten Maisstrohmatten herbei und bedeuteten Cartier und seinen Gefährten, sich zu setzen. Dann trugen zehn Männer einen großen, bejahrten Mann auf den Platz. Der Dolmetscher erklärte flüsternd, er sei der Häuptling von Hochelaga, der Aguhanna. Als Abzeichen seiner Würde trug er eine mit Igelstacheln verzierte Stirnbinde; sonst war er ebenso dürftig bekleidet wie seine Untertanen.

Erst als die Leibgarde den Häuptling behutsam auf eine Matte niederließ, erkannte Cartier, daß der Herrscher Hochelagas gelähmt war. Nachdem die bei den Indianern beliebten feierlichen Begrüßungsworte gewechselt waren, bat der Aguhanna durch den Dolmetscher, der weiße Häuptling möge seine Hände auf seine lahmen Glieder legen.

Cartier erschrak. War diese Bitte ein Wink Gottes oder eine Versuchung des Teufels? Er ließ antworten, er könne sie erst erfüllen, wenn er sich innerlich darauf vorbereitet habe. Leise befahl er seinem Freund Rougemont, aus dem Boot das Stundenbuch zu holen. Sobald Rougemont zurückkam, verlas Cartier die Passionsgeschichte. Danach legte er getrost seine Hände auf die gelähmten Glieder des Indianers.

Mit angehaltenem Atem beobachteten ihn die Indianer. Als er zurücktrat, brachen sie in Beifallsrufe aus. Der Aguhanna ließ Cartier zum Dank seine Igelstachelbinde überreichen. Er und sein Volk hatten den weißen Häuptling auf eine Probe gestellt. Jetzt glaubten sie, daß er ihnen wohlgesinnt war, hatte er sich doch dem Kranken nicht verweigert.

An einem der nächsten Tage bestieg Cartier den Berg, der die ganze Landschaft um Hochelaga beherrschte. Er gab ihm den Namen Mont Royal (Montreal). Von der Kuppe aus konnte er, wie er berichtet, das Land wohl dreißig Meilen in der Runde überschauen. Er sah, daß der Sankt Lorenz sich an drei anderen schönen Gipfeln vorüber weit landeinwärts zog und daß nach Norden hin ein Höhenzug den Blick begrenzte. Dort strömte, nach Auskunft der

Indianer, ein weiterer großer Fluß, der Ottawa, von Westen nach Osten. Von den Anwohnern des Ottawa wußten die Einwohner Hochelagas angeblich so gut wie nichts. Zwischen jenen blutgierigen und ewig kriegslüsternen Jägern und ihnen, die friedfertig vom Ackerbau lebten, herrschte Todfeindschaft. Wie viele Tagesreisen mit dem Kanu man bis zu den Quellen des Ottawa brauchte, konnte oder wollte niemand sagen. Aber sein Dolmetscher berührte bei dieser Frage die silberne Kommandopfeife des Kapitäns und den vergoldeten Griff seines Degens und versicherte ihm, der Ottawa führe sehr weit nach Westen in ein Land hinein, wo diese beiden glänzenden Metalle in Fülle zu finden seien.

Cartier zuckte zusammen. Gold und Silber in Fülle! So hatte er doch recht gehabt, als er sich hier in Cipangu vermutete? Wollte er ins Innere von Cipangu vordringen, dorthin, wo das Land reich war, so mußte er über den Sankt Lorenz und seine großen Nebenflüsse den Weg nach Westen suchen, aber dafür war es in diesem Jahr zu spät. Domagaya hatte ihn darüber belehrt, daß dieser sommerlich warme Oktober täusche und dem milden Herbst ein langer, sehr langer Winter mit viel Eis und Schnee folgen werde.

Cartier meinte es aufrichtig, als er dem Aguhanna bei seinem Abschiedsbesuch versicherte: „Ich komme gern und bald wieder!" Daß er im nächsten Frühjahr gleich weiterziehen würde, nach Westen, zu den Gold- und Silberschätzen Cipangus, das verschwieg er.

Ein heimtückischer Feind

Die in Saint Croix zurückgebliebenen Franzosen hatten unterdessen neben dem Winterhafen eine kleine Blockhüttenstadt mit hohen Palisaden errichtet, hinter denen Schiffsgeschütze aufgestellt waren. So fühlten sie sich gegen den Winter und gegen etwaige Überfälle gesichert.

Bei seiner Rückkehr mußte Cartier Frieden stiften. Häuptling Donnacona war verstimmt. Er hatte sich die Waffenhilfe der Weißen gegen einen Nachbarstamm erhofft und versucht, den Fortkommandanten Jalobert durch ein Geschenk in Gestalt einer jungen Indianerin dafür zu gewinnen. Jalobert hatte dieses Geschenk mit allzu deutlicher Entrüstung zurückgewiesen.

Mit dem Gepränge eines großen Häuptlings stattete Cartier nun als erstes Donnacona einen Besuch ab. Umgeben von seinen Offizieren in Gala und einer Leibgarde von fünfzig wohlbewaffneten Matrosen erwies er ihm nicht nur eine augenfällige Ehrung, sondern flößte ihm zugleich heilsamen Respekt vor der militärischen Stärke der Weißen ein. Ansehnliche Geschenke versöhnten Donnacona, und der Beifall, den Cartier dessen prahlerischem Bericht über seine jüngsten Kriegstaten spendete, beseitigte den Rest der Mißstimmung.

Während die Wälder am Strom im warmen Licht des Indianersommers rot und golden flammten, unternahm Cartier mit wenigen Gefährten, von dem Dolmetscher Domagaya geführt und beraten, im Boot und zu Fuß, am linken Ufer des Sankt Lorenz ausgedehnte Streifzüge. Er ergänzte dabei vor allem seine Karte und befragte die Anwohner unermüdlich nach allem, was sie vom Landesinneren im Westen und Norden wußten. Was er zu hören bekam, ließ ihn voll Ungeduld den nächsten Frühling herbeisehnen.

Der große Fluß, den sie Saguenay nannten, führe tief ins Land hinein, so erzählten sie ihm. Wenn man seinem Lauf folge, komme man an mehrere große Seen und schließlich an ein Süßwassermeer. Dessen westliche Ufer habe noch niemand erreicht, so riesig sei es. Große Städte gebe es an diesem Meer und viel, sehr viel von dem glänzenden Metall, aus dem Cartiers Degengriff sei. Die Bewohner der Städte hätten eine helle Haut und kleideten sich wie die Landsleute Cartiers in feine, weiche Haut aus Pflanzenfasern.

„Habt ihr diese Menschen mit eigenen Augen gesehen? Habt ihr die Städte besucht?“ fragte Cartier gespannt.

Nein, keiner von ihnen hatte jemals das Königreich Saguenay betreten. Seine Bewohner wollten von Fremden nichts wissen. „Aber ihr kennt den Weg dorthin?“

Den kannten sie. Saguenay, so sagten sie, sei ja eine Halbinsel, die sich weit nach Westen und Norden erstreckte. Vom Saguenay-Fluß abzweigend, führten zwei Wasserwege an den Grenzen des Königsreichs entlang: der eine, auch für große Schiffe befahrbar, nach dem Süden erst und dann nach Westen, wo sich ein weiterer Golf öffne, der noch größer sei als die Mündung des Sankt Lorenz.

Das alles verzeichnete Cartier genau in seinem Merkbuch. So wirr und unklar diese nur auf Hörensagen begründeten Auskünfte auch waren, zu gegebener Zeit würden sie vielleicht den Weg weisen, vor allem, wenn man sie zu den Berichten Marco Polos in Beziehung brachte.

Der kanadische Winter setzte mit voller Gewalt ein. In wenigen Wochen versanken Land und Strom unter Eis und Schnee. Gegen den Winter waren die Franzosen in Saint Croix durch ihre festen Blockhütten geschützt. Einen anderen Feind konnten Wände und Palisaden aber nicht fernhalten. Ungesehen drang er im Hochwinter in die kleine Festung ein.

Es begann damit, daß Anfang Februar einer der Matrosen nicht mehr aufstehen konnte. Seine Fuß- und Kniegelenke waren dick angeschwollen. Am nächsten Tag zeigten sich bei zwei anderen dieselben Zeichen, und zehn Tage später lagen schon zwanzig Kranke in den Blockhütten, nun aber auch mit Entzündungen und eiternden Geschwüren an Zahnfleisch und Gaumen. Die Zähne wurden lokker und fielen schließlich aus. Von den Kranken ging ein entsetzlicher Fäulnisgeruch aus.

Diesem unheimlichen Feind gegenüber war Cartier ratlos. Er nahm an, die Seuche sei von den Indianern eingeschleppt worden, und verbot jeden Besuch im Fort. Damit wollte er auch verhindern, daß die Indianer erfuhren, wie geschwächt und wehrlos die Besatzung war. Um den Gesunden ein Beispiel zu geben, beteiligte Cartier sich selbst aufopfernd an der Krankenpflege. Trotzdem konnte er nicht verhindern, daß die Krankheit weiter um sich griff, bis zuletzt nur noch drei Männer dienstfähig waren. Mit Cartiers bestem Freund Rougemont begann das große Sterben, das fünf volle Wochen dauerte und fünfundzwanzig Opfer forderte, fast ein Viertel der Expeditionsmannschaft.

Verzweifelt fragte sich Cartier, welchen Fehler er begangen haben mochte. Gegen welches Gebot Gottes hatte er wohl verstoßen, daß er und seine Gefährten so hart gestraft wurden?

Er konnte nicht ahnen, daß er der Mangelkrankheit Skorbut gegenüberstand, dieser Geißel langer Seereisen im Zeitalter der Entdeckungen. Er konnte auch nicht wissen, daß die Menschen seiner Zeit, vor allem die aus den unteren Volksschichten, infolge allzu einseitiger Ernährung ständig unter Vitaminmangel litten. Wenn sie, wie in einem solchen Winterquartier, fast ausschließlich Hartbrot und Pökelfleisch essen mußten, waren sie natürlich besonders anfällig.

Cartier suchte die Schuld bei sich selbst. Die Zuversicht, die ihn seit dem Besuch Hochelagas erfüllt hatte, verflog. Sein ohnehin nicht stark ausgeprägtes Selbstvertrauen wurde von seiner überscharfen Selbstkritik zerstört. Er kam zu der Überzeugung, sein Plan, im nächsten Frühjahr weiter nach Westen zu ziehen, sei reiner Hochmut, für den ihn Gott mit dieser entsetzlichen Seuche strafen wollte. So gelobte er feierlich, die ihm anvertraute Mannschaft heimzuführen, sobald der Strom eisfrei sei: „Um ihre und meine Seele aus den Klauen des Hochmutteufels zu retten. Auf den Knien flehte ich unter Tränen zu Gott: Gib ein Zeichen, daß du dieses Opfer annimmst und deinen Zorn von uns wendest."

Was am nächsten Tag geschah, deutete Cartier sich als dieses Zeichen Gottes. Obwohl er das Winterlager gesperrt hatte, war das Elend der Weißen den Indianern nicht verborgen geblieben. Auch Domagaya erfuhr davon und sammelte mit den beiden Frauen, die ihm als geachtetem Mann zukamen, die Sprossentriebe einer bestimmten Fichtenart. Sie trugen große Bündel davon zum Lagertor.

„Laß die jungen Triebe auskochen“, erklärte er Cartier, der ans Tor kam. „Gib das Gebräu den Kranken zu trinken und aus dem Brei mache Umschläge für ihre Gelenke. Das vertreibt die Krankheit.“

Der Not gehorchend, befolgte Cartier seinen Rat. Sechs Tage später begannen die Kranken zu genesen, und Anfang April war Cartiers Mannschaft wieder dienstfähig.

Bald darauf setzte mit wildem Getöse der Eisgang auf dem Sankt Lorenz ein. Tagelang fürchteten die Franzosen, ihre Schiffe würden zermalmt werden. Aber das im Herbst errichtete Schutzwehr hielt stand. Am 26. Mai 1536 trat das Geschwader die Rückreise an. Cartier sah der Heimkehr mit Sorgen entgegen. Würde sein König, würde Jean d'Ango mit dem Ergebnis dieser Fahrt zufrieden sein?

Er brachte ihnen zwar sichere Nachrichten mit über den großen Sankt Lorenz, über das merkwürdige Hochelaga sowie die nicht ganz so sichere Kunde über das Königreich Saguenay und das angeblich silber- und goldreiche Binnenland im Westen. Aber er besaß nicht eine einzige Probe dieses Goldes, nichts Greifbares also. Und gerade darauf legte, wie d'Ango ihm gesagt hatte, König Franz großen Wert! Doch sollte es denn gar nichts zählen, daß er dem König ein großes Stück der neuen Welt zu Füßen legte? Er konnte sagen: Dieses Land hat gute Erde und freundliche Bewohner, die sich leicht als Freunde gewinnen lassen; es hat Holz genug, feste Häuser und tüchtige Schiffe daraus zu bauen.

Am 16. Juli 1536 schrieb Cartier in sein Logbuch: „Gott war mir gnädig, so daß ich heute wieder in Saint-Malo vor Anker gehen konnte. Er stehe mir auch fernerhin bei. Amen.“

Niemand war mit Cartier zufrieden. Franz I., immerfort in Geldverlegenheit und in einen Kampf auf Leben und Tod mit Kaiser Karl V. verstrickt, trug kein Verlangen nach guter Erde. Er brauchte Gold, Gold, und zwar schnell!

Jean d'Ango schien zunächst noch unzufriedener zu sein. Er hatte auf Cartiers zweite Expedition große Hoffnung gesetzt. Sie sollte ihm Zugang zu den Reichtümern Cathays verschaffen und dadurch die beträchtlichen Anleihen aufwiegen, mit denen er den König seit Jahren unterstützte. D'Ango stand vor dem Ruin, weil er dem saumseligsten Schuldner Frankreichs, dem König, gegenüber zu großzügig gewesen war.

Zum Glück für Cartier war d'Ango aber nicht nur Geldmann. Auch ihm steckte die Lust am Abenteuer zu sehr im Blut, als daß er die Leistungen seines Kapitäns nur nach dem schnellen, zinsträchtigen Erfolg beurteilt hätte. Je mehr er sich in den Expeditionsbericht vertiefte, um so klarer erkannte er, was Cartier geleistet hatte. Einen solchen Mann brachliegen zu lassen, wäre Verschwendung. Zudem war von Gold und Silber im Hinterland des Sankt Lorenz die Rede. Der Kapitän war wegen der Kürze der Zeit und der zu schwachen Mannschaft an diese Schätze nur nicht herangekommen. Das mußte nachgeholt werden!

Das Haus d'Ango strengte seinen immer noch guten Kredit bei anderen Geldleuten und seinen Einfluß bei der Krone an – mit dem Erfolg, daß im Jahre 1540 vom König die Erlaubnis zur Gründung einer privilegierten Handelsgesellschaft für die von Cartier entdeckten Gebiete erteilt wurde.

Erwartungsvoll kam Cartier zu seinem Gönner, um den Auftrag zu neuer Ausfahrt entgegenzunehmen. Jean d'Ango begrüßte ihn herzlich; die Enttäuschungen waren vergeben und vergessen. Die Bedingungen, die sich an den neuen Auftrag knüpften, verrieten allerdings nichts mehr von der einstigen Großzügigkeit: „Es ist der Wille des

Königs, daß die Expedition aus mindestens zehn Schiffen bestehen soll. Sie ist mit Proviant für zwei Jahre zu versehen. Der Wille des Königs ist es ferner, daß mit der Expedition Soldaten, Bauern und Handwerker in jenes neue Land am Sankt Lorenz gehen und sich dort ansiedeln."

„Sehr vernünftig gedacht", sagte Cartier. „Das wird für die Zukunft die sichere Ausgangsbasis für die Suche nach der Durchfahrt nach Cathay sein."

Jean d'Ango winkte ab. „Von solchen Abenteuern kann keine Rede sein, jedenfalls fürs erste nicht. Ihr, Cartier, habt das Geschwader sicher über den Ozean an den Strom zu führen. Das ist alles, was diesmal von Euch erwartet wird."

„Nicht einmal den Platz für die Ansiedlung soll ich bestimmen?"

„Ihr dürft den Gouverneur dabei beraten, falls er es wünscht. Die Entscheidung liegt bei ihm, und nicht nur in diesem Punkt. Prägt Euch das gut ein, Cartier!"

„Und wer wird der Gouverneur sein?"

„Der Sieur de Roberval!"

Cartier erschrak. Ihm war bekannt, daß dieser Edelmann als einer der starrsinnigsten und hochmütigsten Hofleute des Königs galt. „Und als einer der reichsten außerdem", ergänzte d'Ango Cartiers unausgesprochene Gedanken. „Ohne seinen Reichtum wäre es mir nicht möglich gewesen, diese große Expedition zustande zu bringen. Dafür mußte ich ihn als Gouverneur hinnehmen."

„Das ist zuviel!" brach es bitter aus Cartier hervor.

„Findet Euch drein, Cartier, ich mußte es auch. Dieser Mann ist für Euch wie für mich eine drückende Hypothek. Wir können unsere Freiheit nur zurückkaufen, wenn wir in dem neuen Land Gold finden. Gold, hört Ihr, Cartier, nur Gold kann uns noch helfen! Entdeckungen, über die Gelehrte jubeln, nützen uns nichts. Ich hoffe, das habt Ihr in den letzten fünf Jahren einsehen gelernt."

Das Wort d'Angos von der Hypothek Roberval, die

man allein mit Gold ablösen könne, weckte in Cartier den festen Entschluß, um jeden Preis das Gold des Königreichs Saguenay zu finden. Den folgenden Winter arbeitete er rastlos, um die vorgesehenen zehn Schiffe zu beschaffen, auszurüsten und zu bemannen. Anfang April 1542 lagen sie seeklar im Hafen von Honfleur. Auch die für die Ansiedlung am Sankt Lorenz angeworbenen Bauern und Handwerker fanden sich rechtzeitig ein. Sieur de Roberval blieb aus. Wichtige Pflichten am Hof hielten ihn auf, so hieß es; man möge gefälligst warten.

Cartier wartete zwei, wartete drei und vier Wochen. Dann riß ihm die Geduld. Ohne Befehl dazu ging er mit fünf Schiffen Anfang Mai in See und hoffte insgeheim, auf diese Weise dem lästigen Vorgesetzten und Aufpasser zu entgehen. Er wollte als erster seine Hand auf das Gold von Saguenay legen. Nach schneller Überfahrt segelte er ohne Aufenthalt den Sankt Lorenz hinaus, bis zu den Stromschnellen vor Hochelaga. Er benutzte den Sommer, um sich nach allem umzuhören und umzusehen, was glitzerte und schimmerte und deshalb seiner Meinung nach Gold, Silber oder Edelsteine enthalten mußte. Von Geologie verstand der Seemann aus Saint-Malo nichts.

Er überwinterte dort, wo heute Quebec liegt, und segelte im folgenden Frühjahr mit einer ganzen Schiffsladung „Gold und Diamanten“ nach Frankreich zurück. Er wollte unbedingt einen Zeugen haben, der zu Hause bekunden konnte, was von den Schätzen zu halten sei und daß man im Königreich Saguenay ein zweites Peru für Frankreich erobern könne. Das verführte ihn zu einem groben Unrecht, das bis heute sein Andenken verdunkelt. Er lockte bei einer kurzen Zwischenlandung in Stadacona den Häuptling Donnacona zu einem Wiedersehensfest an Bord, wo dafür gesorgt wurde, daß er und seine Begleiter sich einen gewaltigen Rausch antranken. Ehe dieser Rausch verflogen war, ließ Cartier die Anker lichten und entführte hinterlistig die Opfer.

Dieser Untat ließ er bald danach eine zweite folgen, die

er als erfahrener Kapitän bei jedem anderen verabscheut hätte. Vor der Neufundlandküste begegnete er dem Sieur de Roberval, der mit einjähriger Verspätung die restlichen fünf Schiffe seines Geschwaders zum Sankt Lorenz brachte. Es kam zu einem heftigen Wortwechsel. Roberval befahl Cartier, ihn zum Sankt Lorenz zu begleiten und ihm die Ladung seines Schiffes auszuliefern. Cartier lehnte das ab und segelte weiter. Er machte sich also der Meuterei schuldig.

Vermutlich hätte man ihm das Vergehen daheim verziehen, sofern seine Ladung wirklich goldhaltiges Gestein gewesen wäre. Die Untersuchung durch Erzscheider wies es jedoch als Glimmer, Schwefelkies und minderwertiges Kupfererz aus. Ein Höllengelächter erhob sich in Frankreich, als dieses Resultat bekannt wurde, ein Gelächter, das genügt hätte, auch einen Mann von stärkerem Selbstvertrauen als Cartier umzuwerfen.

Um den Rest seines Ansehens sah er sich gebracht, als die Folgen seines Verhaltens gegen den Häuptling Donnacona und den Sieur de Roberval bekannt wurden. Donnaconas Stamm griff das Lager Robervals im Winter immer wieder an, und zudem fehlte es den Siedlern an Proviant und sachkundigem Rat. Für beides hätte Cartier sorgen sollen und können. Schnee und Kälte des kanadischen Winters taten das übrige, um die Franzosen vollends zu entmutigen. So brach der erste französische Kolonisationsversuch am Sankt Lorenz kläglich zusammen. Im Herbst 1543 führte Roberval eine zusammengeschmolzene Mannschaft in die Heimat zurück.

In Frankreich wandte man sich achselzuckend von diesem ersten Versuch ab, an der, wie man meinte, äußersten Grenze Asiens Fuß zu fassen. „Unsere Augen sind auch dort wieder einmal größer gewesen als der Magen", spöttelte ein Zeitgenosse über diesen Fehlschlag. Hier erkannte man damals ebensowenig wie in Spanien die Bedeutung der großen Ströme Nordamerikas.

Von Frankreichs erstem kühnem Griff nach der Nordwestpassage blieb einstweilen als Gewinn nichts als das klare Bild von Neufundland, von der Gaspé-Küste und vom Sankt-Lorenz-Strom auf Cartiers sorgfältig ausgearbeiteten Karten.

Von Cartiers weiterem Leben wissen wir nichts. Vermutlich hat er sich nach seinem Fehlschlag damit beschieden, wieder das zu sein, was er vorher gewesen war: ein Seemann aus Saint-Malo.

Das schönste Land der Welt

Der Sieur Samuel de Champlain

„Madame, wäre ich jünger, so würde ich Ihnen den Rest meiner Jahre anbieten, um Kanada zu durchqueren, dort den Weg nach den Gewürzinseln zu entdecken und Ihnen jene Länder zu unterwerfen. Denn das würde Ihrer Krone so viel Nutzen bringen, daß sich derjenige glücklich schätzen muß, der in dieser großen Sache den Anfang macht.“

Diese Sätze schrieb der Gesandte Fourquevaux 1574 aus Madrid an die Regentin Frankreichs, Katharina von Medici. Trotz der Enttäuschung mit den kanadischen Diamanten waren also Cartiers Entdeckungen nicht vergessen, obwohl fast vierzig Jahre seither vergangen waren. Die Fischer aus Saint-Malo hatten niemals aufgehört, die Neufundlandbänke aufzusuchen. Dabei kam ihnen zugute, daß ihr Landsmann Cartier Gewässer und Küsten am Sankt-Lorenz-Golf so gründlich erkundet hatte. Als ständige Reibereien mit den Portugiesen sie von dort vertrieben, schufen sie sich auf der Insel Kap Breton und an der Gaspé-Halbinsel neue Trockenplätze, wo sie ihre Dorschfänge in Ruhe dörren und einsalzen konnten.

So kamen nach Cartier auch weiterhin Franzosen mit den Indianern am unteren Sankt Lorenz in Berührung. Reger Handel entwickelte sich, denn die Indianer verlangten immer begieriger nach den eisernen Werkzeugen und Waffen der Weißen. Sie hatten erkannt, wie sehr diese ihren herkömmlichen Geräten aus Stein, Holz, Knochen und Kupfer überlegen waren. Als Tauschware boten sie Pelze, vor allem die schönen dichten Biberfelle.

Für die Fischer war der Pelzhandel nur ein Nebenerwerb. Zum selbständigen Geschäftszweig entwickelte er sich erst durch baskische Walfänger, die in Tadoussac, nahe der Saguenay-Mündung, eine Transiederei errichtet und damit den günstigsten Platz auch für den Pelzhandel gewählt hatten. Am Saguenay liefen die tief ins Hinterland reichenden, weitverzweigten Wasserwege zusammen. Das schnell aufblühende Pelzgeschäft der Basken erregte die Aufmerksamkeit der französischen Krone und Kaufmannschaft. Sie taten sich zusammen, und zwar in der damals häufig angewandten Form der privilegierten, mit einem Monopol belehnten Handelsgesellschaft. In diesem Fall vergab die Krone gegen eine Gewinnbeteiligung das Recht zum Pelzhandel am Sankt Lorenz und in den vorgelagerten Landstrichen an ein Konsortium aus Adligen und Kaufleuten.

1588 erhielten sie das Privileg mit der Verpflichtung, ansiedlungswillige Bauern und Bürger mit Land und Geld zu unterstützen. Ihr Versuch, am Sankt Lorenz Fuß zu fassen, scheiterte jedoch am Widerstand der Basken. Das Konsortium löste sich auf.

Einen neuen Versuch unternahm erst zwölf Jahre später der Sieur de Monts. Er faßte die Sache methodischer und geduldiger an. Um den Basken aus dem Weg zu gehen, beschränkte er sich auf das heutige Neubraunschweig und bemühte sich, zunächst einmal in dem wilden Lauf feste Stützpunkte anzulegen. Er schuf 1604 mit 125 Ansiedlern den Ort Saint Croix und 1605 an der Fundy-Bai Port Royal. An den Sankt Lorenz wagte er sich erst, als ein Mann an seine Seite trat, der diesen Strom besser kannte als jeder andere Zeitgenosse: der Sieur Samuel de Champlain.

Auf Champlains Rat hin wandte de Monts seine Methode, die Erschließung des Landes mit Siedlungsstützpunkten zu beginnen, auch auf das Stromgebiet des Sankt Lorenz an. „Die Basken in Tadoussac brauchen Euch nicht zu schrekken“, schrieb ihm Champlain. „Ich kenne weiter oben am Strom mehr als einen Platz, der zur Ansiedlung besser geeignet und auch für die Indianer so günstig gelegen ist, daß er den Pelzhandel an sich ziehen wird.“

Champlains Wort hatte Gewicht, wenn es um kanadische Angelegenheiten ging. Noch gewichtiger aber war, daß er sich bereit erklärte, Anlage und Leitung dieser ersten Siedlung am Sankt Lorenz zu übernehmen. Das war für de Monts ausschlaggebend. Er hatte sich überzeugt, daß Champlain die Persönlichkeit war, die den Forderungen des oben zitierten Gesandten Fourquevaux entsprach: „Bei solchen Entdeckungen und Eroberungen genügt es nicht, daß der Anführer ein erprobter Soldat oder Seemann ist. Er muß darüber hinaus auch politisches Fingerspitzengefühl besitzen und hinreichend in allen Dingen bewandert sein, damit er eine neue Provinz in einer ganz unbekannten Welt aufbauen kann – zum Vorteil der Krone und zur Ehre Gottes.“

Champlain nahm den Auftrag des Sieur de Monts gewiß nicht aus Ehrgeiz, Gewinnsucht oder Eroberungslust an. Er war ein Mann des Friedens und der Wissenschaft. Trotzdem führte er seine Aufgabe so energisch und zielstrebig aus, daß man ihn mit Recht den Begründer des französischen Kanada nennt. Er ließ sich von keinem Rückschlag entmutigen, hielt zäh am Erreichten fest und baute es mit unerschöpflicher Geduld Schritt um Schritt aus. Sieht man von seinem starken Pflichtgefühl ab, so gibt es hierfür nur eine Erklärung: Der Stützpunkt, den er am Sankt Lorenz schuf, sollte ihm helfen, das Werk seines Vorgängers Cartier zu vollenden und der großen Sache zu dienen, von der Fourquevaux gesprochen hatte: der Entdeckung der Nordwestpassage.

Champlains Zuversicht, daß ihm das gelingen werde, gründete sich auf die Erkenntnisse aus seinen jahrelangen Forschungsarbeiten an amerikanischen Küsten. Er hatte nicht als Seemann, sondern als Soldat begonnen. Als Sohn einer Hugenottenfamilie hatte er an der Seite seiner

Glaubensbrüder gefochten, bis die Niederlage ihre Hoffnungen begrub. Bald danach trat er zum katholischen Glauben über. Er wurde zwar kein Eiferer, aber ein frommer katholischer Christ.

Das Ende der Religionskriege in Frankreich hatte ihm erlaubt, sich ganz seiner Leidenschaft für geographische Forschungen zu widmen. Sein Zeitgenosse Lescarbot, der mit ihm in Kanada war, bezeugt: „Champlain hatte sich gelobt, in seinen Anstrengungen nicht nachzulassen, bis er im Westen oder Norden das Meer fand, das die bisher von so vielen Seefahrern vergeblich gesuchte Durchfahrt nach China öffnete." Um dieser Leidenschaft willen wurde der Soldat Champlain Seemann.

Seine erste Seereise führte ihn nach Cadiz. Dort bot man ihm eine Offiziersstelle auf einem Schiff an, das nach den Antillen und Mexiko bestimmt war. Seine Reise durch das Kerngebiet des spanischen Überseereichs dauerte zwei Jahre. Er war ein scharfblickender und urteilsfähiger Beobachter. Das beweist der in seinem westindischen Reisebericht enthaltene Vorschlag, die Landenge von Panama zu durchstechen und einen Kanal zwischen Atlantik und Pazifik zu schaffen. Darüber hinaus enthielt der Bericht so viele neuartige Einblicke in das spanische Kolonialsystem, daß er den Beratern König Heinrichs IV. auffiel. Er erhielt den Titel „Königlicher Geograph" und wurde aufgefordert, sich an der Expedition zu beteiligen, die ein Sieur de Chartes 1603 zum Sankt Lorenz unternahm.

Hier durfte er zum erstenmal als Forscher tätig werden. Er ergriff diese Gelegenheit mit Begeisterung. In den Sommermonaten 1603 fuhr er den Saguenay-Fluß weiter hinauf, als es vorher einem Weißen gelungen war. Sein Ziel war das „Große Wasser im Westen", von dem die Indianer bereits Cartier erzählt hatten. Hierauf zielte auch die anschließende Reise bis zu den Stromschnellen des Sankt Lorenz oberhalb von Montreal und den heutigen Richelieu-Fluß hinauf. Man sollte meinen, die Beobachtungen dieser Reisen hätten Champlain den Glauben nehmen müssen, daß im Gebiet des Sankt Lorenz die nordwestliche Durchfahrt nach China zu finden sei. Doch ihm erging es wie allen anderen, die sich der Nordwestpassage verschrieben hatten: Der Glanz dieses Zauberbildes ließ ihn nur noch sehen, was er zu sehen wünschte.

Ehe die De-Chartes-Expedition im Spätherbst 1603 Kanada wieder verließ, hatte Champlain die ganze Küste der Gaspé-Halbinsel und der Chaleur-Bucht genau erkundet – auch hier immerfort auf der Suche nach einer Durchfahrt. Er hatte im Verlauf dieses arbeitsreichen Sommers zwar kein Neuland entdeckt, wohl aber etwas sehr Kostbares erfahren: Er hatte seine Kräfte und Fähigkeiten an einer großen Aufgabe erprobt und wußte nun, was er sich zutrauen durfte.

In den folgenden Jahren wurde sein neu gewonnenes Selbstvertrauen wiederholt auf die Probe gestellt. Von 1604 bis 1607 erkundete er die nordamerikanische Atlantikküste zwischen Fundy-Bai und Kap Cod und schuf die erste brauchbare Karte dieses Küstenstrichs. Dann holte ihn Sieur de Monts an den Sankt Lorenz zurück.

Anfang einer bedeutenden Sache

Dort, wo sich der mächtige Sankt Lorenz anschickt, seinen Lauf zum Mündungstrichter zu verbreitern, erhob sich zwischen Urwald und Ufer eine Felskuppe. Sie war nicht sonderlich hoch, aber sie schob sich so unvermittelt zwischen Wasser und Wald, daß sie den Strom und das Waldland ringsum wie eine Festung überragte. Die Indianer nannten diese Stelle Kebek, was soviel wie Hindernis, Engpaß bedeutet.

Das Bild dieser Felskuppe hatte sich Champlain schon bei seiner ersten Sankt-Lorenz-Fahrt eingeprägt. Er war nicht umsonst jahrelang Soldat in einem Zeitalter gewesen, das im Festungsbau neue Formen entwickelte und dabei mit Vorliebe sternförmige, niedrige Vorwerke um das

massive, höhere Kernwerk einer Zitadelle gruppierte. Sein geschulter Blick erkannte sofort, daß derjenige, der sich an diesem Klotz festsetzte, mit einem Schlag drei Vorteile gewann: einen Hafen für seegehende Schiffe; einen Knotenpunkt sowohl für den Handelsverkehr zwischen Unterlauf und Oberlauf des Stroms als auch für den Handel mit dem Hinterland und schließlich eine Festung, die geeignet war, Siedler wie Reisende zu schützen und zugleich Feinde abzuschrecken.

Hier schuf er im Sommer 1608 die Keimzelle zu Kanadas ältester Stadt Quebec, die heute noch den Geist ihrer französischen Gründer bewahrt. Champlains Entschluß, hier eine Siedlung anzulegen, ist von Anfang an kritisiert worden. Er hielt trotzdem hartnäckig daran fest: „Dieser Fels soll der Grundstein Neufrankreichs sein, denn nachdem wir so viele Fahrten vergeblich unternommen und so viele Mühe und Geld daran gewendet haben, entschlossen wir Franzosen uns nunmehr, ernstlich den Versuch zu dauernder Ansiedlung in dem Land zu wagen, das wir Neufrankreich nennen. Wir hoffen nämlich, von hier aus unser Vorhaben, die Suche nach der Nordwestpassage, leichter durchführen zu können. Die Ausfahrt dazu kann nun jenseits des Ozeans beginnen."

Zunächst sah es allerdings so aus, als sollte Champlain nicht mehr Glück haben als seine Vorgänger. Schon der erste Winter drohte die Neugründung zu vernichten.

Kaum waren die ersten Hütten und das Magazingebäude fertig, die Umwallung für das Fort auf der Felskuppe dagegen noch im Bau, da brach unter der Mannschaft eine Meuterei aus. Die achtundzwanzig Männer, die sich für den Dienst unter dem Firmenschild der Neufrankreich-Gesellschaft hatten anwerben lassen, waren zwar nicht gerade Galgenvögel, aber doch Taugenichtse, die von ihren Familien nicht ungern über den Großen Teich abgeschoben wurden. Sie immer.wieder bei der harten Aufbauarbeit mit Schaufel und Hacke, mit Axt und Säge festzuhalten, kostete das Oberhaupt der werdenden Kolonie ständig viel Geduld und Nachsicht und noch mehr Überredungskunst und Strenge.

Die Meuterei ging aber nicht von diesen Männern aus, sondern von drei jungen Edelleuten, die nach Kanada gegangen waren, weil sie auf leitende Stellungen in der neuen Kolonie hofften. Champlain hatte ihnen auch einige Verantwortung übertragen. Doch wenn er den Arbeitern mitunter durch die Finger sah und Fehler oder Nachlässigkeit nur mit Tadel ahndete statt mit Strafen – bei den Edelleuten war er weniger nachsichtig. Von ihnen erwartete er mehr Einsicht und Pflichtgefühl. Enttäuschten sie ihn, so kanzelte er sie rücksichtslos ab. Er zwang sie, zu arbeiten und dabei auch noch nachzudenken. Das hatte bisher niemand von ihnen verlangt. Bitter beklagten sie sich bei ihm, daß er sie der „Canaille" gleichstelle.

Mit der Canaille zu arbeiten, erschien ihnen als unerträgliche Zumutung; mit ihr aber eine Verschwörung anzuzetteln, das war nicht unter ihrer Edelmannswürde. Zu der Meuterei ließen sich zum Glück nur die wenigen, ganz üblen Kerle unter der Mannschaft bereden. Bei den anderen hatte sich Champlain inzwischen so viel Respekt verschafft, daß sie an dem Aufruhr nicht nur nicht teilnahmen, sondern ihrem Kommandanten sogar halfen, ihn niederzuschlagen.

Champlain sah sich zum erstenmal in seinem Leben gezwungen, über Mitmenschen Gericht zu halten. Sein Urteilsspruch verrät, wie er mit sich gerungen haben muß, um Strenge, Nachsicht und Klugheit in Einklang zu bringen. Die Aufrührer kamen mit einer Rüge davon, da sie Besserung gelobten. Aber ihr Anstifter, der Chevalier de Duval, mußte über die Klinge springen. Die beiden anderen Edelleute flehten, Champlain solle Duval im nächsten Jahr nach Frankreich zurückschicken, damit er dort vor ein Standesgericht käme. Champlain blieb fest: „Wer sich mit Lumpen gemein macht, hat sein Edelmannsrecht verwirkt."

Dieses Urteil wirkte wie ein reinigendes Gewitter. Aufgeschreckt begriff die Mannschaft, daß man sich am Rande der Wildnis nur behaupten konnte, wenn alle zusammenstanden. Sie arbeiteten von nun an mit doppeltem Eifer. Als der Winter einsetzte, waren Siedlung und Fort fertig.

Doch Kommandant und Besatzung hatten den kanadischen Winter unterschätzt. Champlain hatte die Angaben Cartiers und die Schilderungen der Pelzhändler von Tadoussac für Übertreibungen gehalten. Weder der Brennholzvorrat, den er hatte einschlagen lassen, noch der Vorrat an Wildbret aus der Herbstjagd reichten aus. Tagelange Schneestürme und Wochen grimmigster Kälte machten die Ergänzung der schwindenden Vorräte möglich. Es blieb den ersten Bewohnern Quebecs schließlich nichts anderes übrig, als einige der mit so viel Mühe errichteten Gebäude niederzureißen und zu verheizen. Champlain rechnete sich aus, daß er die Lebensmittel rationieren müsse. Noch ehe es soweit war, brach der Tod in die kleine Siedlung zwischen Strom und Felskuppe ein. Die Indianer, die sich um Weihnachten am Felsen lagerten, schleppten eine Seuche ein, die sie selbst dezimierte und der zwölf der weißen Ansiedler zum Opfer fielen.

Die Genesenden hatten sich von der Krankheit noch nicht ganz erholt, da griff der Skorbut in der Siedlung um sich. Wie seinerzeit Cartier wehrte sich auch Champlain durch unermüdliche Krankenpflege und inbrünstige Gebete gegen Leiden und Tod seiner Mannschaft. Als es endlich Frühling wurde, führte der seit Monaten dick überfrorene Strom beim Aufbrechen die Leichen von acht Skorbutopfern davon, die man mit den Toten der Epidemie ins Eis versenkt hatte, weil die hartgefrorene Erde die Särge nicht aufnahm.

Nur acht Überlebende erwarteten in Quebec sehnsüchtig die Ankunft der Nachschubschiffe, die Champlains alter Freund, der Schiffer Dupont-Gravé aus Saint-Malo, für Mai angekündigt hatte. Trotz dieses furchtbaren Winters dachte keiner der Überlebenden daran, nach Frankreich zurückzukehren. Das bekundet besser als alles andere, daß Samuel de Champlain der richtige Mann an der Spitze dieser neuen Kolonie war.

Der Tag von Ticonderoga

Im Juni 1609 traf Dupont-Gravé mit Nachschub an Menschen, Proviant und Ausrüstungsgegenständen vor Quebec ein. Sieur de Monts hatte sich nicht lumpen lassen. Lebensmittel, Geräte und Werkzeuge, Tauschwaren, Munition und Kleidung waren in Mengen im Laderaum der Schiffe verstaut. Auch für Zugvieh, Milchkühe, Schweine und Hühner hatte er gesorgt. Aber eine nennenswerte Zahl siedlungswilliger Bauern und Handwerker hatte er auch diesmal nicht auftreiben können. Die 26 Einwanderer, die an Land kamen, waren zumeist abenteuerlustige Nichtstuer, die im Pelzhandel ihr Glück machen wollten.

Und es sah wirklich so aus, als sollte ihnen das gelingen. Schon eine Woche nach ihrer Ankunft trafen in kurzen Abständen 200 Indianerboote in Quebec ein, alle bis zum Dollbord mit Pelzen beladen. Offenbar hatte es sich im Laufe des Winters herumgesprochen, daß am Felsen Kebek eine neue, für sie günstiger gelegene Handelsstation der Weißen entstanden war.

Es gab eine feierlich-umständliche Begrüßung zwischen Champlain und den Häuptlingen. Champlain, der das Algonkin, die Verkehrssprache der Indianer nördlich der Großen Seen, schon recht gut sprach, hielt ihnen eine Rede. Er betrachtete sich als ihren Bruder, sagte er, denn Weiße wie Rothäute seien Kinder des einen Gottes. Das entsprach seiner Überzeugung. Er hat sich immer bemüht, seinen Landsleuten Vorurteilslosigkeit und Gutwilligkeit einzuimpfen. Danach machte die Friedenspfeife die Runde, und dann tranken sich die Häuptlinge und ihre Krieger mit französischem Branntwein einen Rausch an. Der Verlockung des Feuerwassers konnten sie genausowenig widerstehen wie ihre Frauen den bunten Halstüchern und glitzernden Glasperlen.

Während sich zwischen den Hütten und am Strand der Handel abwickelte, führte Champlain mit den Häuptlingen lange Gespräche. Es ging ihm darum, von ihnen noch mehr über das Hinterland zu erfahren. Mit angehaltenem Atem und nur mühsam beherrschter Miene vernahm er, wie die Huronen, die am weitesten westlich von Quebec hausten, von einem großen Wasser im Westen sprachen, das sich unübersehbar nach Süden und Westen erstreckte – so weit, daß noch keiner der nördlichen Indianer bis an das jenseitige Ufer gelangt sei. Nach dieser Auskunft war es für Champlain noch sicherer, daß das nur der Pazifische Ozean sein konnte und daß der Sankt Lorenz kein Strom war, sondern eine Meeresstraße mit starker Strömung wie etwa die Dardanellen und der Bosporus oder die Straße von Gibraltar. Wenn diese Straße überwiegend Süßwasser führte, so wohl nur, weil die Flüsse und Seen des Hinterlandes mit ihrer Wasserfülle in sie einmündeten.

Der Traum von der Nordwestpassage verführte selbst diesen gebildeten, klugen Mann zu den seltsamsten Gedankenflügen. Er setzte alles daran, die Indianer zu überreden, daß sie ihn zu jenem großen Wasser im Westen brächten. Sie erkannten sofort, welche Möglichkeiten ihnen sein Eifer bot. Ausweichend und zögernd antworteten sie nach langem Hin und Her: Gut, sie wollten ihrem weißen Bruder, da ihm so viel daran gelegen sei, diesen Freundschaftsdienst leisten. Aber es sei selbst für sie eine sehr weite, sehr gefährliche Reise. Deshalb müsse er ihnen vorher auch einen Gefallen erweisen und ihnen helfen, ihre alten Feinde, diese Hunde von Irokesen, zu besiegen. Nur wenn eine gründliche Niederlage diesen Räubern die Lust zu blutigen Plünderzügen und Skalpjagden im Sankt-Lorenz-Tal für lange Zeit verleide, könnten sich ihre besten Krieger mit dem weißen Häuptling auf die lange Reise nach Westen wagen.

Der Gedanke, als Bundesgenosse an einem Indianerkrieg teilzunehmen, behagte Champlain gar nicht. Beabsichtigte er doch gerade, den blutigen Fehden der Stämme ein Ende zu setzen. Wie konnte er als Friedensstifter glaubhaft bleiben, wenn er Partei nahm? Zwar wurden ihm die Irokesen immer wieder als blutgierige Teufel geschildert, die nichts anderes verdienten, als vom Erdboden getilgt zu werden. Aber er hatte bisher nur ihre Feinde gehört, die auch nicht gerade sanft waren und Gefangene mit Vergnügen am Marterpfahl zu Tode quälten. Er konnte nicht wissen, daß er bei seiner Landung in Quebec in eine indianische Völkerverschiebung hineingeraten war, die das Sankt-Lorenz-Tal seit Cartiers Fahrten sehr verändert hatte. Zwar hatte er schon bei seinem ersten Besuch die von Cartier beschriebene Indianerstadt Hochelaga nicht mehr gefunden. Er nahm jedoch hierbei an, Cartier habe, wie mancher Entdecker, aus Prahlsucht übertrieben. In Wirklichkeit hatten nördliche Stämme, die noch wandernde Jäger waren, die schon seßhaft gewordenen und bescheidenen Ackerbau treibenden Irokesen aus dem Sankt-Lorenz-Tal nach Süden verdrängt. Das war ihnen gelungen, weil sie von den baskischen Pelzhändlern in Tadoussac Waffen und Werkzeuge eingetauscht hatten, denen die ihnen sonst im Kampf überlegenen Irokesen auf die Dauer nicht standhalten konnten. Die Huronen, einer der Irokesenstämme, wichen zur Georgenbucht am Ontario-See aus und schlossen sich dem Verband der Algonkin an. Die Hauptmasse der Irokesen zog sich zum Mohawktal und in die Adirondackberge zurück, wo sie sich schließlich behaupten konnten. Denn als sich die Holländer nach 1609 am Hudson-River niederließen, bekamen auch die Irokesen im Tauschhandel europäische Waffen, und das Gleichgewicht war wiederhergestellt. Nun gingen die Irokesen zum Gegenangriff über und verheerten immer wieder das Sankt-Lorenz-Gebiet.

Champlain mußte bald einsehen, daß ihm nichts anderes übrigblieb, als Partei zu ergreifen. Von nur zwei Weißen begleitet, nahm er also an einem Kriegszug der Algonkin und Montagnais teil. Die Kanuflotte mit den Kriegern fuhr zunächst den Richelieu-Fluß bis zu dem großen See hinauf, der später den Namen Champlains erhielt. Hier kam es an der Ticonderoga-Höhe zu einem Gefecht zwischen den Algonkin-Kriegern und einer größeren Zahl von Irokesen, das durch die Feuerwaffen der Weißen zugunsten der Algonkin entschieden wurde.

Champlain war sich bewußt, daß seine kriegerische Einmischung im Interesse Quebecs und seiner eigenen Forschungspläne zwar unvermeidlich war, in ihren Folgen aber verhängnisvoll werden konnte. Die Irokesen verziehen den Franzosen denn auch niemals. Der Irokesen-Bund der „Fünf Nationen“, der bis zu seinem Ende eine bedeutende Rolle im Kampf der europäischen Mächte um Nordamerika gespielt hat, wurde dank jener damals begründeten Feindschaft ein treuer Parteigänger der Engländer. Irokesen trugen 1760 nicht wenig dazu bei, daß Champlains Schöpfung Neufrankreich an England verlorenging. Kanadas Entwicklung als Nation wurde damit auf den Weg gedrängt, dem sie heute noch folgt. Vor allem aber verhinderte der zähe Widerstand der Irokesen, daß die Franzosen außer dem Stromgebiet des Sankt Lorenz auch noch das Mohawk- und Hudson-River-Tal eroberten und sich die Herrschaft über die beiden großen Wasserwege sicherten, die als einzige die Berge nach Osten durchbrechen und den Weg von der Atlantikküste ins Innere des Erdteils Nordamerika öffnen.

So ist der Tag eines an sich unbedeutenden Gefechts zwischen zwei Indianerbanden ein Schicksalstag in der Geschichte Nordamerikas gewesen: der Tag von Ticonderoga mit dem Gefecht, das nur ausgetragen wurde, weil Samuel de Champlain seine Friedensliebe dem Traum von der Nordwestpassage hintansetzte.

Ahnherr der Waldläufer

Auf diesem Kriegszug hatte sich gezeigt, welche Bedeutung der ungehinderte Zugang zum Gebiet des Champlain-Sees hatte. Schon 1611 ließ Champlain zu Füßen der Bergkuppe, die Cartier bei Hochelaga entdeckt und Mont Royal genannt hatte, eine zweite Ansiedlung anlegen: die Keimzelle der Stadt Montreal. Hier mündet der Ottawa-Fluß in den Sankt Lorenz; in ihm sah Champlain das Einfallstor zum Innern des Landes, den Weg zum großen Wasser im Westen.

Die Sorgen und Nöte seiner Kolonie erlaubten ihm nicht mehr, selbst auf lange Forschungsreisen zu gehen. Von 1612 an zwangen sie ihn, fast jeden Winter in Frankreich zu verbringen, weil er in der Heimat für Neufrankreich werben mußte. Deshalb schickte er wagemutige und abenteuerlustige Landsleute als Kundschafter nach Westen.

Der erste von ihnen war der siebzehnjährige Etienne Brûle. Er fiel Champlain auf, weil er aus eigenem Antrieb mehr von der Algonkin-Sprache gelernt hatte als irgendeiner der anderen Siedler in Quebec. Er war an Art und Klima des Landes gewöhnt und gesund und stark dazu. Auf Champlains Bitte hin gestattete im Sommer 1611 ein Huronen-Häuptling dem jungen Brûle, sich dem Stamm anzuschließen. Brûle sollte sich dort gründlich umsehen, seine Bräuche und Lebensweise studieren und sich die Sprache aneignen. Als er nach einem Jahr im Sommer nach Quebec zurückkam, hatte er seine Muttersprache fast verlernt und gab sich ganz wie ein Hurone. Nach kurzer Zeit bei seinen Landsleuten wünschte er sich bereits wieder in die Wildnis der Wälder und Seen zurück.

Was er Champlain berichtete, gab dessen Hoffnung auf das große Wasser im Westen neue Nahrung. Champlain gewann den Eindruck, mit dem Huronen-See tue sich ein Meeresgolf nach Westen auf. Von Brûle geführt, fuhr er zweimal, 1613 und 1615, den Ottawa- und Mattawa-Fluß hinauf, wanderte mit den Huronen-Bootsleuten über die Tragstellen zum Nipissing-See und den French-River abwärts zur Georgen-Bucht am Huronen-See: die Straße also, die von da an für mehr als 220 Jahre der Hauptweg der Waldläufer und Pelzhändler, Missionare und Forscher nach Westen wurde. Im Jahre 1615 verbrachte er an der Bucht bei den Huronen sogar den ganzen Winter.

Dem französischen Regime in Kanada die Freundschaft dieses großen Stammes zu gewinnen, der als der gutmütigste und aufgeschlossenste unter den nördlichen Indianern galt, lag Champlain besonders am Herzen. Durch ihre Hände ging der gesamte Pelzhandel mit den weiter westlich wohnenden Völkerschaften. Champlain hoffte aber auch, sie am ehesten zum Christentum zu bekehren und mit ihnen den anderen Stämmen ein Vorbild zu geben. Endlich rechnete er darauf, bei den Huronen die zuverlässigen Wegführer und Kanufahrer zu finden, die er für die große Expedition nach Westen brauchte.

Ihretwillen beteiligte er sich 1615 nach langem Bedenken noch einmal an einem Krieg zwischen Indianern. Er unterstützte die Huronen, als sie gegen Verbündete der Irokesen, die Onondaga-Indianer, zu Felde zogen. Das war in der Tat ein Opfer, denn sein Bestreben, zwischen den Indianern einen dauerhaften Frieden herzustellen, hielt er aufrecht, solange er an der Spitze der Kolonie Neufrankreich stand. Noch 1630 beauftragte er den Mönch Gabriel Sagard mit einem Vermittlungsversuch, gegen den die Pelzhändler Einspruch erhoben: Wenn die Huronen Frieden mit den Irokesen hätten, würden diese sie dazu verführen, lieber mit den Holländern als mit Quebec Handel zu treiben. Damit würden den Holländern Wege zu indianischen Völkern eröffnet, die ihnen noch verschlossen seien.

Etienne Brûle nahm an dem Feldzug gegen die Onondaga nicht teil. Er befand sich auf seiner ersten Langfahrt nach Westen, um zu erkunden, wie weit sich das große Wasser ausdehnte. Er kam bis zu den Katarakten von Sault-Sainte-Marie und sah als erster Europäer die meergleiche Fläche des Oberen Sees vor sich.

Brûle wurde später ganz Indianer und ein schlimmer Raufbold. Er trieb es so wild, daß sich die Huronen bei Champlain über ihn beschwerten. Daraufhin lief Brûle zu den Irokesen über. Champlain mußte ihn in aller Form aus der Gemeinschaft der Franzosen Neufrankreichs ausstoßen. Nicht lange danach wurde Brûle bei einem Streit um eine Indianerin erschlagen.

Erfolge und Rückschläge

Champlain hat nur den Huronen-See mit eigenen Augen gesehen. Quebec, das er als Ausgangspunkt für weit ausgreifende Entdeckungsreisen nach Westen vorgesehen hatte, wurde zu einem Hemmschuh. Die Kolonie und ihr Gedeihen brauchten seine ganze Kraft und ließen keinen Raum mehr für Entdeckerträume. Dieser Notwendigkeit beugte er sich schließlich. Ihretwillen ist er zwischen 1609 und 1635 zwanzigmal nach Frankreich gefahren, um bei der Krone und den Mächtigen des Handels in der Heimat um Unterstützung für seine Schöpfung am Sankt Lorenz zu werben.

Im Jahre 1615 holte er die ersten Mönche als Indianer-Missionare, aber auch als Seelsorger für seine Siedler nach

Kanada. Ihnen folgten, ebenfalls auf Betreiben Champlains, zehn Jahre danach die Jesuiten, die später in der Kolonie eine beherrschende Rolle spielten und von einer sanften Diktatur Gottes auf kanadischem Boden träumten.

Schwerer als Pelzhändler, Abenteurer und Geistliche waren Bürger und Bauern für Neufrankreich zu gewinnen. Erst als Champlain den angesehenen Pariser Apotheker Hébert mit seiner Familie herüberholen konnte, wurde das anders. Ihm folgten bald Handwerker und ein Arzt. „Mein Bäumchen schlägt Wurzeln!“ frohlockte Champlain bei diesem Erfolg. Hébert wurde eine Stütze für ihn. Er wirkte in Quebec nicht nur als Apotheker, sondern auch als Friedensrichter. Er hat den ersten Garten dort angelegt. Ein mit Erbsen und Zwiebeln bestelltes Stückchen Erde auf der Bergkuppe Kebek, das war der Anfang des blühenden Akkerbaus, der sich später am Sankt Lorenz entwickelte.

Aber es dauerte noch bis zum Jahre 1628, bis der erste Pflug durch kanadische Erde ging. Wie so häufig in der Geschichte waren es Mangel und Not eines Krieges, die ihn den Bewohnern Quebecs in die Hand zwangen. 1628 und 1629 hatten Champlain und seine Siedler ihre härteste Bewährungsprobe zu bestehen. Englische Kaperschiffe blokkierten den Strom und hielten im Frühjahr sämtliche Nachschubschiffe der Neufrankreich-Gesellschaft fest, die nicht nur Tauschwaren und Lebensmittel, sondern auch die sehnlich erwarteten ersten fünfzig bäuerlichen Familien an Bord hatten. Zwei der Kaperschiffe legten sich mit drohenden Kanonen vor Quebec in den Strom. Sie forderten Champlain zur Übergabe auf. Champlain entschloß sich zum Widerstand. Trotz Proviant- und Munitionsmangel verstand er es, die Belagerer von einem Sturmangriff abzuschrecken. Darüber ging der Sommer hin. Die erste im Lande überzeugte Weizenernte half, auch noch den Winter zu überstehen. Als Champlain jedoch im nächsten Frühjahr die Blockade nicht zu brechen vermochte, mußte er am 21. Juli 1629 kapitulieren. Drei Jahre lang wehte danach die englische Flagge über Quebec.

Der kriegerische Zwischenfall schadete der Kolonie schwer. Die Neufrankreich-Gesellschaft war ruiniert. Bauern und Bürger im Mutterland scheuten sich, nach Kanada auszuwandern. Auch die Krone zögerte mit ihrer Hilfe. Vergeblich mühte sich Champlain bis zu seinem Tod 1635, die Spuren des Krieges zu tilgen. Nach seinem Plan sollten in und um Quebec bis 1640 dreitausend Siedler angesetzt werden. Es waren tatsächlich erst dreihundert.

Sorgen verdüsterten Champlains letzte Lebensjahre. Bitterkeit und Trauer erfüllten ihn, wenn er bedachte, wie wenig er mit seiner Mühe ausgerichtet hatte. Nichts als diese kleine Siedlung am Sankt Lorenz würde sein Vermächtnis sein – ein Gemeinwesen, das noch immer zwischen Leben und Sterben schwankte. Und für diesen dürftigen Ertrag hatte er seinen großen Traum geopfert, hatte darauf verzichtet, die Suche nach der Nordwestpassage weiter zu betreiben!

Zwar war gerade jetzt wieder einer seiner Kundschafter, Jean Nicolet, nach dem großen Wasser im Westen unterwegs. Würde aber dieser zuverlässigste seiner Waldläufer wirklich mit der Nachricht zurückkehren, daß er den Weg nach China gefunden, das Rätsel Nordwestpassage gelöst habe?

Späher im Mandarin-Gewand

Gut vorbereitet war Jean Nicolet, als er, von sieben jungen Huronen begleitet, an einem Frühherbsttag des Jahres 1634 mit seinem großen Reisekanu an die Enge von Mackinac kam. Hinter den Felsklippen am Ufer glühten schon Ahorn und Eichen in herbstlichen Farben. Rötlich glomm voraus das Buschwerk einer Insel auf, und dahinter leuchtete der weite, klare Himmel so stark, daß Nicolets Herz schneller schlug. Dieses Leuchten kündete die Nähe einer großen Wasserfläche an! Unwillkürlich gab er seinen Paddlern einen Wink, die Fahrt zu verlangsamen.

Zeichen des Himmels zu lesen, Spuren zu finden in der Wildnis und Fährten zu deuten, darin hatte sich Jean Nicolet seit sechzehn Jahren gründlich geübt – seit jenem Tag, an dem ihn Champlain zu den Nipissing-Indianern in die Schule gab, damit er einer der Späher würde, mit deren Hilfe der Gouverneur von Neufrankreich das Hinterland seiner Kolonie zu erkunden und den Einfluß der Franzosen bei den Indianern auszubreiten gedachte.

Wie Etienne Brûle begann auch Nicolet seine Ausbildung zum Waldläufer und Kundschafter damit, daß er jahrelang unter Indianern lebte und wie sie die Wildnis klaglos zu ertragen und Rindenkanu und Schneeschuh, Jagdwaffen und Fischnetz genauso zu meistern lernte wie sie selbst. Und weiter lernte er dabei sowohl die Verkehrssprache der nördlichen Indianer, das Algonkin, wie eine Menge von Stammesdialekten. Er machte sich die Lebensweise der Indianer so zu eigen, daß ihn die Nipissing schließlich in ihren Stamm aufnahmen. Das war sein stolzester Tag.

Dabei blieb Nicolet doch ein getreuer und lernbegieriger Gefolgsmann Champlains. Wenn dieser ihn in Quebec unterwies und beriet, fühlte sich Nicolet immer von neuem bereichert. Seinem schlichten Gemüt erschienen zwar die Pläne und Träume Champlains verstiegen. Trotzdem beflügelten ihn Stolz und neuer Eifer, wenn ihn der Gouverneur ermahnte: „Denke daran, Jean Nicolet, du mußt im Westen mein Auge und mein Ohr sein! Alles, was dir gelingt, was du entdeckst, bringt mich meinem großen Ziel näher."

Was dieses Ziel dem Gouverneur im letzten bedeutete, erfaßte Nicolet nie ganz. Was ging ihn die Durchfahrt nach China an? Er fühlte sich in der Wildnis unter den Rothäuten wie im Paradies. Ihm war das Reich der unermeßlichen Wälder, der riesigen Seen und der gewaltigen Flüsse das schönste Land der Welt. Hier hatte er alles, was sein Herz brauchte, fand es täglich aufs neue. Aber vielleicht bedeutete dem Gouverneur die Nordwestpassage etwas Ähnliches? Etwas, das diesem feinen und klugen Mann das Herz weit und frei machte, wie ihm, dem einfachen Kundschafter, der Atem der Wälder und das Licht der Seen?

Das letztemal im vergangenen Sommer in Quebec war der Gouverneur heiter gewesen wie lange nicht mehr. Er hatte Nicolet am Ohr gezogen und gesagt: „Höre besonders gut zu, Jean Nicolet! Ich habe verläßliche Nachricht, daß wahr ist, was immer wieder erzählt wurde. Am Ufer des Westmeers, sehr weit westlich von hier, aber für unsere Kanus doch erreichbar, lebt ein hellhäutiges Volk, das keine Bärte trägt. Das kann nur in China sein. Früher nannten wir es Cathay, und unsere Vorfahren haben den Weg dorthin so eifrig gesucht wie wir. Ich glaube, der Tag ist nahe, wo wir diesen Weg, die Nordwestpassage, finden. Du wirst ihn finden, Jean Nicolet, für mich! Damit du gut aufgenommen wirst im Lande China, nimm das hier mit auf deine Fahrt!"

Er gab ihm ein mantelartiges Gewand aus dunkelblauer, schwerer Seide, mit weißen und roten Blumen und gold-

gelben Vögeln bestickt. Champlain hatte es eigens aus Frankreich kommen lassen, damit sein Gesandter nicht etwa im abgewetzten Lederwams zu den Chinesen käme. „Die Chinesen sind gebildete, gesittete Leute", fuhr er fort. „Betrage dich anständig bei ihnen! Rülpse nicht nach Tisch und schneuze dich nicht nach Indianerart mit den Fingern!"

Der Waldläufer erschrak. Dieses Narrenkostüm sollte er anziehen? Seine Huronen würden vor Lachen brüllen, wenn sie ihn darin sähen. Schon wollte er es zurückweisen, da sah er Champlain ins Gesicht und verstummte. Der von ihm so verehrte Gouverneur setzte auf diese Fahrt und dieses bunte Kleid offensichtlich seine letzte Hoffnung! Seine Zeit lief ab! – Da küßte Nicolet dem Gouverneur noch ehrerbietiger als sonst die Hand: „Ich werde mein Bestes tun, Euer Gnaden!"

Nun, da sich sein Kanu, von den langsamen Paddelschlägen der Huronen getrieben, durch die Enge von Mackinac schob und sich nach Westen, Süden und Osten dem Blick eine weite Wasserfläche darbot, nun suchten Nicolets Augen den Ledersack im Bug, der das blauseidene Prachtgewand vor den Unbilden des Wetters und der Neugier der Indianer geschützt hatte. Er hatte nicht geglaubt, daß er es je anlegen werde, wie er auch nie daran geglaubt hatte, daß er die Durchfahrt nach China finden werde, die Champlains großer Traum war. Aber jetzt, beim Anblick dieses „Meeres", jetzt war ihm einen Augenblick lang doch so, als ob es ernst werden würde mit der Durchfahrt und mit dem bunten Kleid. Er beugte sich über den Rand des Kanus und schöpfte Wasser. Es schmeckte süß wie das der anderen großen Seen, die er befahren hatte. Nein, das war kein Ozean. Er hatte einen weiteren meergleichen See entdeckt, den Michigan-See.

Trotzdem suchte Jean Nicolet, getreu seinem Versprechen, weiter nach der Küste von China. Er ließ seine Paddler nach Westen steuern und stieß schließlich auf eine Landspitze, auf der der heutige Ort St. Ignace liegt. Von dort aus hielten sie sich südlich, bis sich wiederum eine weite Bucht nach Westen öffnete. Green Bay heißt sie auf unseren Landkarten. Nicolet glaubte, sie könne die Einfahrt der Wasserstraße nach China sein, und führte sein Boot vorsichtig an einer Landzunge am Ostrand der Bucht entlang nach Südwesten weiter, bis hinter Buschwerk die Spitzen eines Zeltdorfs in Sicht kamen.

Da ließ Jean Nicolet halten. Er stieg aus, entnahm dem Ledersack das chinesische Prunkgewand und zog es über sein hirschledernes Waldläuferwams. Dann lud er seine beiden Pistolen und ging zu dem Dorf. Seine Huronen starrten ihm mit offenem Mund nach. Sie wußten nicht, sollten sie lachen oder sich fürchten.

Im Zeltdorf war nicht ein Mensch zu sehen. Da feuerte Nicolet seine Pistolen ab. Im Handumdrehen belebte sich die Szene. Männer, Frauen und Kinder stürzten aus den Zelten hervor und nahmen schleunigst Reißaus, als sie die blauseidene Gestalt mit den rauchenden Schießeisen in der Hand sahen. Erst als sie einen Augenblick verschnaufen mußten, hörten sie Nicolets Rufe in der Algonkin-Sprache und kehrten zaghaft zurück. Es kostete ihn viel Zeit und Beredsamkeit, bis er sie überzeugt hatte, daß er nicht ein mit Blitz und Donner einherfahrender böser Geist, sondern ein Mensch war.

Jean Nicolet war das Weinen näher als das Lachen, als er sah, daß er bei Indianern , nicht bei Chinesen gelandet war. „Ich mußte an meinen lieben Herrn Gouverneur denken und wie enttäuscht er sein würde, weil sich seine Hoffnung auch dieses Mal nicht erfüllt hatte“, berichtete er später in Quebec.

Die Bewohner des Zeltdorfes waren spärlich bekleidet wie alle Indianer, die Nicolet kannte. Sie rochen womöglich noch ärger als seine Huronenfreunde nach ranzigem Fett, nach Schweiß und dem Holzrauch ihrer Zeltfeuer. Er fand, daß sie ihren Namen Winnebago, was soviel wie Stinker bedeutet, durchaus zu Recht trugen. Doch das störte ihn nicht; er hatte das schwierigste für den Waldläufer längst gelernt: seine Nase gegen indianische Gerüche abzuhärten. Mit Behagen ließ er sich den Biberbraten schmekken, den ihm die Stinker auftischten.

So gut gefiel es ihm bei diesem Volk, daß er den ganzen Winter über dort blieb. Er fragte seine Gastgeber gründlich aus über Land und Leute am Westufer dieses Sees und hörte vieles über das hellhäutige Volk im Westen, von dem auch Champlain gesprochen hatte.

Da vernahm er als erster Weißer genaueres über das merkwürdige Volk der Mandan-Indianer, das damals in Wisconsin und Minnesota hauste, und zwar, so erzählten die Winnebago, in festen, langen Häusern. Sollte es sich doch, fragte Nicolet sich erregt, um Chinesen handeln, und konnte die China-Küste hier so nahe sein, wie Champlain vermutete?

Im Frühjahr 1635 brach er auf, um nach dem hellhäutigen Volk zu suchen. Er fuhr mit dem Kanu den Fox-Fluß hinauf und kam als erster Weißer an jene von den Indianern seit undenklicher Zeit benutzte Tragstelle zwischen Fox- und Wisconsin-Fluß, die später neben der Grand Portage am Oberen See die berühmteste Tragstelle des Westens wurde. Jahrzehntelang sind über sie französische Forscher, Pelzhändler und Missionare vom Sankt Lorenz ins Stromgebiet des Mississippi gezogen.

Warum Nicolet nicht den Wisconsin hinabfuhr, ist nicht bekannt. Er kehrte hier um und benutzte den Rest des Sommers, um das Ufer des im Vorjahr entdeckten Sees bis zum heutigen Chicago zu erkunden. Dann trat er die Heimreise in dem stolzen Gefühl an, zwar nicht den Pazifischen Ozean und die Durchfahrt nach China, wohl aber ein weiteres Süßwassermeer im Westen entdeckt zu haben.

Der Mann aber, dem Nicolet am liebsten von seinen Taten erzählt hätte, Sieur Samuel de Champlain, war nicht mehr am Leben, als sein Kundschafter heimkehrte. Er war mit der Hoffnung auf Erfüllung seines Traumes gestorben. Doch es gab in Quebec zahlreiche andere Zuhörer, vor allem unter den Pelzhändlern. Ihnen klang wie Musik in den

Ohren, was Nicolet vom Biberreichtum der Wasserläufe im Westen berichtete. Auch die Rekollektenmönche und die Jesuitenpatres hörten ihm aufmerksam zu, weil es sie lockte, ihren Glaubenseifer an den Indianern des Westens zu erproben.

Drei Männer ragen aus der Legion der Waldläufer hervor, die Nicolets Berichte in den Westen lockten: Pater Hennepin von den Rekollektenmönchen, der „Fürst der Waldläufer" Duluth und der Jesuit Marquette. Sie drangen immer weiter nach Westen und Südwesten vor, bis zum Mississippi und zum Westufer des Oberen Sees.

Mit ihnen endeten aber auch die Bemühungen der Franzosen, vom Sankt Lorenz aus über die Großen Seen den Weg zum Pazifik und nach China zu finden. Wie Luftspiegelungen über der Prärie lösten sich die Traumbilder auf, von denen sich Cartier und Champlain bei ihrer Suche nach der Nordwestpassage hatten leiten lassen. Ja, Pater Hennepin, obwohl ein Abenteurer reinsten Wassers, nannte die Nordwestpassage schließlich eine Chimäre – nicht wert, daß man ihr auch nur einen einzigen Tag opfere.

Die Wildnis an den westlichen Seen, die sich gerade durch das unermüdliche Drängen und Forschen des Träumers Champlain den Franzosen so schnell erschlossen hatte, wurde nach seinem Tod das Reich der Waldläufer. Champlain hat diesen Stand ins Leben gerufen. Regierung und Kirche bemühten sich nach seinem Tod zwar mit allen Mitteln, die Zahl der Waldläufer, der „Voyageurs", klein zu halten, doch die Bauernburschen am Sankt Lorenz liefen trotz Drohungen und Strafen scharenweise vom Pflug weg in die Wälder. Das Leben in der Wildnis war hart, aber frei. Deshalb bahnten sich die Waldläufer immer neue, immer weitere Wege nach Westen.

Mit ihnen drang die französische Sprache und drang französisches Blut in die Indianerstämme ein. Mit ihnen kam aber auch der Branntwein. Er wurde schnell zum beliebtesten, gängigsten Zahlungsmittel beim Tauschhandel.

Vergeblich ging die Geistlichkeit dagegen an. Verweigerten die Voyageurs den Schnaps, so zogen die Indianer mit ihren Pelzen zu den Holländern oder Engländern, die ebenfalls ein gutes Feuerwasser hatten: den Rum.

Dort waren wir Cäsaren

Die Teilhaberschaft der Engländer am französischen Pelzhandelsmonopol auf kanadischem Boden wäre noch lange unbemerkt geblieben, hätte nicht eines Frühsommertages im Jahre 1672 ein schnapsbeschwingter Indianer zuviel geplaudert. „Bleichgesichter im Norden am stinkenden Wasser geben Kakwa mächtig viel schärferes Feuerwasser", prahlte er in einer Faktorei am St.-Johannis-See. „Und viel mehr Feuerwasser als Bleichgesichter hier! Kakwa geht im nächsten Sommer mit Pelzen lieber wieder zu den Bleichgesichtern am stinkenden Wasser."

Der französische Faktoreigehilfe spitzte die Ohren und erfuhr von Kakwa nach einigen weiteren Bechern so viel Interessantes über die Bleichgesichter im Norden, daß er sofort einen Eilboten nach Quebec schickte.

Dort brüteten die Verantwortlichen der staatlichen Pelzhandelsgesellschaft lange über der seltsamen Kunde. Schärferen Schnaps als französischen Branntwein konnten nur Engländer oder Holländer haben. Sollten sie sich jetzt etwa auch im Norden, an der Hintertür Neufrankreichs, unliebsam bemerkbar machen? Die Herren beauftragten den mit entsprechenden Vollmachten ausgestatteten Waldläufer Saint-Simon und den Jesuitenpater Albanel, Eindringlinge fortzuweisen, und falls sie bereits eine Faktorei errichtet hätten, Gebäude und Waren im Namen König Ludwigs für Frankreich zu beschlagnahmen.

Die Abgesandten fuhren im nächsten Frühjahr, nach der Eisschmelze, mit zwölf Indianern los, überquerten die Wasserscheide zum Mistassini-See auf einer Tragstelle und paddelten den Rupert-Fluß abwärts zur Hudson-Bai. Der

Waldläufer Saint-Simon geriet außer sich, als er während der Flußfahrt die vielen Biberkolonien sah. Das war ein Pelzreichtum ohne jeden Vergleich! Und den sollte man ausländischen Wilddieben überlassen? An der Flußmündung fanden sie drei Blockhäuser, in denen sich jedoch nur ein einziger Faktoreigehilfe aufhielt: ein Engländer, der den Franzosen erklärte, diese Faktorei heiße Fort Charles und gehöre der Hudson Bay Company, der nicht nur die Ufer, sondern auch das Hinterland des Meeresbeckens durch königlichen Freibrief übereignet seien.

Er protestierte heftig, als Pater Albanel ihm sagte, hier habe der König von Frankreich ältere Rechte, und deshalb nehme er im Namen Seiner Majestät König Ludwigs XIV. Faktorei, Waren- und Pelzbestand in Besitz. Da Albanel und sein Gefolge in der Übermacht waren und die zum Tauschhandel anwesenden Indianer sich bei dem Streit der Weißen abwartend verhielten, nützte der Protest des Engländers natürlich nichts. Nach einigem Hin und Her forderte er die Franzosen auf zu bleiben – bis zum Eintreffen weiterer Indianer mit Fellen; er werde den Handel loyal für die neuen Herren abwickeln.

Albanel witterte Unrat. Den Waldläufer aber blendete die Aussicht auf noch größere Beute; er erklärte, er werde diese Goldgrube erst räumen, wenn nichts mehr zu holen sei. Ehe vier Wochen verstrichen waren, trafen drei große Schiffe unter englischer Flagge ein und setzten sofort eine starke Mannschaft an Land. Albanel war klug genug, das Lilienbanner seines Königs niederzuholen.

Wie aber staunten Albanel und Saint-Simon, als neben dem englischen Geschwaderchef Gilliam zwei ihnen gut bekannte französische Waldläufer auftauchten: Pierre Radisson und Médard Grosseilliers. Sie boten sich mit Unschuldsmiene als Dolmetscher an und erwirkten, daß Albanel und seiner Mannschaft ehrenvoller Abzug gestattet wurde – ohne Pelzbeute, versteht sich.

Albanel konnte in Quebec nur berichten, daß an der Hudson-Bai wohl ein Dorado für Pelzhändler sei, daß aber die Engländer dieses Dorado bereits besetzt hätten. Wahrscheinlich habe der Verräter Radisson sie dorthin geführt. Außer heftigen Verwünschungen für die beiden Überläufer hatte dieser erste Zusammenstoß zwischen französischen und englischen Pelzhandelsinteressen einstweilen keine Folgen. Man gestand sich in Quebec nicht gern ein, daß man den Verrat der Waldläufer, die zu den tüchtigsten, aber auch zu den unbändigsten Voyageurs gehörten, die das schönste Land der Welt je gesehen hat, selbst verschuldet hatte.

Radisson übertraf seinen Schwager Grosseilliers womöglich noch an Verwegenheit und in der Kunst, die Wildnis der Wälder, Prärien und Seen zu meistern; er war als Kind unter die Irokesen geraten, die ihn als Stammesmitglied adoptiert hatten. Das Jägerleben der Indianer ging ihm ins Blut. „Ich liebe das Volk der Roten mehr als jedes andere", schreibt er in seiner Autobiographie, und sein Leben lang habe er danach gestrebt, wieder in die Freiheit der Wildnis zurückzukehren: „Dort waren wir Cäsaren, und niemand wagte, uns zu widersprechen."

Erst zwanzig Jahre alt, erschien er im Sommer 1656 mit 360 Indianerkanus vor Quebec. Jedes Boot war bis zum Dollbord mit Rohpelzen beladen, dem Ertrag einer zwei Jahre langen Reise, die ihn und Grosseilliers bis zum Mississippi und zum Westufer des Oberen Sees geführt hatte. Sein Geschwader wurde mit Salutschüssen und einer Lobrede des Gouverneurs begrüßt, denn eine so große Pelzausbeute hatte es seit Jahren nicht gegeben. Das Pelzmonopol der Krone jubelte: Endlich kam wieder Schwung ins Geschäft! Für Radisson und Grosseilliers fiel dabei so viel ab, daß sie mit einem Schlag gemachte Leute waren.

Zwei Winter danach kamen sie beim Gouverneur um die Erlaubnis zu einer neuen Langfahrt ein. Er machte sie von einer Bedingung abhängig, die für die Cäsaren der Wildnis einer Demütigung gleichkam. Sie sollten zwei Regierungsbeamte zur Überwachung mitnehmen. Radisson stand bei der Obrigkeit im Verdacht, verbotenen Handel mit seinen Wahlstammesbrüdern, den Irokesen, zu treiben.

Er und Grosseilliers erbaten sich Bedenkzeit und nutzten sie, um heimlich zu verschwinden. Wenn sie mit reicher Beute heimkehrten, werde man fünf gerade sein lassen, so hofften sie. Aber sie irrten sich. Die ganze Beute an Biberpelzen, die sie das nächste Mal heimbrachten – sie hatte einen Wert von 60 000 englischen Pfund! –, wurde beschlagnahmt. Gnadenhalber bewilligte man den beiden erfolgreichen Waldläufern einen Anteil von 4000 Pfund. Das erboste sie so, daß sie Kanada verließen und den Pelzhandel fortan auf eigene Rechnung betrieben.

Dafür stand ihnen nur noch ein Tätigkeitsfeld unbeschränkt offen: die Hudson-Bai. Radisson hatte sie auf seiner ersten Langfahrt gestreift und den Wert der James-Bai als Pelzhandelsgebiet erkannt. Da ihr gesamtes Vermögen beschlagnahmt wurde, als sie heimlich ins Ausland gingen, fehlte es an Kapital, ein Schiff zu beschaffen, und sie mußten Partner suchen. Sie fanden sie 1666 in England.

Doch was Radisson in London vom Pelzreichtum der James-Bai berichtete, reichte allein nicht aus, die englische Krone und die Londoner Handelsherren für seine Pläne zu gewinnen. Erst als er dreist behauptete, er kenne in der Hudson-Bai eine Durchfahrt zum Pazifik, fand er Gehör. Die britische Admiralität stellte ihm ein Schiff, ein Kaufmannskonsortium ein zweites zur Verfügung. Die Instruktion für die Expedition lautete: „Erst Tauschhandel mit den Indianern der James-Bai treiben, dann aber unter Rat und Anweisung von Mister Gooseberry“ – wie man in England den Namen Grosseilliers wörtlich übersetzte – „und Mister Radisson weitersegeln bis zu der nach ihren Angaben nur sieben Tage entfernten Straße, die in das Südmeer führt, und vor der Heimreise soviel Licht in diese Sache bringen, daß man im nächsten Frühjahr wagen darf, ein Schiff zur Entdeckung der Nordwestpassage dorthin zu senden.“

Die beiden Aufschneider hatten insofern Glück, als nur das eine Schiff, mit Gooseberry an Bord, die James-Bai erreichte, und zwar so spät im Jahr, daß er nur den Tauschhandel mit den Indianern noch wahrnehmen konnte. Ende Oktober 1669 war er mit seinem Schiff wieder in London und brachte für 12000 Pfund Biberfelle mit. Er berichtete, die Eingeborenen dortzulande seien sehr umgänglich, und Biber gebe es in Fülle.

Diese erste reiche Ernte aus der verrufenen, seit fast vierzig Jahren von europäischen Schiffen gemiedenen Hudson-Bai überwand in London alle kaufmännischen, politischen und nautischen Bedenken. Im Winter 1670 bildete sich eine neue privilegierte Handelsgesellschaft, die den Namen „Gouverneur und Vereinigung wagemutiger Kaufleute Englands zum Handel in der Hudson-Bai“ erhielt.

Samuel Hearnes Winterreisen

Ein rabiater Kritiker

Die neue Handelsgesellschaft, die bald nur noch abgekürzt „Hudson Bay Company“ oder HBC genannt wurde, führte und führt noch heute in allen vier Feldern ihres Wappens den Biber – und das mit Recht, denn sein Fell blieb 200 Jahre lang der Rückhalt des Unternehmens. Ihr Wappenspruch lautet: Pro Pelle Cutem, was etwa heißt: Wer edles Pelzwerk haben will, darf das Messer, das heißt die mühsame und unreinliche Arbeit des Abhäutens, nicht scheuen. Diesem Wahlspruch, den man wohl als Abwandlung der alten Weisheit „Ohne Fleiß kein Preis“ deuten darf, ist die HBC auf ihre Weise treu geblieben. Sie hat sich weder von böswilligen Kritikern noch von geld- und machthungrigen Geschäftemachern von ihrer Besonnenheit abbringen lassen. Das gibt ihr Beständigkeit, so daß sie die ihr zugewiesenen Aufgaben gut erfüllt hat.

Der Freibrief verlieh der HBC großzügige Privilegien. „Diese ehrenwerte Gesellschaft“, heißt es darin, „soll die unumschränkte Gebieterin sein über alle Inseln innerhalb der Hudson-Bai, über alle Ebenen, Wälder und Berge rings um die Hudson-Bai und über alle Gewässer, Seen und Flüsse, die ihre Wasser in die Hudson-Bai ergießen, sowie über alle Meere und Meeresteile zwischen der Hudson-Bai und der Davis-Straße nach Norden, Nordwesten und Westen bis hin zur Tatarei, nach China, Japan, Korea und zu den Ländern der Südsee.“

Das hier aufgeführte Land umfaßte etwa drei Millionen Quadratkilometer, was aber noch auf lange Zeit hinaus niemand ahnte. In einem unermeßlich großen Gebiet also übte die HBC alle Rechte eines Landesherren aus. Das verdankte sie dem klugen Schachzug ihrer Gründer, die als ersten Gouverneur und einflußreichen Partner einen nahen Verwandten des Königs, den Prinzen Rupert von der Pfalz, gewannen. Ihm zu Ehren hat das der HBC unterstellte Gebiet bis 1870 den Namen Rupertsland geführt.

Die Privilegien waren allerdings an eine Bedingung geknüpft: Die neue Gesellschaft mußte sich verpflichten, „neben dem Beginn des Handels mit Pelzereien, Erzen und anderen wichtigen Kaufmannsgütern Fahrten zu unternehmen, die zur Entdeckung eines neuen Weges in die Südsee führen". Kurz, die Suche nach der Nordwestpassage wurde ihr zur Pflicht gemacht. Trotz aller Schwierigkeiten hat sich die HBC in mehrfachen Unternehmungen ehrlich darum bemüht, sie zu entdecken, und auch Forscher, die nicht aus ihren Reihen kamen, bereitwillig unterstützt.

Dennoch hat es der HBC nicht an Kritikern gefehlt. Am schärfsten hat ihr der irische Ingenieur Arthur Dobbs zwischen 1730 und 1750 zugesetzt, der dabei auf absonderliche Weise zu einem hartnäckigen Verfechter der Nordwestpassage wurde. Dobbs hatte ein stattliches Vermögen ererbt, das er gern vermehren wollte. Zu seinem Verdruß fand er den Zugang zum Pelzhandel, der nach seiner Meinung ergiebigsten Quelle des Reichtstum in England, durch das Importmonopol der HBC versperrt. Er versuchte Anteile der Company zu erwerben. Ohne Erfolg, denn wer HBC-Anteile besaß, hielt sie fest. Für Außenseiter war es kaum möglich, in den exklusiven Kreis der Aktionäre einzudringen.

Dobbs beschloß, das Monopol der HBC zu sprengen und dafür zu sorgen, daß sie ihren Freibrief verlor. Als Waffe sollte ihm dabei ausgerechnet die Nordwestpassage dienen. Er studierte die Geschichte, befragte geographische Kapazitäten und kam zu dem Schluß: Es muß eine Nordwestpassage geben, und zwar von der Westküste der Hudson-Bai aus, denn die Nordwestküste Amerikas verläuft schräg vom 64. Breitengrad (Chesterfield-Inlet) bis zum 48. Breitengrad (Fuca-Straße). Diese Auffassung entsprach dem damaligen Stand der geographischen Wissenschaft. Sie machte Dobbs zum enthusiastischen Anhänger der Nordwestpassage und zum grimmigen Feind der HBC, die nach seiner Ansicht aus Trägheit und Gewinnsucht deren Entdeckung bisher verhindert hatte.

Die Bosheiten, die er über die HBC in Umlauf brachte, spiegeln sich in den Sätzen wider, die der deutsche Gelehrte Joh. Reinh. Forster 1780 schrieb: „Man sollte meinen, der Entschluß des Königs, der Gesellschaft so große Vorteile einzuräumen, würde sie aufgemuntert haben, die Entdeckung mit Eifer zu betreiben. Allein diese hatten die gegenteilige Wirkung. Sie machten sie besorgt, die Regierung möchte nach gefundener Durchfahrt den Freibrief aufheben. Daher suchte sie die wahre Beschaffenheit des Landes und des dortigen einträglichen Handels so gut wie möglich zu verheimlichen. Man gibt ihr sogar Schuld, daß sie versucht, diejenigen durch Bestechung zu gewinnen, welche einige Einsicht in die Wahrlichkeit einer Durchfahrt nach der Südsee gehabt haben."

Die HBC ließ sich nicht beunruhigen. Jeder, der keine Scheuklappen trug, wußte doch, daß diese Vorwürfe unbegründet waren. In den ersten 50 Jahren ihres Bestehens war sie durch Kriege zwischen England und Frankreich behindert. Trotz dieser Hemmnisse ließ sie durch Kelsey das Hinterland bis zum Saskatschewan und zum Athabasca-See erkunden. Von 1719 bis 1722 suchten Knight und Barlow in ihrem Auftrag an der Westküste der Hudson-Bai nach der Durchfahrt. Daß diese Fahrten erfolglos blieben, die von Knight sogar mit einer Katastrophe endete, konnten nur Engstirnigkeit und böser Wille der HBC anlasten.

In ihren Zweifeln jedoch am Vorhandensein einer Nordwestpassage wurde die HBC vor allem durch den Bericht von Scroggs bestätigt, der 1727 meldete: „Was das Südmeer und den Weg dorthin angeht, so haben mir alle Indianer im Binnenland immer wieder versichert, ihnen sei nur ein großes Wasser im Osten bekannt, womit sie, je nach ihren Stammesgebieten, ohne Zweifel entweder die großen Seen Neufrankreichs oder die Hudson-Bai meinen. Im Westen, Südwesten und Nordwesten, so sagen sie, gibt es nur Prärien und dahinter hohe, schwer zu überwindende Berge. Ich bin überzeugt, man darf dieser Auskunft trauen, denn sie kommen auf ihren Jagdzügen weit herum, hören auch gern von Reisen erzählen. Ein weitgereister Mann, dem sie nachrühmen, er hat mehr als einen Himmel gesehen, steht bei ihnen in hohem Ansehen."

Wenn Dobbs von diesem Bericht sagte, er sei eine Tatarennachricht, auf Wunsch der HBC in die Welt gesetzt und nicht glaubwürdiger als Jonathan Swifts Schilderungen von Liliput und Brobdingnag, so verriet das seine Voreingenommenheit.

Die Direktoren der HBC begingen aber einen Fehler. Sie machten ihr Wissen und ihre Pläne der Öffentlichkeit nicht zugänglich. Als Dobbs ihnen eine Expedition vom Chesterfield-Inlet nach Kalifornien vorschlug, speisten sie ihn mit der Bemerkung ab, dieser Vorschlag sei zur Zeit nicht nützlich, was eine höfliche Umschreibung für „dummes Zeug" war. Als sie im folgenden Jahr, 1737, doch zwei Schiffe an der Westküste der Hudson-Bai zu einer Erkundungsfahrt nach Norden segeln ließen, triumphierte der so unfreundlich abgewiesene Dobbs: Da sehe man die ganze Schäbigkeit dieser Krämerseelen. Nun stahlen sie ihm sogar noch seine Pläne. Aber sie ließen sie natürlich von ihren bestochenen Knechten ausführen, damit die Welt den Eindruck gewinnen solle, die Nordwestpassage gebe es nicht!

Als die Kapitäne Napier und Crow ohne Erfolg heimkehrten, setzte Dobbs alles daran, eine von der Regierung gestützte Expedition zustande zu bringen, um zu beweisen, daß die HBC ihren Kapitänen nicht erlaubte, die Nordwestpassage zu entdecken. Die Admiralität gab ihm zwei Schiffe, verlangte jedoch, daß ein erfahrener Hudson-Bai-

Fahrer die Führung übernahm. Dobbs fand ihn in Kapitän Middleton, der seit Jahren im Dienst der HBC stand.

Die Expedition solle, sobald sie den Pazifischen Ozean erreicht habe, vor allem Begegnung mit japanischen Schiffen suchen, lautete die Instruktion, und dann die Küste von Neu-Albion (Kalifornien) ansteuern. Middleton traf nordwestlich der Southampton-Insel auf so dichtes Packeis, daß er umkehren mußte. Seinem Auftraggeber konnte er nur berichten: Er habe, wie alle seine Vorgänger, an der Westküste der Hudson-Bai keine Durchfahrt nach Westen finden können. Dabei beging er die Unklugheit, Dobbs zu erklären, im Bereich der Hudson-Bai könne es auch gar keine Durchfahrt geben.

Der hitzige Ire erklärte empört: „Middleton lügt; auch er hat sich von der HBC bestechen lassen!“ Middleton zahlte mit gleicher Münze zurück: „Dobbs ist ein Narr!“ Dobbs darauf: „Der Kapitän hat offensichtlich sein Logbuch gefälscht.“

Und jetzt mobilisierte Dobbs seine Freunde im Parlament und erreichte durch sie, daß 1745 eine Belohnung von 10000 Pfund für die Entdeckung der Nordwestpassage ausgesetzt wurde. Dieser stattliche Preis rief in der Öffentlichkeit aufs neue großes Interesse an der Nordwestpassage hervor. Dobbs benützte es dazu, eine auf Geldspenden gestützte Expedition zu starten. Eine Subskription erbrachte 7200 Pfund. Dobbs erhöhte die Summe aus seiner Tasche auf 10000. Zwei Schiffe wurden gechartert, die im Mai 1746 auf Fahrt gingen.

Die Dobbs-Expedition tat, was vor ihr schon andere im Auftrag der HBC getan hatten: Sie tastete sich im Sommer 1747 an der Westküste der Hudson-Bai entlang und kehrte im Herbst ohne den erhofften Erfolg zurück. Sogar ihr Chronist Ellis gab zu, daß Middletons Beobachtungen an dieser Küste richtig gewesen waren. „Aber“, so schrieb er, „wenn wir auch die Nordwestpassage nicht entdeckt hatten, so kehrten wir doch mit neuen und stärkeren Beweisen zurück, daß eine nordwestliche Durchfahrt bestehen muß.“

Dobbs veranlaßte seine Parlamentsfreunde, eine Untersuchung gegen die HBC durchzusetzen. Durch sie erfuhr die Öffentlichkeit zum erstenmal, mit wie großen Risiken der Pelzhandel arbeitete und daß die Aktionäre der HBC jahrelang gar keine Dividende und in anderen Jahren durchschnittlich 8 Prozent jährlich erhalten hatten, daß außerdem das rauhe Klima und die Unwegsamkeit den Ackerbau im Rupertsland verhinderten und von fruchtbarem Boden und reichen Erzlagerstätten keine Rede sei.

Das Parlament wies die Vorwürfe Dobbs' als nicht auf Tatsachen gestützt zurück, aber man ernannte ihn zum Gouverneur der Kolonie Nord-Carolina. Seine rabiaten Angriffe gegen die HBC riefen dennoch immer neue Spekulationen über die Nordwestpassage ins Leben. Sie nahmen schließlich so beunruhigende Ausmaße an, daß sich die Direktion der HBC 1768 entschloß, ihnen durch eine neue Expedition das Wasser abzugraben.

Ein Schreiben aus London

In der HBC-Faktorei Fort Prince of Wales richtete man sich allmählich auf den Winter ein, als endlich die Brigantine Charlotte von ihrer Walfang- und Handelsreise zur Marble-Insel zurückkehrte. „Gott sei Dank", brummte Moses Norton, der Gouverneur der Faktorei, als sich Kapitän und Steuermann bei ihm meldeten, „ich fürchtete schon, ihr hättet Havarie gehabt und würdet bei den Eskimos einfrieren. Für Sie, Sam", wandte er sich an den Steuermann Samuel Hearne, „habe ich übrigens eine gute Nachricht. Das Direktorium hat Ihr Gesuch genehmigt, Sie anderswohin zu schicken, wo Sie mehr verdienen und bessere Dienste leisten können. Sie werden noch im Frühwinter auf eine lange Reise gehen müssen."

„Und wohin, wenn ich fragen darf?"

„Nach Nordwesten, zum Kupferminenfluß."

„Haben Sie dem Direktorium doch beigebracht, daß die

Erzlager dort lohnen?“ fragte Hearne ironisch. Norton phantasierte seit jeher von einem ergiebigen Bergbau am sogenannten Kupferminenfluß.

„Sie ewiger Besserwisser! Hier, lesen Sie selbst! Das wird Sie überzeugen, daß auch das Direktorium die Glaubwürdigkeit der Nachrichten anerkennt, die ich jahrelang gesammelt habe.“ Er drückte Hearne ein umfangreiches Schreiben aus London in die Hand.

Hearne gewann daraus vielmehr den Eindruck, die HBC lege weniger Wert auf das Kupfererz als darauf, daß es sich „nahe bei einem Fluß finden sollte, der sich in Nord-Süd-Richtung in ein großes Gewässer, ähnlich der Hudson-Bai ergießt“. Sie wies nämlich Norton an: „Schicken Sie einen verständigen Mann, der die geographische Lage dieses Flusses genau ermitteln und das Land, das er durchquert, in eine Karte zu bringen imstande ist.“ Dieser Mann möge unterwegs auf den Pelztierbestand des Gebietes achten und prüfen, „ob besagtes großes Gewässer etwa durch Kapitän Middletons Wager-River mit der Hudson-Bai in Verbindung steht“. Vor allem aber solle er sich ein Urteil darüber bilden, „ob dieses Gewässer einen befahrbaren Seeweg für die Schiffe der HBC von Osten nach Westen abgeben könne und etwa die Nordwestpassage sei, deren Existenz neuerdings wieder einmal behauptet werde“. Das Direktorium stellte dem, der diese Winterreise auf sich nahm, eine Belohnung in Aussicht, die den Mühen und Beschwerlichkeiten angemessen sein sollte.

„Sie halten mich also trotz meiner Vorliebe für die Eskimos für einen verständigen Mann?“ fragte Hearne, als er Norton das Schreiben zurückgab.

„Meine Meinung darüber behalte ich lieber für mich“, brummte Norton. „Aber Sie sind hier der einzige, der Vermessungsinstrumente bedienen und Karten zeichnen kann. Seien Sie Anfang November marschbereit. Ich sorge bis dahin für Jäger, Wegführer und Packträger.“

Hearne ließ sich nicht anmerken, wie sehr ihn dieser unerwartete Auftrag erfreute. Der Gedanke an den Winter und die Strapazen der bevorstehenden Reise schreckten ihn nicht. Er war mit dem Land seit fast vier Jahren vertraut und wußte, was er sich zumuten durfte. Hier bekam er endlich die erwünschte Gelegenheit, Kapitän Middletons Forschungen nach Nordwesten fortzusetzen und zu ergänzen. Er gehörte zu den wenigen, die davon überzeugt waren, Middleton habe 1742 richtig beobachtet und sich nicht etwa von der HBC bestechen lassen, als er feststellte, weder Wager-River noch Repulse-Bai seien Einfahrten zu einer Nordwestpassage. Aber Middleton hatte keines der beiden Gewässer vollends erkunden können. Diese ungelöste Frage reizte Hearne.

Beim sommerlichen Tauschhandel mit den Eskimos auf der Marble-Insel hatte er sie immer wieder über Küstenverlauf und Gewässer im Norden und Nordwesten ausgefragt. Er hatte auch genug Freunde unter ihnen, die bereit waren, das Wagnis einer Landfahrt nach Nordwesten mit ihm zu teilen. Norton, als Indianerabkömmling voll Mißtrauen und Verachtung für die Eskimos, hatte Hearnes Vorschlag nie an die Direktoren in London weitergeben wollen. Hearne wußte allerdings, daß man in London nach dem Untergang der Knight-Expedition und den Mißerfolgen von Napier und Middleton meinte, bei der Suche nach einer Nordwestpassage sei mehr Geld aufgewendet worden, als man den Aktionären gegenüber verantworten könne, und die Zahl der Menschenopfer habe dabei bereits das erträgliche Maß überschritten.

Warum lag der HBC doch wieder daran, wenn möglich jenes noch verbliebene Rätsel hinsichtlich einer Durchfahrt zwischen Hudson-Bai und dem Pazifischen Ozean aufzuklären? Daß „Nortons gesammelte Kupfererzmärchen“, wie Hearne spöttelte, diesen Umschwung ausgelöst haben könnten, glaubte er nicht.

Das Direktorium der HBC mußte wohl inzwischen in den Besitz neuer Nachrichten gelangt sein, die die Nordwestpassage, entgegen allen früheren Zweifeln, wahrscheinlich machten.

Hearne, dieser autoritätsgläubige, bescheidene und treue Diener der HBC, würde sich gewiß gewundert haben über die kuriose Mischung aus Berechnung und Mystifikation, die die sonst so bedächtige, selbstsichere HBC zu ihrem schnelleren Handeln veranlaßt hatte, wenn er je davon erfahren hätte.

Seemannsgarn eines Admirals

Am Anfang der nüchternen Überlegung des Londoner Direktoriums der HBC standen die Veränderungen, die der Pariser Frieden von 1763 in Nordamerika, vor allem in Kanada, herbeigeführt hatte. Er machte das bis dahin französische Kanada zu einer englischen Kolonie. Nichts hinderte seitdem unternehmungslustige Engländer, sich von den Neuengland-Kolonien aus über den Sankt Lorenz und die großen Seen in den Pelzhandel einzuschalten. Sie konnten sich auf die traditionellen Handelswege und -beziehungen der Franzosen im Indianerland und auf französische Waldläufer stützen, gingen aber auch bald weiter nach Westen und Nordwesten, in die Prärien und in die nördlichen Waldgebiete. Dabei scheuten sie sich nicht, in das Rupertsland dort einzudringen, wo die HBC ihre Ansprüche nicht zu verteidigen vermochte, weil sie noch immer ausschließlich auf ihre Küstenfaktoreien angewiesen war. Die Geschäftsmethoden der neuen, in Montreal ansässigen Pelzhandelsgesellschaften waren geschickt, aber rücksichtslos. Sie boten den Indianern sowohl höhere Preise als auch mehr Feuerwasser für die Pelze als die HBC und genierten sich nicht, Bootszüge, die zu den Küstenfaktoreien unterwegs waren, zu überfallen und auszurauben. Dort, wo sie mit eigenen Mannschaften (Brigaden) Pelztierfallen stellten, trieben sie bedenkenlos Raubbau, insbesondere unter den Bibern. Und noch eines hatten sie der HBC voraus: Sie konnten auf die schnellen und seetüchtigen Handelsflotten der Städte Neuenglands und auf deren gute Beziehungen zu den für feines Pelzwerk aufnahmefähigen Märkten Chinas und Japans bauen.

An diesen Märkten hätte sich die HBC ebenfalls gern einen Anteil gesichert. Aber der übliche Weg nach Kanton erschien ihr einstweilen zu kostspielig, weil er zu lang war. Ja, wenn es die Nordwestpassage gäbe! Dann sähe die Frachtkostenrechnung anders aus.

So hatten sich seit Davis' und Baffins Zeiten die Aspekte geändert: Statt daß man Gold von Cathay, Perlen, Edelsteine und köstliche Gewürze aus Cipangu holen wollte, dachte man jetzt, wenn man von der Nordwestpassage sprach, an den möglichen Export nach China und Japan.

Im Jahre 1768 erschien das Pamphlet eines gewissen Drage unter dem Titel „Die große Wahrscheinlichkeit einer Nordwestpassage/Dargelegt an Hand der Beobachtungen des Admirals de Fonte". De Fonte hatte 1708 in der Zeitschrift „Memoirs of the Curious" in Form eines langatmigen Briefes beschrieben, wie er von der Nordwestküste Kaliforniens in zwanzig Tagen, beständig nach Nordost steuernd, durch eine Inselgruppe San Lazaro, über den Lago Bello zum Rio de los Reyes gelangt und schließlich durch die Flüsse Haro und San Bernardo in den See Velasco gekommen war. Um die Halbinsel Conibasset herum wollte er dann die nördliche Hudson-Bai erreicht haben und nach Cadiz heimgekehrt sein.

Drage verglich dann in seiner Schrift diese Entdeckungen mit den Auffassungen der Engländer und Franzosen. Der arglose Leser mußte daraus den Schluß ziehen, daß es zwischen Kalifornien und Middletons Frozen Strait wirklich einen schiffbaren Wasserweg gebe und daß es nur der Tücke der HBC zuzuschreiben sei, daß dieser Wasserweg bisher noch nicht benutzt werde. Drage, als Anhänger von Dobbs, hatte sich in der Freude, die HBC schädigen zu können, über die Ungereimtheiten seiner Quelle hinweggesetzt.

Die Direktoren der HBC ließen sich von diesem Machwerk bluffen. Angesichts der regsamen und rücksichtslosen

Konkurrenz im Rücken des Rupertslandes mußte ihnen danach noch mehr daran liegen, als erste die Hand auf diese Wasserstraße zu legen, sofern es sie gab.

Lange nachdem Drages Schrift ihre Wirkung getan hatte, forschte jemand bei der spanischen Akademie der Wissenschaft nach Admiral de Fonte und seiner Expedition. Der Akademie war weder über den Mann noch seine Unternehmung etwas bekannt. Sie wies mit Recht darauf hin, eine solche Entdeckung würde kaum weniger Aufsehen erregt haben als seinerzeit die Weltumsegelung Magellans.

Offensichtlich waren die „Memoirs of the Curious" um einen zugkräftigen Beitrag verlegen gewesen. Der Geschmack ihrer Leser verlangte abenteuerliche „Tatsachenberichte".

Vergebliche Anläufe

Hearnes einzige Sorge waren seine indianischen Begleiter. Fast auf jeder Seite seines Reiseberichts zeigt sich seine Abneigung gegen die nördlichen Indianer. Was er mit ihnen auf seiner Wanderung zum Eismeer erlebte, konnte diese Abneigung nur vertiefen.

Es begann damit, daß Gouverneur Norton ihm nur männliche Begleiter mitgab. Nicht, daß Hearne ein Verehrer indianischer Weiblichkeit gewesen wäre. Das könnte man allenfalls Norton nachsagen. Hearne vermißte die Frauen in seiner Kolonne, weil er wußte, daß die Indianer sie unterwegs als Packesel, Zeltaufsteller und Küchenpersonal benutzten. Das erlaubte den Männern, während einer Wanderung unbehindert zu jagen und die Kolonne mit Fleisch zu versorgen. Außerdem kränkte es das ohnehin leicht verletzliche Selbstgefühl der Indianer und machte sie übellaunig und widersetzlich, wenn sie Weiberarbeit tun mußten.

Der Halbindianer Norton wußte das ebenso gut wie Hearne. Tut man ihm unrecht, wenn man vermutet, er habe es durch diese Anordnung bewußt darauf angelegt, seinen Untergebenen scheitern zu lassen und damit beim Direktorium der HBC in Mißkredit zu bringen? War ihm vielleicht bereits von London angedeutet worden, daß Hearne zu seinem Nachfolger ausersehen war?

Die Reise-Instruktionen, die Norton ihm mitgab, war ganz dazu angetan, Hearne den Launen der Indianer auszuliefern. „Die mitzunehmenden Tauschwaren“, heißt es darin, „sollen nur dazu dienen, die Freundschaft mit jenen Indianern zu gewinnen, deren Lagerplätze Sie berühren, und Frieden unter den Stämmen zu stiften, damit sie nicht auf den Kriegspfad, sondern auf die Jagd gehen und Pelzwerk heranschaffen. Es wird deshalb Ihnen und Ihren Begleitern anbefohlen, die Indianer unterwegs mit Höflichkeit zu behandeln, damit sie keinen Anlaß zu Klagen oder Widersetzlichkeiten finden.“

Hearne hielt das nicht für die richtige Methode. Er fügte sich dennoch ins Unvermeidliche und brach am 6. Dezember 1769 mit seiner Mannschaft auf – unter sieben Salutschüssen von den Wällen des Forts und den Hurra-Rufen der Zurückbleibenden.

Wegführer waren zwei Chippeway-Indianer. Zwei unternehmungslustige Matrosen von Hearnes Brigantine Charlotte hatten sich ihrem Steuermann freiwillig angeschlossen. Der Rest der Mannschaft bestand aus Angehörigen von Indianer-Sippen, die das Leben in der Wildnis aufgegeben hatten und als Tagelöhner und Almosenempfänger beim Fort Prince of Wales herumlungerten. Eine bessere Mannschaft hatte Norton angeblich in so kurzer Frist nicht auftreiben können.

Was Hearne von Anfang an befürchtet hatte, stellte sich ein. Schon nach zwei Wochen lagen ihm die Indianer mit Klagen in den Ohren. Bald war ihnen die Jagd im hohen, nassen Schnee zu beschwerlich, bald fanden sie die Verteilung der Lasten auf die Schlitten ungerecht, und diejenigen, die die Schlitten zogen, wollten auf die Jagd gehen.

Am meisten aber verdroß es sie, daß sie, weil die Frauen fehlten, abends nach anstrengendem Tag noch die Zelte aufstellen, Feuerholz suchen und die Mahlzeiten bereiten mußten. Ihre Nörgelei richtete sich vor allem gegen die Matrosen. Für sie, die auch nur gemeine Leute seien, wollten sie Mahlzeiten und Schlafplatz nicht herrichten.

Als Hearne auf ihre Klagen nicht einging, rächten sie sich. Sie wurden bei der Jagd immer nachlässiger und zwangen ihn so, vorzeitig die Proviantreserve anzugreifen. Auch daß er schließlich selbst Lastschlitten ziehen half, um einen Indianer zusätzlich für die Jagd freizumachen, verschaffte ihm keinen größeren Respekt bei ihnen. Der Anblick eines der sonst so stolzen und unnahbaren „Winterer“ der HBC vor dem Schlitten war in ihren Augen lächerlich. Geradezu unheimlich aber waren ihnen seine Zielstrebigkeit und seine Ruhe.

Sie waren stur wie er, nur um einiges gerissener. Als weder Klagen noch Widerspenstigkeit ihn zu erweichen vermochten, gingen sie dazu über, ihm die Gefahren des Marsches täglich schwärzer auszumalen: Hunger, Schneestürme, blutdürstige Feinde. Auch das half nicht. Unverdrossen zog Samuel Hearne durch das tief verschneite Land weiter nach Nordwesten.

Schließlich griffen die Indianer zu ihrem letzten Mittel: In jeder Nacht desertierte einer von ihnen. Als sich der dritte fortgestohlen hatte, kam Hearne ihnen auf die Schliche und befahl sofort die Rückkehr. Er sah ein, daß mit einer derart unzuverlässigen Mannschaft das Ziel nicht zu erreichen sein würde.

Auf dem Rückmarsch gab es weder Aufenthalt noch Beschwerden. Das Wild lief den Jägern nun jeden Tag reichlich vor die Flinte, die Schlittenlast war nicht mehr zu schwer, der Schnee nicht zu hoch. So schnell zog die Kolonne heimwärts, daß sie die letzten beiden Deserteure noch überholte. Am Tag vor Weihnachten traf Hearne wieder beim Fort Prince of Wales ein – „zu meiner größten Beschämung und zum größten Erstaunen des Gouverneurs“, wie sein Bericht vermerkt. Er gestand sich ein, daß er noch viel über das Reisen in winterlicher Wildnis und über den Umgang mit Indianern lernen mußte.

Nortons Bestürzung über den Mißerfolg dürfte kaum aufrichtig gewesen sein. Sonst hätte er wohl für den zweiten Anlauf, den Hearne bereits im Februar 1770 unternahm, eine bessere Mannschaft zusammengestellt. Wiederum hatte er nämlich verhindert, daß die Indianer ihre Frauen mitnahmen, und wiederum wurden sie deswegen unterwegs widersetzlich. Als im Mai Tauwetter einsetzte, war Hearne noch nicht so weit nach Norden gelangt, wie er gehofft hatte. Die von der Regen- und Schlammperiode erzwungene Pause – für die Indianer dieser Breiten eine Zeit des strengen Fastens, weil sie dann kaum auf Jagd gehen konnten – besserte die Laune der Mannschaft nicht.

Zu desertieren wagte diesmal jedoch keiner. Daß Hearne seiner Mannschaft die Rum- und Tabakbelohnung hatte sperren lassen, wirkte abschreckend. Sie fingen es geschick-

ter an als ihre Vorgänger. Aus der Achtsamkeit, mit der Hearne seine Instrumente vor und nach jeder Positionsbestimmung behandelte, schlossen sie, daß sie besonders wichtig seien. Während eines heftigen Sturms ließ sich der Indianer, der das Traggestell mit dem Quadranten auf dem Rücken trug, so hart auf die Erde fallen, daß das empfindliche Instrument unbrauchbar wurde. Er mimte geschickt den Erschrockenen. Hearne ahnte, daß er ihm einen Streich gespielt hatte, konnte es aber nicht beweisen.

Er stand nun vor einer schweren Entscheidung. Die Suche nach den sagenhaften Kupferlagern im Norden und nach der vermeintlichen Durchfahrt zwischen Hudson-Bai und dem westlichen Ozean war notfalls auch ohne Instrumente durchzuführen, nicht aber die Positionsbestimmungen für eine brauchbare Karte. Fehlte sie, dann gelang es wiederum nicht, die Zweifel über die Existenz oder Nichtexistenz einer Nordwestpassage zu beseitigen.

Diese Erwägung gab den Ausschlag. Hearne wollte auf keinen Fall ohne eine solche Karte heimkommen. Ende Juni 1770 kehrte er zum zweitenmal um – entmutigt wegen seines zweiten Mißerfolgs, aber jetzt zu einem dritten Anlauf entschlossen.

Sein Entschluß wurde auch nicht dadurch erschüttert, daß die Indianer zusammen mit einer Bande ihrer Landsleute ihn fast bis aufs Hemd ausplünderten. Der Überfall festigte nur seine Absicht, sich beim dritten Versuch seine Mannschaft selbst zu wählen. Er war überzeugt, er werde dabei nicht fehlgreifen. Lehrgeld hatte er nun genug bezahlt.

Der Raufbold Matonabi

Hearne hätte Fort Prince of Wales vielleicht nicht wieder erreicht, wäre ihm nicht in der äußersten Not Matonabi begegnet, ein Cree-Indianer, der mit seiner Bande ebenfalls auf dem Weg dorthin war. Matonabi versorgte ihn mit einem guten, warmen Gewand aus Otternpelz und erwies sich auch ferner „als der freundlichste und verständigste Indianer, dem ich jemals begegnet bin", wie Hearne sagte; bei seiner Abneigung gegen Indianer ein hohes Lob.

Matonabi versprach ihm auch, ihn zum Kupferminenfluß zu führen, und half ihm bereitwillig, sich bei der Auswahl der dritten Expeditionsmannschaft gegen Norton durchzusetzen. Er genoß wie bei seinen Landsleuten so auch in den Faktoreien der HBC großes Ansehen. Er war ein überaus erfolgreicher Jäger und Fallensteller und hatte deshalb in seinem Wigwam stets gefüllte Fleischtöpfe und – wie es dem Jäger zukommt, der die reichste Pelzbeute bringt – im Warenlager der Faktoreien die größte Auswahl. Matonabi besaß Hünenkräfte und gebrauchte sie als rechter Raufbold mit Vergnügen und ohne Hemmungen. Dem verdankte er einen stattlichen Harem, denn bei den nördlichen Indianern war es Brauch, daß sich der stärkste und verwegenste Raufbold die meisten Frauen zusammenrauben durfte.

Matonabi hatte gegenwärtig sieben Squaws bei sich und brüstete sich mit diesem Reichtum. An den Frauen, erklärte er Hearne, erkenne man die Weisheit des Großen Geistes, „der die Frau nicht zur Freude, sondern vor allem zum Nutzen des Mannes geschaffen hat, damit sie ihrem Gebieter Kinder schenkt, ihm Zelt und Essen bereitet, die Häute der Jagdbeute sauberschabt und weichkocht, im Sommer die Packlast trägt und im Winter den Schlitten zieht".

Norton murrte zwar, als Matonabi die Begleitmannschaft für Hearne zusammenstellte, aber er war ein zu gewiegter Pelzhändler, sich mit Matonabi zu zanken. Der Indianer wäre imstande, mit seinen Pelzen in Zukunft nach Süden, zur Konkurrenz zu gehen!

Am 25. November 1770 war Hearne von seinem zweiten Anlauf in das schützende Fort zurückgekehrt. Am 7. Dezember stand er zu neuem Aufbruch bereit. „Nur wer den subarktischen Winter kennt, weiß Hearnes stille Tapferkeit zu würdigen, die sich in diesem dritten Anlauf ausspricht", schreibt MacKay, einer der Chronisten der HBC. „Im Pelzhandel mit seinem gemächlichen Lebensrhythmus hätte es ihm niemand verübelt, wenn er ein oder sogar zwei Jahre damit gewartet hätte."

Will man Hearnes Leistung während seines Zuges zum Kupferminenfluß richtig einschätzen, so muß man bedenken, daß er insgesamt (Hin- und Rückweg) 3000 Kilometer zurückzulegen hatte. Das entspricht etwa der Entfernung zwischen Köln und dem Ural. Man muß sich ferner vor Augen halten, daß sein Reiseweg überwiegend durch sehr rauhe und öde Landschaft führte: durch die kanadische Tundra der Barren Grounds. Ohne Hilfe zuverlässiger Indianer hätte er sich hier nicht am Leben halten können. Endlich kommt hinzu, daß Hearne und seine Mannschaft, von kurzen Bootsfahrten abgesehen, den ganzen Weg zu Fuß zurücklegen und dabei das Gepäck auf dem Rücken tragen oder auf dem Schlitten ziehen mußten. Die Indianer hatten damals noch nicht gelernt, Hunde als Zugtiere zu verwenden. Es scheint, daß sie diese Kunst erst im 19. Jahrhundert unter Anleitung der weißen Trapper von den Eskimos übernommen haben.

Die Schlitten waren mit den Zeltbahnen aus Rentierhaut, mit Haus- und Küchengerät, Notproviant, Tauschwaren, Jagdmunition, Reservekleidung und den kostbaren Vermessungsinstrumenten beladen. Sie wurden von den Frauen gezogen. Die Männer trugen nur ihre Waffen. Dank dieser Arbeitsteilung wurde die Kolonie diesmal fast immer mit Fleisch versorgt. Für Hearne brachte sie die Annehmlichkeit mit sich, daß er abends nach anstrengendem Marsch stets sein Zelt gerichtet und ein wärmendes Feuer darin vorfand. Das hatte er bei den beiden ersten Anläufen häufig genug entbehren müssen.

Die Karawane bewegte sich langsam nach Nordwesten. Oft kam sie am Tag nur acht oder zehn Kilometer voran. Der kurze Wintertag gab selten mehr als drei bis vier Stunden Marschzeit her. Trotzdem mußten die Indianerfrauen dabei eine Arbeitsleistung vollbringen, die Hearne immer wieder Bewunderung und Mitgefühl abnötigte. „Sie wurden von den Männern nicht besser behandelt als die Schlittenhunde bei den Eskimos", berichtet er. „Sie führten sich allerdings auch nicht besser auf als sie. Immerfort waren sie untereinander in Zänkereien verwickelt, die oft genug zu Handgreiflichkeiten führten. Dabei machten sie mitunter auch vor den Männern nicht halt. Nur an Matonabi wagte sich keine heran." Da Hearne täglich beobachten konnte, was ihnen aufgebürdet wurde, wunderte es ihn nicht mehr, daß Indianerfrauen, die, solange sie jung und unbeschwert waren, mit ihren runden Gesichtern, geraden Nasen und ihrer weichen, glatten Haut einen angenehmen Anblick boten, sehr früh zu „abscheulichen, groben Hexen" wurden. Im wesentlichen nach der Stämmigkeit ausgewählt, waren sie die Lasttiere der Sippe. Nicht einmal an den Mahlzeiten durften sie teilnehmen; sie mußten sich mit dem begnügen, was die Männer übrigließen.

Selbst eine Frau, die ein Kind erwartete, durfte nicht auf Schonung hoffen. Hearne beschreibt in seinem Bericht mit spürbarem Schauder, wie eine der Frauen Matonabis unterwegs einem Kind das Leben schenkte. Bis die Wehen einsetzten, zog sie ihren schwer bepackten Schlitten durch den nassen, hohen Schnee. Die Wehen dauerten 52 Stunden. Nur eine der anderen Frauen kümmerte sich um die Gebärende. Matonabi war höchst ungehalten darüber, daß „dieses ungeschickte Weibsbild" den Marsch so lange aufhielt. Kaum war das Kind geboren, befahl er den Aufbruch. Eine seiner Frauen löste die junge Mutter zwar am Zugseil des Schlittens ab, jedoch nur für 24 Stunden. Dann mußte sie wieder ins Geschirr. „Ihre Blicke und ihr Ächzen verrieten, wie große Schmerzen sie litt", berichtet Hearne. „Sie war mir zwar seit jeher wegen ihrer Zanksucht und Häßlichkeit besonders zuwider. Aber ihr Elend flößte mir doch ein Mitgefühl ein, wie ich es niemals wieder für eine Frau empfunden habe. Ich war sehr unglücklich, weil ich ihr nicht helfen konnte."

Eine Weile erwog er ernstlich, sich statt ihrer vor den Schlitten zu spannen, unterließ es jedoch, weil er sein Ansehen bei den Indianern wahren mußte. Es beruhte ohnehin nur darauf, daß Matonabi ihn seinen Freund nannte. Seit sich erwiesen hatte, daß er ein schlechter Jäger war und sich aus Frauen nichts machte – er hatte die landesübliche „Gastehe" abgelehnt –, galt er bei seinen Begleitern nicht mehr viel. Lediglich seine Fähigkeit, Kälte, Hunger und Strapazen mit stoischem Gleichmut zu ertragen, flößte ihnen noch Achtung ein. Zudem war er ihnen unheimlich. Daß er an jedem einigermaßen klaren Tag mittags „die Sonne schoß", also mit Hilfe seiner Instrumente Länge und Breite bestimmte, hielten sie für Zauberei. Statt ihren Aberglauben durch ein bißchen Brimborium zu seinem Vorteil auszunutzen, bemühte er sich vergeblich, ihnen den Vorgang sachlich zu erklären.

Anfang Mai 1771 war ein kleiner See südlich des Großen Sklavensees erreicht. Hier wich die baumlose Tundra der Bewaldung. Am Ufer dieses Sees konnten deshalb die Boote gebaut werden, mit denen die Reise nun fortgesetzt werden sollte.

Mehr als 200 Indianer aus allen nördlichen Stämmen fanden sich hier zusammen. „Ein barbarisches Volk, das sich mit Vorliebe an Raufereien und derben Späßen ergötzte", erzählt Hearnes Bericht. Auch hier war ihm Matonabis Schutz von großem Nutzen. An ihn, den Freund, wegen seiner Kraft und Gewalttätigkeit geachtet und gefürchtet, wagte sich keiner mit groben Neckereien oder Zudringlichkeiten heran.

Blut am Eismeer

Aber das Entsetzen blieb Hearne nicht erspart. Sobald bekannt wurde, daß Matonabis Ziel der Kupferminenfluß war, beschloß die wilde Horde, sich dem Zug anzuschließen. Dort, nahe dem Meer, werde man gewiß auf Eskimos stoßen. Unter ihnen wollte man endlich wieder einmal „ein schönes Gemetzel“ anrichten.

Vergeblich bemühte sich Hearne, Matonabi von diesen Absichten abzubringen. Der größte Raufbold der Cree-Indianer lachte ihn aus: „Bist du ein Feigling, daß du Angst vor den Rohfleischfressern hast? Habe ich schon diesen weiten Weg nach Norden gemacht, so will ich denen auch tüchtig eins auswischen!“ Es blieb Hearne nichts anderes übrig, als sich schweigend damit abzufinden, wollte er nicht das letzte, entscheidende Wegstück seiner Expedition aufs Spiel setzen.

Mitte Juli erreichten sie den Kupferminenfluß. Hearne hatte einen mächtigen Strom erwartet. Statt dessen erblickte er, nachdem das Frühjahrshochwasser abgelaufen war, einen flachen, nicht sonderlich breiten Wasserlauf, der gerade noch indianische Birkenrindenkanus tragen konnte. Schon nach wenigen Tagen verengte er sich zwischen Steilufern zu einem Katarakt.

Späher sollten eine Tragstelle zur Umgehung dieses Katarakts erkunden. Sie meldeten ein Eskimolager in nächster Nähe.

Noch einmal bemühte sich Hearne, Matonabi und den Indianern ihre kriegerischen Absichten auszureden. Er war so hartnäckig, daß selbst Matonabi die Geduld verlor und unter Drohungen verlangte, er solle an dem geplanten Angriff teilnehmen; sonst würde er ihn für einen Feind der Indianer halten.

Der Überfall fand in der mittsommerlich hellen Nacht statt. Er traf die Eskimos völlig unvorbereitet, und so leisteten sie kaum Widerstand. Hearne hatte sich wohl oder übel in die Schwarmlinie der Indianer einreihen müssen. Um den Schein zu wahren, schoß er zwei- oder dreimal in die Luft. Dann bemühte er sich, ein verwundetes Eskimomädchen zu retten, das sich auf der Flucht vor zwei Indianern vor ihm auf die Erde warf und schutzsuchend seine Knie umklammerte. Vergeblich! Das junge Geschöpf wurde vor seinen Augen erschlagen. Er selbst mußte froh sein, daß sich die Mörder in ihrem Blutrausch nicht auch noch gegen ihn wandten.

Nachdem die Indianer ihre Mordlust befriedigt hatten, wollte Hearne sie bewegen, ihn mit ihren Kanus zum Meer zu bringen, das sehr nahe sein mußte. Aber die Helden, die zu einem Blutbad unter schlafenden Eskimos mutig genug gewesen waren, lehnten ab. Matonabi erklärte, eine gefangene Eskimofrau sei entkommen. Sie werde ihre Landsleute am Meer warnen. „Und zornige Rohfleischfresser“, fügte er hinzu, „sind fürchterliche Feinde, mit denen anzubinden schlimmer ist, als auf der Tundra nackt in einen Mückenschwarm zu fallen.“

Die Indianer wollten den Ort ihrer Untat so schnell wie möglich verlassen. Hearne blieb kaum Zeit genug, die genaue Position, 76° 30′ nördlicher Breite, festzustellen. Das nahe Meer konnte er von den Klippen am Katarakt aus nur ahnen. Ein Indianer, der als Junge in die Hände der Eskimos gefallen und mit ihnen mehrere Jahre gewandert war, versicherte ihm, die Meeresküste erstrecke sich hier ohne Unterbrechung weit nach Osten und Westen.

Daß er das sinnlose Gemetzel nicht hatte verhindern können, bedrückte Hearne noch jahrelang. In seinem Bericht heißt es: „Noch zu dieser Stunde kann ich an das Geschehen jenes grausigen Tags nicht denken, ohne daß mir die Tränen kommen.“ Weshalb die Indianer die Eskimos mit einem so furchtbaren Haß verfolgten, konnte ihm niemand erklären. Das sei schon immer so gewesen, sagte Matonabi achselzuckend. Er verstand nicht, warum sich Hearne über eine solche Selbstverständlichkeit, die nun einmal zur Welt des Nordens gehörte wie der Schnee zum Winter, den Kopf zerbrach.

Die Kupfererzlagerstätte, von der Norton sich und der HBC viel versprochen hatte, erwies sich als ein wüster Haufen von Geröll und Felsblöcken, aus dem Hearne nach stundenlanger Suche als ansehnlichsten Fund einen vier Pfund schweren Roherzklumpen herausklaubte. Dieser

Klumpen wurde nach London gesandt und kam dort zunächst ins Archiv der HBC, später als deren Geschenk ins Britische Museum.

Der Rückmarsch verlief ohne Zwischenfälle. Am 30. Juni 1772 erreichte Hearne die Faktorei Fort Prince of Wales wieder, „nach einer Abwesenheit von 18 Monaten und 23 Tagen seit Beginn meines dritten Anlaufs. Aber seit meinem ersten Aufbruch waren 2 Jahre, 7 Monate und 24 Tage verstrichen“, stellt sein Bericht pedantisch fest.

Er hatte keine übertrieben hohe Meinung von seiner Leistung. Ihm war klar, daß eigentlich nur Matonabi von dieser langen Winterreise etwas Greifbares mitbrachte. Trotz des Marsches zum Kupferminenfluß erschien er mit einer beachtlichen Pelzbeute in der Faktorei. Auf dem Rückweg hatte er mit seiner Bande nach Strauchritterart jeden schwächeren Indianertrupp ausgeplündert. Darüber hinaus hatte er nach kurzer Prügelei einem Hundsrippen-Indianer die achte Ehefrau für sich abgejagt.

Immerhin glaubte Hearne, daß es ihm gelungen sei, durch seine Expedition den Mutmaßungen über eine Nordwestpassage von der Hudson-Bai aus ein Ende zu bereiten. „Wenn meine Entdeckungen der Nation oder der HBC auch nicht zum Vorteil gereichen dürften, so denke ich doch mit Befriedigung, daß ich die Befehle meiner Brotgeber aufs beste ausgeführt habe und daß damit allen weiteren Disputen über eine brauchbare Durchfahrt ein Ende gemacht ist“, heißt es in seinem Bericht; „bis zu einem gewissen Grad sind nun die ungerechten Angriffe von Dobbs, Ellis, Drage und anderen widerlegt, die die HBC verunglimpft haben, als ob sie Entdeckungen abgeneigt sei und wenig Lust verspüre, ihren Handel weiter auszudehnen.“

Noble Geste im Krieg

Das Direktorium der HBC war mit Hearnes Leistung sehr zufrieden und belohnte ihn mit 200 Pfund. Zugleich beauftragte es ihn, zur Abwehr der wachsenden Konkurrenz anderer kanadischer Pelzhandelsgesellschaften die erste Inlandsfaktorei der HBC zu errichten. Gehorsam reiste Hearne im Winter 1772/73 nach Saskatchewan und baute dort die Faktorei Cumberland House auf. Im Sommer 1774 traf er mit einem guten Ertrag an Biberfellen in der York Factory ein. Hier fand er ein Schreiben vor, das ihn zum Gouverneur der HBC im Rupertsland ernannte, mit der Anweisung, „den Walfang kräftig zu fördern, den Pelzhandel nach Norden auszudehnen, die Erforschung des Binnenlandes nachdrücklich zu betreiben und im Binnenland neue Handelsstationen einzurichten, als das beste Mittel, den Handel und die Interessen der Nation mit Vorteil wahrzunehmen“.

Hearne begann diese Aufgabe mit der ihm eigenen Gewissenhaftigkeit. Aber kriegerische Ereignisse griffen wieder einmal von Europa her auf die Hudson-Bai über und schmälerten seinen Erfolg. Im August 1782 erschienen drei französische Kriegsschiffe vor der York Factory am Nelson-Fluß, die damals die Residenz des Gouverneurs im Rupertsland war. Da Hearne nur 39 waffenfähige Männer hatte, gab er nach, ehe es zum Blutvergießen kam. Der französische Geschwaderkommandant ließ außer den Gefangenen auch das Archiv und den Warenbestand der Faktorei an Bord seiner Fregatte bringen. Als er das Archiv durchstöberte, fiel ihm Hearnes Tagebuch der langen Winterreise in die Hände.

Das wurde für den Verfasser zu einem Glücksfall. Kapitän La Pérouse war nämlich nicht nur Offizier, sondern auch ein namhafter Geograph. Zwischen ihm und Hearne kam es zu einem langen Gespräch. La Pérouse beendete es mit einer noblen Geste, wie es dazumal auch in Kriegszeiten noch häufiger geschah. Er gab Hearne das Tagebuch zurück und entließ ihn und seine Mitarbeiter aus der Gefangenschaft. „Unter einer Bedingung", fügte er lächelnd hinzu. „Sie müssen mir Ihr Ehrenwort geben, daß Sie dieses aufschlußreiche Tagebuch ausarbeiten und bald veröffentlichen, wenn möglich gleich in englischer und französischer Sprache."

Hearne versprach es und hielt sein Versprechen. Sein ausführlicher Reisebericht wurde 1795, drei Jahre nach seinem Tod, gleichzeitig in London und Paris als Buch herausgegeben.

In jenem Gespräch erfuhr Hearne durch La Pérouse, daß inzwischen Englands großer Seefahrer und Forscher James Cook nach der Nordwestpassage gesucht hatte.

„Hat er sie entdeckt?" fragte Hearne.

„Nein. Obwohl er die ganze Küste zwischen Kalifornien und dem nördlichen Eismeer genauestens abgesucht hat. Aber er hat uns ein Licht aufgesteckt über dieses Traumbild, dem die geographische Forschung nun mehr als 300 Jahre nachjagt", sagte La Pérouse. „Nach seiner Art hat dieser große Mann es ein bißchen brummig ausgedrückt. Es sei nicht einzusehen, warum man an diese Sphinx noch weiter Zeit, Geld, Schiffe und Menschen verschwende! Aufgrund seiner Beobachtungen stehe fest, daß das Problem der Nordwestpassage nur noch für die Wissenschaft der Geographie interessant sei. Für die Schiffahrt dagegen könne sie niemals von Nutzen sein."

Hearne nickte. Diese Auffassung Cooks war ihm als einem „verständigen Mann" aus der Seele gesprochen. „Wollte Gott, daß jene Toren sich seine Worte zu Herzen nehmen, die sich immer noch von dieser Entdeckung Ruhm, Reichtum und was noch alles versprechen."

La Pérouse lachte. „Ich fürchte, da irren Sie", sagte er. „Ich glaube, auch die Nordwestpassage gehört zu den begreiflichen Zielen des menschlichen Erkenntnisdranges. Und deshalb wird sie auch in 50 Jahren unseren Nachfahren noch ebenso verlockend erscheinen wie denen, die seit 300 Jahren nach ihr gesucht haben."

3 Das Geheimnis der Küste

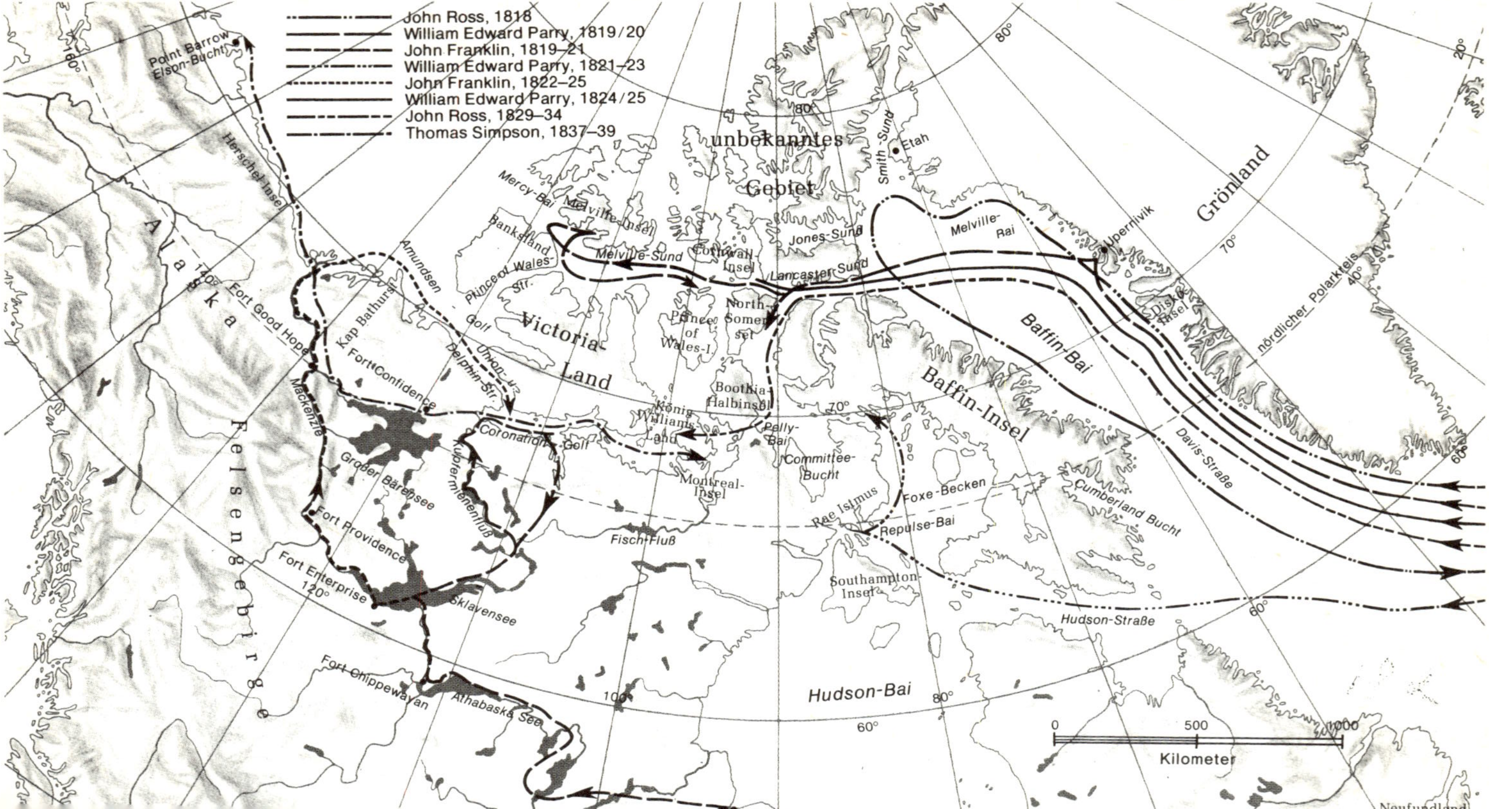

John Ross, 1818
William Edward Parry, 1819/20
John Franklin, 1819–21
William Edward Parry, 1821–23
John Franklin, 1822–25
William Edward Parry, 1824/25
John Ross, 1829–34
Thomas Simpson, 1837–39
Point Barrow
Elson-Bucht
Herschel-Insel
Alaska
Felsengebirge
Fort Good Hope
Mackenzie
Kap Bathurst
Amundsen
Fort Confidence
Großer Bärensee
Fort Providence
Fort Enterprise
Sklavensee
Fort Chippewayan
Athabaska See
Kupferminenfluß
Coronation-Golf
Union- u. Delphin-Str.
Prince of Wales-Str.
Banksland
Mercy-Bai
Melville-Insel
Melville-Sund
Victoria-Land
unbekanntes Gebiet
Cornwall-Insel
Jones-Sund
Smith-Sund
Etah
Lancaster-Sund
North-Somerset
Prince of Wales-I.
Boothia-Halbinsel
König Williams-Land
Montreal-Insel
Fisch-Fluß
Pelly-Bai
Committee-Bucht
Rae Isthmus
Repulse-Bai
Foxe-Becken
Southampton-Insel
Hudson-Bai
Hudson-Straße
Cumberland Bucht
Davis-Straße
Baffin-Insel
Baffin-Bai
Melville-Rai
Upernivik
Disko-Insel
Grönland
nördlicher Polarkreis
Neufundland
0
500
1000
Kilometer
160°
140°
120°
100°
80°
60°
40°
20°
70°

Das Nebel-Gebirge

Dienst an der Wissenschaft

„Sei nur nicht zu schüchtern! Du bist ein erfahrener Eismeerschiffer und Walfänger, du weißt mit Quadrant, Harpune und Schreibfeder gleich gut umzugehen. Und du hast etwas zu bieten, was der Mann, zu dem du gehst, auch zu würdigen weiß. Hätte er dich sonst so freundlich um deinen Besuch gebeten?“

So hatte der Vater den jungen Walfängerkapitän William Scoresby vor der Fahrt nach London ermahnt. Diese Aufmunterung hielt auch vor, bis er vor dem Haus am Soho Square stand. Jetzt aber, nachdem er dem imponierenden Türhüter seine Karte ausgehändigt hatte und allein in der großen, prächtigen Halle wartete, kam er sich klein und verloren vor. Viel lieber hätte er in der Spitzbergen-See auf seinem Fangschiff einen Schneesturm über sich ergehen lassen, als hier inmitten dieses Prunks auf den Augenblick zu warten, wo er dem „Fürsten der Wissenschaft“, dem großen Mann der Royal Society, Sir Joseph Banks, gegenübertreten sollte.

Schneller als ihm lieb war, kehrte der Türhüter zurück. „Sir Joseph läßt bitten!“

Aufschreckend ließ Scoresby den Zylinderhut fallen. Die Röte der Verlegenheit brannte noch auf seinem Gesicht, als sich die Tür zu Sir Josephs Arbeitszimmer vor ihm öffnete.

Noch auf der Schwelle verneigte sich Scoresby tief und blieb stehen, so daß der Diener die Tür nicht hinter ihm schließen konnte. Nachsichtig lächelnd sagte Banks: „Treten Sie näher, mein lieber Kapitän Scoresby, damit ich

Ihnen die Hand drücken kann. Ich kann Ihnen leider nicht entgegengehen."

Sir Joseph saß vor seinem Schreibtisch in einem Sessel, das rechte Bein in eine Pelzdecke gehüllt und auf einen gepolsterten Hocker gebettet. Er litt seit Jahren schwer an Gicht, aber seine gewinnende Liebenswürdigkeit wurde durch die Schmerzen nicht beeinträchtigt. Schon mit dem nächsten Satz nahm er dem Gast alle Befangenheit.

„Lassen Sie sich nochmals für Ihre Abhandlung über das Nordeis danken", sagte er. „Ich beglückwünsche Sie zu Ihrer vortrefflichen Arbeit. Sie haben der Wissenschaft damit einen bedeutenden Dienst geleistet und uns verläßliche Informationen vermittelt, die zu folgenreichen Ergebnissen führen dürften. Ich möchte mit Ihnen zusammen überlegen, wie wir am besten zu diesen Ergebnissen gelangen. Aber vorher möchte ich noch eins wissen: Was hat Sie eigentlich von der praktischen Seemannschaft zur Wissenschaft geführt?"

„Das hat sich so ergeben", erwiderte Scoresby, fast erstaunt über die Frage.

Banks lachte. „Diese Antwort könnte mein Freund James Cook gegeben haben! Wenn ich recht vermute, haben Sie genau wie er Ihren Weg ganz unten begonnen?"

Nun, ganz unten hatte Scoresby nicht beginnen müssen. Er entstammte einer alten schottischen Walfängerfamilie und hatte den Umgang mit Ruder, Segel, Kompaß und Harpune unter Aufsicht seines Vaters gelernt – gründlich zwar, doch nicht in der härtesten Schule wie Cook. Seit seinem fünfzehnten Lebensjahr war er jeden Sommer auf Fangfahrt gewesen, in der Spitzbergen-See, bei Labrador, in der Davis-Straße oder in der Baffin-Bai. Die Winter an Land hatte er benutzt, nautische Mathematik, Astronomie und auch Naturwissenschaften und Geographie zu studieren.

„Bei meinen Studien war mir aufgefallen, wie wenig wir vom Eis des Polarmeeres wissen, von seinem Entstehen, seiner Beschaffenheit und seinen Bewegungen", erklärte

Scoresby. „Deshalb habe ich im Frühjahr 1814 begonnen, bei jeder Fangfahrt über meine Eisbeobachtungen Aufzeichnungen zu machen. Schon im nächsten Jahr bemerkte ich, daß sich im Nordeis Verschiebungen vollzogen. Mein Vater bestätigte mir das aus seinen Eindrücken. Ich konnte zum Beispiel den Treibeisgürtel vor Ostgrönland passieren. Das war vor mir noch keinem Walfänger möglich gewesen. Im Herbst berichteten mir andere Seeleute, ihnen hätten bei Neufundland ungewohnt große und dichte Eisfelder den Fang verdorben. Dasselbe wiederholte sich 1816. Ich hörte von Kapitänen, daß sie in diesem Jahr von Mai bis Juli noch südlich des 40. Breitengrades so viel Treibeis beobachtet haben wie sonst nur im März und April bei Neufundland. Es schien, als sei es im hohen Norden wärmer geworden und dadurch das ganze Polareis nach Süden in Bewegung geraten. Im letzten Sommer nun waren zwischen Grönland und Spitzbergen auffallend wenig Wale, dafür aber war zwischen 74° und 80° Nord das gesamte Seegebiet eisfrei. Das hatte selbst mein Vater in vierzig Jahren Fahrenszeit nicht erlebt! Hätte ich doch im letzten Sommer das Glück gehabt, ein Forschungsschiff statt eines Walfängers zu führen! Ich bin überzeugt, das Rätsel, das die Nordwestpassage uns noch immer aufgibt, wäre endlich gelöst!“

„Woraus ich schließe, daß Sie die größte Lust hätten, mit dieser Hexenmeisterin anzubinden“, sagte Sir Joseph Banks lachend.

„Ja, wenn es möglich wäre, Sir“, sagte Scoresby verlegen. „Die Gelegenheit dazu ist günstig wie nie zuvor.“

„Dann werde ich sehen, was ich dazu tun kann, mein lieber Scoresby!“

Phantastereien

Als Präsident der Königlichen Gesellschaft der Wissenschaften zu London konnte Sir Joseph Banks sehr viel tun. Er tat es um so bereitwilliger, als Scoresbys Darlegungen ihn überzeugt hatten und der junge Kapitän ein Mann nach seinem Herzen war. Sir Joseph hielt die Nordwestpassage wie sein Freund Cook für ein Problem, das nur noch für die geographische Wissenschaft interessant war. Desto besser für die Forschungsarbeit! So konnte man endlich ohne Illusionen und Ungeduld an diese Aufgabe herangehen. Und die Zeit war doppelt günstig, jetzt, nach Ende der Napoleonischen Kriege, wo Schiffe und Offiziere frei waren.

Gleich nach Scoresbys Besuch wies Banks den Chef der Admiralität, Lord Melville, eindringlich darauf hin, daß endlich die Hoffnung berechtigt sei, die arktischen Meere zugänglicher zu finden und Entdeckungen zu machen, die nicht nur für den Fortschritt der Wissenschaft bedeutsam sein dürften. Er hoffte aufrichtig, die Regierung werde sich die Gelegenheit nicht entgehen lassen, die geographischen Kenntnisse von den Gebieten nördlich von Amerika entscheidend zu verbessern.

Die Admiralität griff, was selbst Banks überraschte, diese Anregung geradezu enthusiastisch auf. Bereits nach drei Wochen hatte sie einen Plan für eine Expedition entworfen und sogar schon den Befehl erlassen, vier Schiffe für eine Forschungsfahrt im kommenden Jahr auszurüsten. „Wir beabsichtigen“, erläuterte Lord Melville, „zwei dieser Schiffe durch die Davis-Straße nach Nordwesten und Westen bis zum Pazifischen Ozean zu schicken. Die beiden anderen sollen an der Ostküste Grönlands nach Norden bis zum Pol oder, falls das nicht möglich ist, nördlich um Grönland herum bis zur Beringstraße vorstoßen.“

Das klang ungewöhnlich großzügig. Banks konnte erraten, wer dahintersteckte: John Barrow, seit 1804 Zweiter Sekretär der Admiralität und seit jeher eifriger Förderer geographischer Forschungsreisen. Barrow hatte, wie Crouse sagt, „den Funken, den der junge Kapitän Scoresby geschlagen hatte, zu einer Flamme entfacht und an ihr die Fackel entzündet, die das ganze 19. Jahrhundert hindurch der Arktisforschung leuchtete". Er verstand es vor allem, bei seinen Landsleuten Begeisterung für die Leistungen der englischen Arktisfahrer zu wecken. Dank dieser Begeisterung wurde es den gelehrten Gesellschaften nicht schwer, erhebliche Geldsummen für Expeditionen zusammenzubringen und das Parlament zur Großzügigkeit zu bewegen. Die Krone schüttete einen Segen von Adelstiteln, Orden, Medaillen, Beförderungen und Ehrenpensionen über Expeditionsführer und -mannschaften aus. Das Parlament setzte eine große Zahl von Geldpreisen aus. Dem, der bis zum 110. Grad westlicher Länge vordrang, wurden fünftausend Pfund, dem Entdecker der Nordwestpassage wie dem Entdecker des Nordpols zehntausend Pfund versprochen.

Barrow hatte eigentlich Pfarrer werden sollen. Er wechselte jedoch auf der Universität zu den Naturwissenschaften über und interessierte sich insbesondere für das Fabrikwesen, das damals in England im Anfangsstadium war. Er arbeitete einige Jahre als Metallurg in einer Eisengießerei. Dann packten ihn Fernweh und Abenteuerlust, und er beteiligte sich an einer Walfangreise nach Spitzbergen. Seitdem ließen Seefahrt und Arktis seine Phantasie nicht mehr los. Als Privatsekretär eines Lords machte er Reisen nach China und Südafrika. Im Jahr 1804 übertrug man ihm das Amt eines Zweiten Sekretärs der Admiralität. Das entsprach etwa dem Rang eines heutigen Unterstaatssekretärs. Er hat dieses Amt bis 1844 ausgeübt, stets bedacht, seinen Einfluß zum Vorteil der Sache geltend zu machen, der seine Leidenschaft gehörte: der Suche nach der Nordwestpassage und der Arktisforschung.

Seine Ansichten, für die er mit großer Beredsamkeit in der Presse warb, fanden nicht nur Zustimmung. So warnte der Walfänger O'Reilly: „Nordpolfahrten und die Suche nach der Nordwestpassage, die man wieder aufzuwärmen gedenkt, sind immer ein Lieblingsspielzeug für Lehnstuhlabenteurer gewesen. Dagegen ist nichts einzuwenden, solange diese Leute sich und ihre Freunde zum Privatvergnügen schreibend daran ergötzen. Wenn sie jedoch ihre Phantastereien dazu mißbrauchen, die Öffentlichkeit über die Tatsachen zu täuschen und trügerische Hoffnungen zu erwecken, dann muß der Sachkundige einschreiten. Solange die Erdachse ihren gegenwärtigen Neigungswinkel beibehält, wird es in den Gewässern des Nordens immer Eis geben."

Lehnstuhlabenteurer und Phantastereien! So etwas empfand Barrow als persönliche Kränkung. Da die Kritik aus Schottland kam, vermutete er hinter ihr William Scoresby, der schon früher manches gegen Barrows hochfliegende Zuversicht einzuwenden gehabt hatte, und ließ es ihn entgelten. Als Scoresby im Dezember 1817 seine ausgearbeiteten Expeditionspläne vorlegte, wurde er an Barrow verwiesen, der ihm sehr von oben herab erklärte, die Admiralität sehe keine Möglichkeit, ihre Offiziere einem Schiffer der Handelsflotte zu unterstellen. Es stehe Scoresby jedoch frei, sich um eine Verwendung im Rahmen des Unternehmens zu bewerben. William Scoresby fühlte sich hintergangen und zog sich zurück. Er meinte nicht zu Unrecht, als einer der wenigen wirklichen Arktiskenner mit wissenschaftlicher Qualifikation Anspruch auf ein Kommando zu haben und nicht nur auf Mitarbeit an untergeordneter Stelle.

Im Kielwasser von William Baffin

Der erste, den John Barrows unermüdliches Werben für die Nordwestpassage auf einen langen, dornenvollen Weg lockte, war der Kapitän John Ross. Als er mit den beiden Schiffen Isabella und Alexander im Frühjahr 1818 in See ging, lautete seine Reise-Instruktion: „Sollten Sie das Meer nördlich der Davis-Straße frei von Eis finden, so halten Sie sich hoch nach Norden, ehe Sie auf Westkurs gehen, damit Sie beim Umgehen der Nordküste genügend offene See haben." Sobald er, etwa beim 72. Grad nördlicher Breite, die nordwestliche Durchfahrt vollendet habe, solle Ross durch die Beringstraße in den Pazifik gehen, in Hawaii überwintern und im folgenden Jahr möglichst durch die dann von ihm entdeckte Nordwestpassage zurückkehren.

Statt Kapitän Ross, der keine Arktiserfahrung mitbrachte, hätte Barrow an der Spitze der Expedition lieber den jungen Kapitänleutnant William Edward Parry gesehen, denn Parry hatte als Offizier eines Kriegsschiffs, das zum Geleitschutz der Walfänger bei Spitzbergen und in der Baffin-Bai eingesetzt war, erhebliche Eismeererfahrung gesammelt und empfahl sich für ein Expeditionskommando weiterhin durch kartographische und nautische Arbeiten, die bereits die Aufmerksamkeit der Fachleute erregt hatten. Aber er mußte sich mit dem Kommando auf dem zweiten Expeditionsschiff Alexander begnügen.

Die Schiffe erreichten am 17. Juni die Disko-Insel, wo sie vor dem von Norden herandrängenden Mittleren Packeis in der Vaigat-Straße Zuflucht suchen mußten. Hier warteten bereits 45 Walfangschiffe auf freies Wasser. Drei Tage nachdem sich das Eis in Küstennähe geöffnet hatte, setzte sich die Flotte nach Norden in Bewegung. Die beiden Expeditionsschiffe fuhren an der Spitze. Nach kurzer Fahrt schon verlegte ihnen das Eis aufs neue den Weg. Erst als ein Südwest die Sperre wieder lockerte, wagte sich Ross in einen Kanal hinein, der sich im Eis öffnete. Doch je weiter es nach Norden ging, um so schmaler wurde er, und endlich hielt das Eis die Schiffe wiederum fest umklammert. Dabei hatte Ross, wie er schreibt, „immerfort den quälenden Anblick von nur hundert Schritt entferntem, offenem Wasser voraus". Als auch diese Sperre schließlich bröckelig wurde, ging der Wind schlafen. Es blieb nichts anderes übrig, als die Schiffe durch die Kanäle zu schleppen. Eine mühselige Arbeit, bei der die Mannschaft aufs

Eis ging und sich an eine Trosse spannte, deren Ende am Fockmast befestigt war. Damit die Schlepper im Takt blieben, spielten an der Spitze der Reihe Musikanten Marschweisen. Fiel einer von ihnen in ein schneebedecktes Eisloch, so johlten die Männer an der Trosse vor Vergnügen, fiel aber einer von ihnen selbst hinein, schimpfte er mörderisch und hielt sich mit aller Kraft an der Trosse fest, so daß die anderen ihn schnell wieder herausziehen konnten.

So ging es hinauf bis 75° 12′ nördlicher Breite. Hier blieben die Walfänger zurück, um zu warten, bis ihr Fanggebiet eisfrei würde. Über diese Zone wagten sie sich niemals hinaus. Die Expedition aber fuhr weiter nordwärts, wo das Meer nur von lockerem Treibeis bedeckt, auf weite Strecken hin sogar ganz frei war, so daß die Schiffe endlich wieder Segel setzen konnten. Ross stellte fest, daß diese unbekannte Grönlandküste bis zu Baffins Kap Dudley Digges eine große Bucht bildete. Er gab ihr den Namen Melville-Bai.

Kap Dudley Digges kam am 18. August in Sicht, am nächsten Tag die Hakluyt-Insel und am 20. August der Smith-Sund. Überall fand Ross die Landmarken, die Baffin beschrieben hatte. Das bestätigte ihm die immer wieder, zuletzt gerade von Barrow angezweifelten Entdeckungen von Baffin, in dessen Kielwasser er fuhr. Vielleicht verließ er sich von da an zu sehr auf Baffins Genauigkeit. Vom Smith-Sund zum Beispiel schreibt er: „Ich gewann den Eindruck, daß das Ende dieses Sundes etwa 45 Seemeilen entfernt sei. Doch da seine Einfahrt vom Eis blockiert war und dichter Nebel aufkam, drehten wir gleich nach Westen ab.“ Er bemühte sich also gar nicht, genauer zu untersuchen, ob der erste Eindruck der Nachprüfung wirklich standhielt.

Dadurch kam er, wie auch Baffin, zu dem Schluß, der Smith-Sund erlaube keine Durchfahrt nach Norden, weil Grönland und die Westküste der Baffin-Bai hier durch eine Landbrücke verbunden wären, und segelte südwestlichen Kurs auf den Jones-Sund zu. Wie Baffin glaubte er, es han-

dele sich um eine nach Westen geschlossene Bucht, und unterließ es abermals, eingehendere Untersuchungen zu machen, obwohl ihn weder die vorgerückte Jahreszeit noch Krankheit an Bord daran hinderten.

Eines muß man John Ross allerdings zugute halten: Sowohl im Smith-Sund wie im Jones-Sund können selbst im Hochsommer dicht geschlossene, bewegungslose Treibeisfelder, gestrandete Eisberge, mächtige Randeisberge am Ufer und verschneite Höhen dahinter leicht den irrigen Eindruck hervorrufen, man habe von Kap Dudley Digges bis Kap Caledon eine geschlossene Landmasse vor sich.

Crocker-Berge narren uns alle

Eine solche Täuschung kann in Normaljahren am Lancaster-Sund, den Baffin 1616 entdeckt hatte, kaum entstehen. Diesiges Wetter erschwerte jedoch die sorgfältige Erkundung. In Ross' Reisebericht heißt es: „Am 30. August, morgens 10 Uhr, sichteten wir Land, das die Nordseite der Einfahrt bildete und sich als Kette hoher, schneebedeckter Berge von West nach Nord erstreckt. Bald danach kam auch die Südseite der Einfahrt in Sicht. Sie verläuft von Südwest nach Südost und besteht ebenfalls aus einer Bergkette. Fern im Westen zeigte sich ein gelber Himmel, der auf Land hindeutete, das Land selbst aber nicht. Von wenigen vereinzelten Eisbergen abgesehen, war kein Eis auf dem Wasser der Einfahrt. Diese wirkte wie ein Kanal." Ross überquerte die ganze Breite und ging auf Westkurs. Leider blieb es windstill und diesig.

„An Bord herrschte große Aufregung über den Anblick dieser Meeresstraße", erzählt er. „Die meisten neigten zu der Auffassung, es handele sich um einen Sund. Hauptmann Sabine kam mit Baffins Bericht an Deck und bewies uns daraus, daß wir im Lancaster-Sund standen. Hoffnung auf eine Durchfahrt, meinte er, bestünde erst, wenn wir die Cumberland-Bucht erreichen würden. Mehrfach äußerte er, und ich gebe seine Äußerung wörtlich wieder: Hier ist kein Anzeichen für eine Durchfahrt, keine Strömung zu erkennen, kein Treibholz zu sehen, keine Dünung von Nordwesten; das Land scheint sich vielmehr über den ganzen Horizont vor dem Bug zu erstrecken.

Bald nach Mitternacht drehte sich der Wind und gab uns endlich die Möglichkeit, geraden Kurs in die Bai hinein zu halten. Ich ließ alle Segel setzen, und die Alexander blieb infolgedessen weit hinter uns zurück. Kurz vor vier Uhr morgens sichteten die wachhabenden Offiziere Land voraus. Doch ehe ich noch an Deck kam, war fast der ganze Horizont von Nebel verdunkelt. Ich konnte von dem Land nur eine hohe Bergkette erkennen, die sich hinter der vollen Breite der Bai hinzog. Ihre Höhen hatten nach Norden zu das Aussehen von Inseln, weil der Nebel den Fuß der Berge verdeckte. Obwohl demnach in dieser Richtung keine Hoffnung auf eine Durchfahrt bestand, war ich doch entschlossen, die Erkundung fortzusetzen, da der Wind günstig blieb. Um drei meldete der wachhabende Offizier, am Ende der Bai scheine es sich aufzuhellen. Ich begab mich daraufhin sofort an Deck, und bald darauf klärte es sich für zehn Minuten ganz auf. Ich konnte das Land genau erkennen. Es zog sich vor uns über das Ende der Bai als eine lückenlose hohe Bergkette, die von Norden nach Süden verlief. Sie dürfte etwa zehn bis zwölf Seemeilen entfernt gewesen sein. Ich nannte diese Berge Crocker-Berge nach dem Ersten Sekretär der Admiralität."

An Bord der Alexander hatte man vom Lancaster-Sund einen völlig anderen Eindruck gewonnen als Ross und seine Offiziere. Der Bericht eines Offiziers von Parrys Mannschaft lautet: „Am 30. August standen wir querab vor einer breiten Einfahrt, die nach unserer Positionsberechnung nur Baffins Lancaster-Sund sein konnte. Wir waren sofort einhellig der Meinung: Das muß die Nordwestpassage sein! Die Breite der Einfahrt, die außerordentliche Tiefe des Wassers, das Ansteigen der Wassertemperatur und auch, daß Einfahrt und angrenzende See eisfrei waren, all das war uns ein ermutigendes Zeichen. Jeder von uns wünschte von ganzem Herzen nur noch, diese Durchfahrt zu erforschen, die uns allen zu Ruhm und einem schönen Stück Geld verhelfen mußte. Wir nahmen Kurs auf die Einfahrt. Ihre Breite blieb fast überall gleich, so weit das Auge reichte, und nicht ein Stückchen Eis zeigte sich auf dem Wasser. Und auch von Land war voraus nichts wahrzunehmen. Alle Herzen an Bord schlugen erwartungsvoll schneller, und am liebsten wäre jeder ins Krähennest hinaufgestiegen, um als erster die Öffnung zu sehen, die uns ins Polarmeer und damit in die Nähe der amerikanischen Festlandküste führen würde."

In diese Hochstimmung platzte vom Flaggschiff Isabella der Befehl zum Wenden und Verlassen des Sundes: Kurs Südsüdost! „Dabei hatten wir noch 650 Faden Wassertiefe", erinnert sich Parrys Offizier erbost, „und obwohl wir nur fünf oder sechs Meilen hinter der Isabella segelten, konnten wir vom Krähennest aus nicht die geringste Spur von Land voraus ausmachen, wohl aber eine Dünung, die von Nordwesten kam, was, wie Kapitän Parry erklärte, nur bedeuten konnte, daß der Lancaster-Sund Verbindung zu einem Ozean im Westen haben mußte." Jeder an Bord der Alexander nahm die Überzeugung mit, daß der Lancaster-Sund eine Meeresstraße und nicht eine Bai ist.

Kapitän John Ross zog aus seinen Beobachtungen andere Schlüsse. Gleich nach der Heimkehr im Oktober ließ er sich, ehe noch sein Reisebericht von der Admiralität geprüft und gebilligt war, von einer Zeitschrift eine pessimistische Äußerung entlocken: „Sie erwarten wahrscheinlich ein Wort über Existenz und Nutzwert einer Nordwestpassage. Ich fühle mich nicht imstande, hierüber eine hieb- und stichfeste Auffassung niederzulegen. Nur soviel kann ich sagen: Unsere Beobachtungen geben uns nicht das geringste Recht zu der Annahme, daß es eine Nordwestpassage gibt, was, wie ich höre, von Zeitungen und einer halbamtlichen Autorität mehrfach behauptet wurde."

Die letzte Bemerkung empfand Barrow als Bosheit.

Nichts konnte er weniger vertragen als Zweifel an seiner Kompetenz. Und da er nicht frei von Rachsucht war, schlug er zurück. In seinem Sprachrohr „Quarterly Review" unterzog er die Ross-Expedition einer scharfen, ziemlich unsachlichen Kritik. Er schrieb ihren Mißerfolg, den er als persönliche Niederlage empfand, der „heillosen Urteilslosigkeit und unerhörten Unfähigkeit" des Expeditionsführers Ross zu. Er verfolgte ihn noch jahrelang mit seinem Haß, der dem Kapitän das Leben verbitterte, und wollte nicht gelten lassen, was ein einsichtiger Zeitgenosse über diese Kontroverse äußerte: „Selbst wenn sich erweisen sollte, daß John Ross sich geirrt hat, daß also der Lancaster-Sund nicht durch eine Bergkette abgeschlossen wird – welcher mit den Tücken arktischer Meere und Länder vertraute Mensch würde daraus den Vorwurf der Unfähigkeit und Urteilslosigkeit herleiten? Hätte nicht der schärfste Kritiker des Kapitäns Ross Anlaß genug, darüber nachzudenken, daß wir Menschen alle mindestens einmal von Crocker-Bergen genarrt werden?"

Mit dieser Niederlage, die Ross und Barrow erlitten hatten, war der Sache der Nordwestpassage dennoch gedient. Der mehr von Wünschen als von Tatsachen genährte Optimismus wurde ernüchtert. Als Barrow 1819 um die Mitarbeit der Royal Society bei der Vorbereitung einer neuen Expedition warb, erklärte er bescheidener und sachlicher: „Es wird erforderlich und angebracht sein, diese Expedition in mehrere Gruppen zu teilen, die das Problem zugleich von Osten, Westen und Süden anpacken. Ihre Arbeit wird sich vielleicht über zehn Jahre erstrecken müssen und auch dann ihr Ziel womöglich noch nicht ganz erreicht haben. Aber sie wird kaum verfehlen, den Bestand menschlichen Wissens zu mehren. Bringt sie jedoch neues Wissen als Ertrag mit, so kann kein Unvoreingenommener sagen, Geld und Mühe seien vergeudet. Wissen ist immer Macht, und jeder von uns ist verpflichtet, den wohltätigen Einfluß dieser Macht, dem sich . . . niemand entziehen kann, dem befruchtenden Strom der Zeit zuzuführen."

Parrys Winterakademie

Schulausflug zu den Eisbären

Noch war der Klatsch der Königlichen Flotte der Witze über John Ross und seine Crocker-Berge nicht müde geworden, da bot sich den spitzigen Zungen in Offiziersmessen und Mannschaftslogis schon ein neues Thema: Parrys Schulausflug zu den Eisbären. Kapitän William Edward Parry legte es nämlich darauf an, bei der nächsten Expedition, deren Kommando ihm übertragen war, so viele junge Leute wie möglich mitzunehmen.

Die meisten von ihnen waren kaum 23 Jahre alt, besaßen aber trotzdem Eismeererfahrung. Parrys Auswahl stieß natürlich auf Widerstand bei seinen älteren Vorgesetzten. Er blieb beharrlich: „Junge Menschen haben weniger Bedenken und weniger Vorurteile, wenn es um einen Sprung ins Ungewisse und um das Erproben neuer Methoden geht. Forschung und Abenteuer bedeuten für sie noch ein und dasselbe."

Als ihm die Witze über sein aufsehenerregendes Vorhaben zu Ohren kamen, meinte er völlig gelassen, diese Scherze träfen durchaus das Richtige. Die Teilnehmer seiner Expedition müßten sich in eine Schule begeben, in die harte Schule des arktischen Winters. Wahrscheinlich werde dabei für einige auch ein Ausflug zu Bären und Eskimos herausspringen. „Seit über 300 Jahren suchen wir nach der Nordwestpassage", sagte er. „Aus dem Kampf mit dem Eis der Arktis haben wir manches gelernt; nur eins bisher nicht: wie man im Polarland überwintert, ohne Mannschaft und Schiff aufs äußerste zu gefährden." Er erinnerte daran, daß die Chronik der Nordwestpassage nur eine einzige wirklich geglückte Überwinterung kenne: die des Kapitän Button im Jahre 1612. „Alle anderen Überwinterungen sind – aus Unkenntnis, nicht aus Nachlässigkeit – zu abschreckenden Beispielen von mangelhaften Vorbereitungen geworden.“

Arktisforschung war nach seiner Meinung bisher darauf hinausgelaufen, daß man in drei kurzen Sommermonaten versuchte, dem Reich des Eises möglichst viel von seinen Geheimnissen zu entreißen. Im Frühherbst zog man sich dann schnell wieder zurück. „Wer die Arktis kennt, weiß, daß dort in so kurzer Zeit nicht viel auszurichten ist. Wir müssen also überwintern lernen! Nur wer das versteht, ist im zweiten Sommer seiner Expedition schon mitten im Arbeitsfeld und kann sogleich ans Werk gehen.“

Parry ließ sich, obwohl er damals erst 28 Jahre alt war, nicht von blindem Optimismus zu der Hoffnung verleiten, das Rätsel Nordwestpassage sei in einem einzigen Sommer zu lösen.

Bei seinen Vorbereitungen nahm er sich James Cook zum Vorbild. Er bestand darauf, daß die Admiralität ihn außer mit Hartbrot, Erbsen, Bohnen und Salzfleisch mit einer für mehr als zwei Jahre ausreichenden Menge antiskorbutisch wirkender Lebensmittel versorgte: mit Zitronensaft, Sauerkraut, Essiggemüse, Malz-, Hopfen- und Fichtennadelextrakt. Das marineübliche Rind- und Schweinepökelfleisch wurde ergänzt durch Fleischbrühe in Tafelform und große Mengen von konserviertem Fleisch. Ein Teil des gewohnten Schiffszwiebacks wurde ersetzt durch Mehl, das durch Anrösten haltbar gemacht wurde. Auf diese Weise konnte unterwegs einmal wöchentlich frisches Brot gebacken werden. Schlafdecken aus Wolfsfell bereicherten den herkömmlichen Vorrat an warmer Kleidung. Als Ballast der Schiffe wurden nicht wie sonst Sand oder Steine benutzt, sondern Steinkohlen. So brauchte man während der Überwinterung an Heizmaterial nicht zu sparen.

Ferner war vorgesorgt, daß die Schiffe im Winterhafen

unter ein großes Dach aus Segeltuchplanen kamen, das das ganze Deck in mittlerer Masthöhe überspannte.

Auch die Schiffe selbst waren im Hinblick auf Eismeerfahrt und Überwinterung ausgewählt. Das Flaggschiff Hecla war ein Frachter in Walnußform mit abgerundeten Flanken und flachem Kiel, was Parry für Eismeerfahrer besonders vorteilhaft erschien. Wegen seines flachen Bodens und der starken Bordwände wurde das ehemalige kleine Kanonenboot Griper zum Begleitschiff bestimmt. Parry war überzeugt, daß Schiffe dieser Art den Eispressungen und den Stößen des Treibeises am besten gewachsen seien, besser jedenfalls als schnittige Segler. Diese Erkenntnis hat sich später Nansen zu eigen gemacht, als er für seine Polfahrt die Fram bauen ließ.

Nach dieser umsichtigen Vorsorge hatte Parry bei der ersten Expedition unter seinem Kommando auch Glück. Er traf günstigere Eisverhältnisse an als Ross im Jahr zuvor. Schon im Juli gelang es ihm, das Treibeis der Baffin-Bai von Upernivik aus zu durchqueren. In der Einfahrt des Lancaster-Sundes stand zwar noch viel Eis, es war jedoch bereits brüchig und machte den Schiffen kaum Schwierigkeiten. Sobald sie durchgestoßen waren, hatten sie freies Wasser vor sich.

Von diesem Augenblick an standen sämtliche Offiziere beider Schiffe in der Takelung, um nach den ominösen Crocker-Bergen zu spähen. Parrys Tagebuch berichtet: „1. August 1819. Im Begriff, den großen Sund anzugehen und zu erforschen, der durch die Kontroversen, die er hervorrief, eine gewisse Berühmtheit erlangt hat. Für uns war er insofern besonders interessant, als unsere Instruktionen uns diese Einfahrt nachdrücklich anempfahlen. Wir alle spürten, daß dies der Punkt war, der über Erfolg oder Mißerfolg unserer Fahrt entscheiden würde. Wir sehnten nichts mehr herbei, als daß sich der Westwind endlich drehe, der uns aus dem Lancaster-Sund entgegenblies und nur geringe Fortschritte erlaubte.“

Die Crocker-Berge, die Ross einen Possen gespielt hatten, waren nirgends zu erblicken. „Als der Dunst sich hob und wir erkennen konnten, daß kein Land vor uns lag, die See zudem eisfrei war, begannen wir uns zu schmeicheln, daß wir in das Polarmeer vorgedrungen waren“, fährt der Bericht fort. „Einige Optimisten begannen schon, geographische Länge und Breite des Eiskaps und die Entfernung dorthin auszurechnen, als ob keine Schwierigkeiten mehr zu erwarten wären. Ihre Annahme wurde dadurch bestärkt, daß die See ausgesprochen ozeanisch aussah und eine lange Dünung zeigte.“

Am 4. August waren sie bereits bei 86° 56′ westlicher Länge, drei Längengrade jenseits der vermeintlichen Crokker-Berge. Wenig vor dem 90. Längengrad sperrte ein riesiges, dicht geschlossenes Eisfeld den Weg. Parry versuchte nördlich an der Sperre vorbeizukommen. Dann rief der Ausguck im Krähennest aus: Wasserhimmel im Süden! Das hieß: eisfreies Seegebiet. Es war die breite Meeresstraße, die zum Boothia-Golf führt. Parry nannte sie Prince-Regent-Inlet und segelte hinein, weil er hoffte, weiter südlich eine Durchfahrt zu finden. Doch nach zwei Tagen zeigte sich auch im Süden geschlossenes Eis. Und vor allem gebärdeten sich die Kompasse beider Schiffe von Stunde zu Stunde närrischer. Parry war in die Nähe des magnetischen Pols geraten, was er natürlich nicht wußte.

Er wendete nach Norden, zum Lancaster-Sund zurück. Tage des Suchens und Kreuzens folgten, bis sich westlich wieder freie See zeigte. Bei schwachem, gleichmäßigem Wind ging die Fahrt weiter, in die Meeresstraße hinein, die Parry Barrow-Straße genannt hat. Jetzt taten sich immer neue Wasserwege auf: nach Norden zu der Wellington-Kanal, nach Süden der Peel-Sund; auf die Barrow-Straße folgte nach Westen der Melville-Sund und schließlich die Banks-Straße. Ihre Namen sind sämtlich Gedenkzeichen für Freunde und Förderer der arktischen Forschung. Zwanzig große und kleinere Inseln entdeckte Parry im Lauf des Monats August. Voll Staunen sah er, wie sich seinen Augen ein riesiger arktischer Archipel darbot – ein Labyrinth weißer Inseln, deren Klippen, Tundren, Eis- und Schneeflächen nur von Wasservögeln, Seehunden und Eisbären bewohnt zu sein schienen. In geschützten Tälern allerdings sah er auch Zwergbirken und -weiden, Moos und Kräuter und Spuren von Rentieren, Füchsen und Schneehasen.

„Ich bin befriedigt von den Fortschritten, die wir bisher gemacht haben", notiert Parry gegen Ende August. „Wenn die See weitere sechs Wochen und vielleicht noch länger schiffbar bleibt, sind unsere Aussichten sehr ermutigend. Die Schiffe sind bisher unbeschädigt, die Besatzungen gesund und in guter Verfassung. Die See liegt zwar nicht eisfrei, doch befahrbar vor uns, und alle – Offiziere wie Mannschaft – sind entschlossen, unter allen Umständen das Ziel zu erreichen, das uns als Aufgabe gestellt ist."

Am 11. September wurde der 110. Grad westlicher Länge überquert. Großer Jubel an Bord! Der erste Triumph

war errungen; die Expedition hatte sich damit die Belohnung von 5000 Pfund gesichert, die das Parlament für die Erreichung dieser Marke bewilligt hatte. Und noch immer war die See passierbar. Parry tastete die Südküste der Melville-Insel ab. Dabei sah er sich für alle Fälle nach einem Winterhafen um, denn die Nachtfröste wurden schon bissig. Doch noch einmal wurde das Wetter mild. Da wagte er es, weiter nach Westen vorzustoßen, und entdeckte die Nordküste des Bankslandes und die Einfahrt der Banks-Straße.

Schon wiegte sich an Bord jeder in übermütigster Erwartung: „Noch ein paar Tage offenes Wasser, und wir erreichen in diesem Jahr sogar die Beringstraße!“ Da schlug der Winter das Tor nach Westen zu. Windstille brachte auch tagsüber strengen Frost. Schneestürme folgten. Nur mit äußerster Mühe gelang es Parry, vor diesem Ansturm nach Osten bis zum Winterhafen zurückzuweichen, den er an der Südküste der Melville-Insel ausgespäht hatte. Am 26. September bugsierte er seine Schiffe gerade noch in die Bucht hinein. Das Eis mußte aufgebrochen werden, damit Hecla und Griper sicheren Ankergrund bekamen.

Fünfzig Grad unter Null

Nun mußte es sich erweisen, ob Parry richtig und ausreichend vorgesorgt hatte. Seine Überlegungen galten in erster Linie der Mannschaft. Er hatte Buttons Methoden studiert und wandte sie verbessert an. Drei Gefahren mußte er von vornherein entgegenwirken: der Langeweile, der Erschlaffung der Körperkräfte und dem Skorbut.

Er verschrieb seiner Mannschaft regelmäßige Turn- und Beschäftigungsstunden; jeder mußte täglich sein Quantum Zitronensaft oder Fichtennadelextrakt schlucken. Von Zeit zu Zeit kontrollierte er unvermutet, ob das geschah, wie er sich auch persönlich um einen abwechslungsreichen Speisezettel kümmerte und um eine möglichst appetitanregende Zubereitung. Darüber hinaus gab es geistige Nahrung für alle. Wer nicht lesen und schreiben konnte, bekam durch Offiziere Unterricht, bis jeder „einen einfachen Brief abfassen und die Bibel mit Verständnis lesen konnte“. Wer über das Anfangsstadium hinaus war, erhielt Fortbildungsunterricht. Für die ganz jungen Offiziere richteten ältere Kameraden Kurse in nautischer Mathematik, Astronomie und Hydrographie ein, so daß die Hecla während dieses Winters einer schwimmenden Akademie glich.

Allwöchentlich wurde eine handgeschriebene Bordzeitung – die „North Georgia Gazette and Winter Chronicle“ – herausgegeben. Bei Konzerten spielte der musikalische Kommandant selbst ein Instrument. Das größte Vergnügen für Offiziere und Mannschaft waren die Theateraufführungen. Gespielt wurden Szenen aus Shakespeare, vor allem aber volkstümliche Lustspiele mit Zwischenaktmusik und Gesangseinlagen. Eine dieser Einlagen trug den Titel „Die Nordwestpassage oder Nach dem Ende der Reise“ und war wie die anderen musikalischen Szenen von Offizieren verfaßt und komponiert worden.

Nur einem Übel war während dieses Winters nicht beizukommen: der feuchten Kälte, die sich in den Räumen unter Deck bildete. Die Ausdünstungen schlugen sich an den Schottwänden nieder und gefroren zu Reifbelag oder zu Eiszapfen, die täglich entfernt werden mußten. Als das einmal in den Offizierskammern für einige Zeit unterblieben war, mußten sechzig Zentner Eis von den Wänden abgeklopft und in Körben hinausgeschafft werden. Das Bettzeug in den Kojen war immer klamm und oft steif gefroren, bis man darauf verfiel, es mit heißen Sandsäcken zu trocknen.

Die Kälte, die im Hochwinter oft zwischen vierzig und fünfzig Grad unter Null geschwankt hatte, nahm im April nach kurzer Milderung noch einmal zu. „Diese Verlängerung des Winters begann unsere Ungeduld zu vermehren“, heißt es bei Parry. „Sie rief Befürchtungen wach, unsere Befreiung aus dem Winterhafen werde sich so sehr hinauszögern, daß die Hoffnungen, die der Erfolg des letzten Jahres in uns erweckt hatte, sich nicht erfüllen würden.“

Schon im März bereitete sich Parry auf ein Unternehmen vor, das kein Polarfahrer vor ihm gewagt hatte. Er wollte in der Zeit bis zum Freiwerden der Schiffe Erkundungsfahrten an Land durchführen. Diese Fahrten gipfelten in einer zwei Wochen langen Reise durch die ganze Melville-Insel, die Parry am 1. Juni antrat. Schlitten konnten dabei nicht mehr verwendet werden, weil der Schnee schon weich und der Tundraboden zu stark aufgetaut war. Parry ließ deshalb von den Schiffszimmerleuten einen Wagen bauen, der zwar widerstandsfähig, aber nicht zu schwer sein sollte. Er mußte achthundert Pfund Last tragen können und sollte von acht Matrosen gezogen werden.

Außer Proviant nahm die aus zwölf Mann bestehende Landexpedition Zelte und zum erstenmal in der Geschichte der Polarforschung auch Schlafsäcke mit, die Parry von den Bordschneidern hatte anfertigen lassen. Auch etwas Brennholz führten sie auf dem Wagen mit, das jedoch nur für den äußersten Notfall gedacht war. Auf warme Mahlzeiten mußte der Erkundungstrupp für die Dauer der Reise verzichten, sofern nicht Zwergweidengestrüpp Brennstoff liefern würde. Die Männer marschierten in den mondhellen Nächten und schliefen während der warmen Mittagsstunden im Windschutz des auf die Seite gelegten Wagens.

Zu Parrys Überraschung stießen sie in der Tundra im Innern der Insel nicht nur auf zahlreiche Vogelkolonien, sondern auch auf Rentierrudel und Moschusochsen. Jagdglück hatten sie allerdings nicht. Sie erlegten nur ein paar Schneehühner, Enten und Gänse, und für diese kostbare Beute spendierte Parry Brennholz. Am meisten aber verblüffte es sie, daß sie an der Nordküste der Melville-Insel Überreste von Eskimohütten fanden. Bisher hatten Ethnologen und Polarforscher es für unmöglich erklärt, daß dieses Nomadenvolk sich so weit nach Norden vorwagte.

Während Parry mit seiner Gruppe diese Landreise unternahm, hatte die übrige Mannschaft die Schiffe wieder seeklar gemacht. Aber die Eisverhältnisse blieben ungünstig. Der ungewöhnlich strenge und lange Winter hatte mächtige Eisbänke vor der Küste hinterlassen. Es wurde August, bis Parry seinen Winterhafen verlassen konnte. Selbst das gelang erst, nachdem man mit Äxten und Eissägen und durch Sprengungen eine schmale Fahrrinne zum offenen Wasser des Melville-Sundes gebrochen hatte.

Die Hoffnung, jetzt noch die Durchfahrt zur Beringstraße zu erzwingen und der ruhmreiche Entdecker der Nordwestpassage zu werden, erfüllte sich für Parry nicht. Er konnte wohl wieder die Küste von Banksland sichten, aber nach Westen und nach Süden verlegte ihm unbezwingliches Eis den Weg. Den Ergebnissen des Vorjahres konnte er nichts hinzufügen. Wollte er Schiffe und Mannschaft nicht aufs Spiel setzen, blieb ihm nur die Umkehr. Günstiger Wind half ihm innerhalb von sechs Tagen aus dem Eislabyrinth heraus. Ende Oktober 1820 erreichten seine Schiffe wohlbehalten den Heimathafen London.

Eine Eskimofrau zeichnet eine Karte

Einen Weg zur Nordwestpassage, wenn auch nicht die Durchfahrt selbst, hatte Parry gefunden und das Wissen von der Inselwelt nördlich von Amerika sehr bereichert. Er war nüchtern und bescheiden genug, hierin noch keinen entscheidenden Erfolg zu sehen. In seinem Bericht sprach er das ohne Umschweife aus: „In hohen nördlichen Breiten nach der Nordwestpassage zu suchen verspricht keinen Erfolg. Die Eisverhältnisse dort sind so schwierig, daß alle Versuche ein Glücksspiel mit unverantwortlich hohem Einsatz an Menschenleben und Schiffen bleiben. Eine vielleicht im Sommer für Schiffe passierbare Durchfahrt ist nur an der Nordküste des Kontinents von Amerika zu erwarten. Will man diese Passage finden, so muß man entweder von der Beringstraße her sich an dieser Küste entlangtasten oder von der Hudson-Bai aus durch den Foxe-Kanal einen Versuch dazu unternehmen."

John Barrow, der unbeirrt an der Idee von der schiffbaren Nordwestpassage festhielt, triumphierte trotz Parrys zur Vorsicht mahnenden Worten: „Wenn die Nordwestpassage nach Cathay und den Ländern des Orients, die seit zwei und einem halben Jahrhundert nicht aufgehört hat, Ziel begierigen Suchens zu sein, auch noch nicht endgültig entdeckt ist, so dürfen wir doch endlich sagen, das Eis ist gebrochen, die Tür aufgetan, die Schwelle überschritten. Das erste Wegstück ist bewältigt."

Dank der gelungenen Durchführung seiner ersten Expedition bewilligte man Parry gern und schnell Mittel und Schiffe zur Ausrüstung eines neuen Versuchs. Sein Ansehen war so gewachsen, daß sich ein großer Teil der Mannschaften seiner ersten Fahrt freiwillig für die zweite Expedition meldete. Unter den 118 Besatzungsmitgliedern der Fury und der Hecla gab es nur wenige neue Gesichter.

Parrys Expedition im Frühjahr 1821 knüpfte zunächst an frühere Entdeckungsfahrten im Bereich der Hudson-Bai an. Er folgte den Spuren von Baffin, Foxe und Middleton und erkundete zunächst die Südküste des Baffinlandes, die Nordküste der Southampton-Insel und die Repulse-Bai, nachdem er Middletons Frozen Strait von Ost nach West durchsegelt hatte. Die Frozen Strait erwies sich zwar als schwieriges Gewässer, war jedoch passierbar, und so gelang Parry ein Kunststück, das weder vor noch nach ihm ein Seemann zustande gebracht hat, denn diese schmale Meeresstraße ist immer von Eis verstopft.

„Nachdem wir uns überzeugt hatten, daß es durch die Repulse-Bai keine Durchfahrt nach Westen gibt", schreibt er in seinem Tagebuch, „blieb mir nur noch übrig, wie es meine Reise-Order vorschrieb, der Küstenlinie nordwärts zu folgen und jedes Land und jeden Fjord zu untersuchen, ob einer davon vielleicht eine schiffbare Durchfahrt nach Westen versprach."

Schwere, aus dem Norden herantreibende Packeisfelder vor der Küste zwangen die Schiffe bald zu äußerster Vorsicht. Verheißungsvoll ließ sich lediglich die Einfahrt zu dem langen schmalen Lyon-Fjord an, der tief in das Land einschneidet. Da die Schiffe hier vor Treibeis und Stürmen geschützt waren, entschloß sich Parry, sie vor Anker zu bringen und die Erkundung des Fjords mit offenen Booten zu versuchen.

Mit seinen beiden Begleitern, den Leutnanten Sherer und James C. Ross, führte er die Aufgabe gewissenhaft durch. Sie kamen bald an eine Enge, wo der Fjord wie eine geschlossene Bucht wirkte. Doch als Parry eine Anhöhe erstieg, um die Umgebung zu überschauen, erspähte er in der Uferlinie nach Norden zu eine Öffnung, durch die sich die starke Flutströmung in einen breiten Wasserarm jenseits der Enge drängte. Er schickte Sherer mit einem Boot zu den Schiffen zurück, um den auf vier Tage berechneten Proviant zu ergänzen, und fuhr mit Ross weiter, „denn wir machten uns die lebhaftesten Hoffnungen, hier eine Durchfahrt nach Westen zu finden“. Diese Hoffnungen erhielten neue Nahrung, als sie am nächsten Tag auf Eskimos stießen, die behaupteten, der Fjord führe zu einem „großen Wasser im Westen“. Es zeigte sich jedoch drei Tage darauf, daß dieses große Wasser ein Binnensee war, in dem der Fjord endete.

Parry wurde bereits sehnlichst erwartet, als er am 14. September zu seinen Schiffen zurückkam. Sein Stellvertreter, Kapitän Lyon, beobachtete seit Tagen beunruhigt, daß sich in jeder Nacht stärkeres Neueis bildete, das die Treibeisfelder schloß. Es gelang der Expedition gerade noch, bei einer Insel nahe dem Lyon-Inlet einen Winterhafen zu finden. In dessen Nähe befand sich ein Eskimowohnplatz, zu dem bald gute Beziehungen hergestellt waren. Lebhafter Tauschhandel kam in Gang. Unter den Besuchern war eine alte Frau, die sich rühmte, nicht nur die Ufer des Lyon-Inlets und des Foxe-Beckens zu kennen, sondern auch im Westen und nach Norden hin ein Meer, das sie das Meer

Akuli nannte. Auf unseren Karten trägt dieses Gewässer den Namen Boothia-Golf und Committee-Bucht.

Die Engländer trauten der zänkischen und abstoßend schmutzigen Alten nicht, bis sie mit Lampenruß eine anschauliche Skizze des Lyon-Inlets auf eine Tierhaut zeichnete. Parry ließ sie auch eine Karte ihrer Nomadenwanderung zeichnen; sie gab eine überraschend deutliche Übersicht über das Gebiet, an dessen Rand man überwinterte. Aus dieser Karte ging hervor, daß eine nicht sehr breite Landenge die Repulse-Bai vom Meer Akuli im Westen trennte und diese Landenge sich nach Norden zu in einer umfangreichen Halbinsel fortsetzte, der Parry den Namen Melvilles, des damaligen Chefs der Admiralität, gab. Sie wiederum wurde auf der Karte im Norden von einer Meeresstraße begrenzt, die das Foxe-Becken mit dem Meer Akuli verband. Die Eskimofrau gab zu verstehen, dieses Meer erstrecke sich weit, sehr weit nach Norden, viel weiter, als man auf der Karte zeigen könne. Parry vermutete sofort, daß es in das von ihm 1819 entdeckte Prince-Regent-Inlet überging.

Das war eine verheißungsvolle Auskunft! Parry sehnte das Ende der Überwinterung herbei. Um keinen Tag zu versäumen, ließ er im Juni die Schiffe aus dem Winterhafen heraussägen. Aber das Eis des Foxe-Beckens machte ihm so viel zu schaffen, daß er erst Mitte August die Meeresstraße nördlich der Melville-Halbinsel erreichte. Und wieder wurde Parry enttäuscht. Die schmale, flache Wasserstraße blieb den ganzen Sommer hindurch vom Wintereis verstopft. In der Hoffnung, im nächsten Sommer günstigere Eisverhältnisse vorzufinden, entschloß er sich, bei dem Eskimowohnplatz Iglulik zu überwintern.

Doch auch der Sommer 1823 erlaubte die Durchfahrt durch die Meerenge von Iglulik (Fury- und Hecla-Straße) nicht. Abermals mußte Parry nach zwei Überwinterungen heimkehren, ohne die Nordwestpassage entdeckt zu haben.

Und doch unternahm er bereits 1824/25 einen dritten Versuch, das Meer Akuli zu erreichen, um von dort aus an der Festlandküste entlang nach Westen, möglichst bis zur Beringstraße, vorzudringen. Diesmal wählte er den Weg durch das Prince-Regent-Inlet.

Er traf bereits in der Baffin-Bai auf dichtestes Eis und kam erst im September in den Lancaster-Sund. Kaum war das Prince-Regent-Inlet erreicht, als Parry wieder ans Überwintern denken mußte. Im nächsten Sommer setzte er die Fahrt fort. Nach wenigen Tagen mit nur geringen Fortschritten und großen Schwierigkeiten gerieten die Schiffe unter der Küste der North-Somerset-Insel wiederum in die Eisdrift. Die Fury wurde auf ein Unterwasserriff gedrückt und bekam ein großes Leck. Man mußte sie aufgeben. Nur mit Mühe konnte der größte Teil des Proviants geborgen werden. Die Hecla entging bei der Bergungsaktion mit knapper Not der Strandung.

Der Mißerfolg auch seiner dritten Expedition bewog Parry, sich von der Suche nach der Nordwestpassage zurückzuziehen. Er ist einer der wenigen Forscher gewesen, denen es gelang, sich aus ihrem Bannkreis wieder zu lösen.

Die Arktisforschung verdankt ihm viele wichtige Anregungen und Erkenntnisse. Er hat der Expeditionstechnik neue Wege gewiesen und der Geographie wertvolle Kenntnisse von Gestalt und Umfang des großen nordamerikanischen Eismeer-Archipels vermittelt sowie auch vom Foxe-Becken und von der Melville-Halbinsel. All das ist, selbst wenn es keinen Bezug zur Nordwestpassage gehabt hätte, eine Forscherleistung hohen Ranges.

Von der Arktisforschung konnte Parry auch nach seiner Abkehr von der Nordwestpassage nicht ganz lassen. Im Auftrag der Royal Society ging er 1827 nach Spitzbergen, um von dort aus einen Vorstoß zum Nordpol zu unternehmen. Auch dabei erprobte er neue Methoden. Er wollte mit Booten, die sich auf Stahlkufen befestigen und dann als Schlitten verwenden ließen, über das Eis den Pol erreichen. Diese Bootschlittengruppe drang bis 82° 45′ nördlicher Breite vor. Sie stellte einen arktischen Rekord auf, der fünfzig Jahre lang nicht überboten wurde.

Tödliche Tundra

Der Häuptling war ein Fuchs ...

Als 1819 John Barrows weitgespanntes Programm zur Erforschung der Nordwestpassage ins Werk gesetzt wurde, sollte parallel zu den Schiffsexpeditionen die nördliche Festlandküste Amerikas von der Hudson-Bai aus auf dem Landweg erkundet werden, um die Entdeckungen zu ergänzen, die Samuel Hearne und Alexander Mackenzie zwischen 1770 und 1790 gemacht hatten.

Zum Führer wurde John Franklin gewählt. Das behagte ihm, der seit seinem zwölften Lebensjahr ein begeisterter Seefahrer war, ganz und gar nicht; ja, er empfand es zunächst geradezu als eine Kränkung. Barrow versöhnte ihn durch die Versicherung: „Wir haben gerade Sie für diese Aufgabe ausersehen, weil wir wissen, daß Sie bei Ihrem Vetter Flinders gründliches Beobachten von Landschaft, Klima, Tier- und Pflanzenwelt erlernt haben. Wir erwarten von Ihnen wichtige Aufschlüsse."

Mochte dieses Lob auch vorwiegend Schmeichelei sein, so war es doch nicht ungerechtfertigt. Franklin hatte als junger Kadett im ersten großen Abenteuer seines Lebens, während der Erforschung der australischen Küsten durch Matthew Flinders in den Jahren 1802 bis 1804, die Grundzüge geographischer Forschungsarbeit gelernt. Flinders war ihm ein guter Lehrmeister gewesen. Seit jenem Australien-Abenteuer sehnte sich Franklin nach weiteren Entdeckungsreisen: „Ich hätte auf Kriegsruhm und Reichtum bereitwillig verzichtet und jedes andere irdische Glück gern hingegeben für dieses eine: mit einem guten Schiff auf Entdeckungen auszugehen."

Der Krieg Englands mit dem Frankreich Napoleons versagte ihm lange die Erfüllung dieses Wunsches. Als 1815 endlich der Frieden kam, wurde der junge Kapitänleutnant Franklin mit halbem Sold außer Dienst gestellt. In dieser Sackgasse wäre er vielleicht steckengeblieben, hätte ihn nicht seine australische Forschungsfahrt jetzt der Admiralität für ihre arktischen Pläne empfohlen. Franklin griff zu. Wenigstens würde er wieder der Wissenschaft dienen dürfen.

Schon der Anmarsch seiner Expedition von der Südküste der Hudson-Bai ins Binnenland verlief nicht so einfach, wie er erwartet hatte. Zwar hatten die großen Pelzhandelsgesellschaften Hudson-Bay-Company und North-West-Company alle Faktoreileiter angewiesen, den Forschern zu helfen. Aber aus Bequemlichkeit oder Gedankenlosigkeit behandelte man sie in den Faktoreien gleichgültig und bemühte sich, sie möglichst schnell weiterzureichen.

Die sechzehn Halbblut-Voyageurs, die in der York Factory für Franklin als Bootsfahrer, Wegführer und Helfer bereitstanden, gehörten nicht zu den besten ihres Schlags. Statt ihn richtig zu beraten und ausreichend mit Tabak, Rum und Jagdmunition zu versehen überredeten sie ihn, sich nicht schon hier damit zu belasten. Davon fände er in den Faktoreien des Nordens genügend Vorräte. Dabei hätte mindestens der Leiter der York Factory wissen müssen, daß der Warennachschub im Norden oft lange ausblieb. So lag im Fort Chippeweyan, wo Franklin den Winter 1819/20 verbrachte, zum Beispiel viel zu wenig Pemmikan für ihn bereit, und selbst davon war der größte Teil schimmelig. Man vertröstete ihn auf die Indianer zwischen dem Athabasca- und Sklavensee, die jedoch wegen einer Masern- und Keuchhustenepidemie die Jagd vernachlässigt und keine Vorräte gesammelt hatten. Gerade dieses haltbare und nahrhafte Trockenfleisch wäre Franklin für seine Leute wichtig gewesen.

Im Fort Providence, der nördlichsten Pelzhandelsfaktorei, erging es ihm nicht viel anders. Wohl war der Faktoreileiter Wentzel besten Willens, aber auch er hatte kaum Vorräte. Er äußerte zudem starke Bedenken gegen eine Expedition zur Küste. Dort könne Franklin nicht auf den Beistand der Indianer rechnen, weil sie die Eskimos zu sehr fürchteten; umgekehrt sei es nicht anders. Immerhin könne man versuchen, Akaitcho, den Häuptling der Kupfer-Indianer, zu gewinnen. Er sei habgierig und eitel und empfänglich für Schmeicheleien. Wenn man ihn aber richtig behandle, werde er der Expedition helfen.

Akaitcho wurde von Wentzel eingeladen und im Fort prächtig empfangen. Fahnen flatterten über dem Tor. Die drei Offiziere der Expedition, Franklin, Back und Hood, hatten Paradeuniform angelegt. Als sich die Kanus dem Landeplatz näherten, stellten sich die Voyageurs und die anderen Bediensteten der Expedition und der Faktorei als Ehrenformation neben der Pforte auf und feuerten Salut.

Akaitcho, der sich sichtlich geschmeichelt fühlte, brachte

nur mit Mühe die steife Häuptlingshaltung auf. An der Pforte stellte ihm Wentzel die Forscher vor. Friedenspfeife und Rum machten die Runde. Erst als jeder seiner Krieger mit Rum bedient war, geruhte Akaitcho, den Mund aufzutun.

Und wie tat er ihn auf! Franklin begriff schon nach wenigen Sätzen, die ihm Wentzel verdolmetschte, daß er einen durchtriebenen Mann vor sich hatte. „Ich freue mich, so viele große weiße Häuptlinge in meiner ärmlichen Heimat zu sehen", sagte Akaitcho. „Mein Volk ist schwach und klein, aber ein ehrlicher Freund der Weißen. Ich hoffe, auch dieser Besuch wird meinem Volk Gutes bringen, obwohl er durch einen Kummer getrübt ist. Ein Gerücht, das meinen weißen Freunden vorausgeeilt war, hatte uns gemeldet, mit ihnen komme ein mächtiger Medizinmann, der Tote auferwecken kann. Meine Freude war groß, daß ich meine verstorbenen Freunde und Verwandten bald wiedersehen sollte. Inzwischen aber hat Mister Wentzel mich wissen lassen, daß jenes Gerücht gelogen hat. Nun ist mein Herz voll Trauer. Mir ist, als seien meine Lieben noch einmal gestorben. Lenkt Ihr jetzt mein Herz von diesem Kummer ab und sagt mir, was Euch zu meinem Volke führt."

Franklin ging auf diesen Ton ein. „Ich sagte", so berichtet er, „wir sind Abgesandte des größten Häuptlings der Welt. Er hat erfahren, daß seine roten Freunde im Norden immer wieder Mangel leiden an Waren, nach denen es sie verlangt. Deshalb ist es sein Wunsch, einen Weg über das Meer ausfindig zu machen, auf dem diese Waren leichter und schneller hierhergebracht werden können als mit Schlitten und Flußboot. Gelingt das, dann wird es unseren roten Freunden nie mehr an Dingen fehlen, die sie brauchen.

Wir kommen nicht, um Handel zu treiben, wir wollen zum Besten der Indianer und aller Völker des Nordens jenen Weg über das Meer suchen. An Belohnungen soll es Akaitcho und seinen Kriegern nicht fehlen, wenn sie uns dabei helfen. Wir werden reiche Geschenke verteilen, sobald wir von dorther zurückkehren. Außerdem hat unser Häuptling mir befohlen, alle Schulden der Kupfer-Indianer bei dieser Faktorei zu tilgen, wenn sie uns treu zur Seite stehen."

Akaitcho grunzte befriedigt. Ja, er werde die Expedition begleiten und unterwegs für Proviant sorgen. Aber in diesem Sommer sei die Küste nicht mehr zu erreichen. Er schlug vor, an einem See auf halbem Weg dorthin, wo es Fische und Holz genug gebe, ein Winterquartier zu errichten. Zudem führe dort der Wanderweg der Rentiere im Herbst und Frühling vorüber.

Eine weitere Überwinterung war Franklin sehr unwillkommen. Da aber Wentzel dem Häuptling beistimmte, beugte er sich der, wie er meinte, besseren Erfahrung. Daß Indianer wie Pelzhändler diesen Rat vor allem aus Eigennutz gaben, durchschaute er damals noch nicht. Wentzel fürchtete, die Expedition würde im nächsten Winter seiner Faktorei zur Last fallen. Dem Fuchs Akaitcho lag daran, die unerfahrenen Fremden von seinem Stamm abhängig zu machen, um sie nach Belieben ausbeuten zu können.

Als sie den Platz des Winterlagers erreichten, erkannte Franklin die Falle. Die Indianer hatten weder für Fleisch noch für Holz gesorgt. Vorwürfe hörte sich Akaitcho grinsend an und beantwortete sie mit der Drohung, mit seinen Leuten abzuziehen, wenn er nicht schon jetzt Geschenke erhalte. Franklin mußte nachgeben. Sobald er Akaitcho Zugeständnisse gemacht hatte, ging der Bau der Winterhäuser vonstatten.

Da die Herbstwanderung der Rentiere noch anhielt, gab es auch genug Fleisch. Franklin nutzte die letzten schönen Tage, um den Weg zum Oberlauf des Kupferminen-Flusses zu erkunden. Er hoffte, Wentzel werde unterdessen Nachschub an Jagdmunition und Tauschwaren heranschaffen. Diese Hoffnung trog. Die Faktorei war von Süden her so schlecht versorgt worden, daß sie nur wenig an die Expedition abgeben konnte.

Dem gerissenen Akaitcho blieb nichts verborgen. Er setzte Franklin aufs neue unter Druck. Er quartierte sich mit seiner Bande im Fort Enterprise ein, wie Franklin seinen Stützpunkt genannt hatte, und statt auf die Jagd zu gehen, legten sich die Indianer auf die faule Haut. Bei ihrer Gefräßigkeit lichteten sich die Proviantvorräte rasch. Forderte Franklin sie auf, für Fische und Rentierfleisch zu sorgen, erklärten sie höhnisch: „Keine Munition, keine Jagd!" Sie wußten nur zu gut, wie knapp die Jagdmunition war.

Als Ende Oktober endlich Nachschub an Pulver und Blei eintraf, unterschlug Akaitcho, was Franklin ihm für die Jagd zuteilte, bis Franklin Munition nur noch gegen Ablieferung von Wildbret herausgab. Im Laufe des Winters klügelte der Häuptling immer neue Anschläge aus, um den Weißen abzupressen, was seine Habgier reizte.

... und ein Hypochonder

Vermutlich hätte er die Fremden bis aufs Hemd ausgeplündert und ihrem Schicksal überlassen, wäre nicht der Arzt Dr. Richardson gewesen. Er war der Naturforscher der Expedition und im Besitz einer gut ausgestatteten Reise-Apotheke. Akaitcho war nicht nur ein Fuchs, sondern auch ein hochgradiger Hypochonder. Jeden Tag plagte ihn ein anderes Leiden. Heute hatte er Kopfweh, morgen Bauchweh, übermorgen Gliederreißen. Einmal tanzten ihm Schleier vor den Augen, ein andermal brauste es in seinen Ohren.

Sein größter Kummer war, daß er den Tag nahen fühlte, wo seine fünf Frauen ihn nicht mehr als Mann ansehen würden.

Weil er dem Medizinmann seines Stammes mißtraute, wurde Dr. Richardson sein Leibarzt, der ihn zu nehmen wußte. Er veranstaltete jedesmal ein geheimnisvolles Brimborium und machte Akaitcho klar, ohne solche Beschwörungen könne die Medizin nicht wirken. Mit Abführmitteln, Aderlässen und Salmiak half er dem Patienten immer über die Beschwerden hinweg.

Im Frühjahr kam Akaitcho mit neuen Einwänden gegen den baldigen Aufbruch. Im Norden sei nicht genug Brennholz, Vogelzug und Rentierwanderung hätten noch nicht kräftig genug eingesetzt, oder der Boden sei nicht trocken, der Fluß zu stark vereist. Franklin, der im Winter den alten Gauner ausgiebig kennengelernt hatte, schlug ihm ein Schnippchen und bestimmte Dr. Richardson zum Anführer der Vorausabteilung. Jammernd fügte sich der Häuptling, um nur ja in der Nähe von Arzt und Apotheke zu bleiben.

Am 14. Juni 1821 befand sich die Expedition auf dem Weg zum Eismeer. Nach fast zweijährigem Anmarsch konnte die Arbeit endlich beginnen. Am 14. Juli sichtete Dr. Richardson von einer Anhöhe aus das Meer. Vier Tage später schickte Franklin Akaitchos Indianer zurück. Man hatte schon viele Spuren von Eskimos, sie selbst aber noch nicht zu Gesicht bekommen. Da Franklin an der Küste auf ihre Hilfe hoffte, war es besser, auf die Indianer zu verzichten. Akaitcho zog erleichtert davon. Er schwor feierlich, auf dem Rückweg mehrere Fleischdepots anzulegen und Fort Enterprise rechtzeitig vor dem Winter zu verproviantieren.

Der Optimist Franklin rechnete nicht damit, Fort Enterprise wiederzusehen. Er glaubte vielmehr fest daran, daß er zwischen der Mündung des Kupferminen-Flusses und der Wager- und Repulse-Bai eine Verbindung finden würde. Damals nahm man noch allgemein an, daß über diese beiden Buchten die Hudson-Bai mit dem nördlichen Ozean verbunden war. Franklin wollte also das ausführen, was Hearne bereits geplant hatte.

Nach Hearnes Karte hatten die Geographen die Entfernung zwischen Kupferminen-Fluß und Repulse-Bai auf 900 Seemeilen berechnet. Franklin war sich kaum darüber klar, was es bedeutete, diese Entfernung in einem arktischen Gewässer mit Indianerbooten aus Birkenrinde überwinden zu wollen. Er, der Seemann, sah nur, daß er nach dem langen Landmarsch endlich wieder in sein Element kam. Selbst jetzt, im Hochsommer, war das Meer nie ganz frei von Treibeis. Die Boote wurden immer wieder leck und mußten täglich geflickt werden. Strömung und Wind waren zudem so unbeständig, daß man die Segel nie längere Zeit stehen lassen konnte. Meistens mußten die Boote mühsam durch schmale Kanäle im Eis oder durch ein Schärengewirr nach Osten gerudert werden.

Der Genauigkeit der Karte kam diese langsame Fahrt zugute. Der Stimmung der Mannschaft und dem Proviantvorrat tat sie jedoch erheblich Abbruch. Die Jagd blieb unergiebig. Franklins Hoffnung auf Hilfe der Eskimos erfüllte sich auch nicht. Man fand an der Küste nur ihre Depots, in denen Winterschlitten, Fallen, Felle und Geräte aus Holz und Speckstein versteckt waren. Franklin ließ bei den Feuerstellen mit frischer Asche Messer, Glasperlen und Kupferkessel als Geschenke niederlegen, um die Eskimos anzulocken. Vergeblich. Es hatte sich an der Küste längst herumgesprochen, daß die Weißen mit Indianern ans Meer gekommen waren. Deshalb hielt man sie für gefährliche Gäste, denen man besser auswich.

Am 15. August war der Proviant fast verbraucht. Nun mußte Franklin sich entscheiden, ob er die Fahrt nach Osten auf Gedeih und Verderb fortsetzen oder ob er umkehren und die Aufgabe der Expedition unerfüllt lassen wollte. Der Entschluß wurde ihm sehr schwer. Er hatte gerade in den letzten Tagen erkannt, daß er sich auf einer Meeresstraße befand, die zumindest im Sommer passierbar war. Ebbe und Flut waren deutlich zu erkennen und ebenso eine von Osten kommende Strömung. Das schien zu beweisen, daß hier eine Verbindung zur Hudson-Bai und damit zum Atlantik bestand.

Kap Turnagain (Kap Umkehr) heißt auf der Karte noch heute die Stelle, wo Franklin seine Hoffnungen, weiter nach Osten vorzudringen, begraben mußte. Proviantmangel zwang ihn, nicht auf dem vorher erkundeten Kurs an der Küste entlang zurückzukehren. Er segelte waghalsig mit den lecken Booten quer über den Coronation-Golf zur Mündung eines Flusses. Von dort aus hoffte er Fort Enterprise schneller als über den Kupferminen-Fluß zu erreichen. Als am 31. August die Fahrt flußaufwärts begann, glaubte die Mannschaft, das Härteste wäre überstanden. Solange der Fluß sie trug, ging alles gut, obwohl sie gegen die Strömung nur langsam vorwärtskamen. Wirklich schlimm wurde es, als sie den Fluß verlassen mußten, der zu seicht wurde.

Rückzug nach Süden

Der Fußmarsch führte durch steinige Tundra, die zu dieser Zeit schon fast ganz vom Wild verlassen war. Das Gelände stieg stetig an. Jeder, die Offiziere nicht ausgenommen, hatte etwa hundert Pfund Gepäck zu tragen. Zunächst schleppten sie noch die zwei kleinen Boote mit, die sie am Meer aus den größeren gebaut hatten. Sie wurden erst geopfert, als das Weidengestrüpp aufhörte, und verhalfen der Expedition wenigsten noch zu ein paar warmen Abendsuppen.

Strapazen, Regen und Kälte setzten den Hungernden immer härter zu. Am 6. September gab Franklin die letzte dürftige Portion Pemmikan aus. Von nun an mußten sie sich von Flechten und Lederstückchen ernähren, die zu einer mageren, bitteren Brühe verkocht wurden. Erst als der einzige tüchtige Jäger, der Indianer Michel, am 10. September einen Moschusochsen erlegte, lebten Kraft und Zuversicht für ein paar Tage wieder auf.

Doch der Winter wurde mit jedem Tag strenger. Glatteis, Nebel und Schneeverwehungen machten den Marsch durch die Schluchten des Berglandes zur Qual. Die Engländer zeigten dabei mehr Widerstandskraft als die Halbblut-Voyageurs, obwohl diese von Kindheit an rauhes Klima und harte Arbeit gewohnt waren. Ihnen fehlten aber die moralischen Reserven.

Reste von Wolfsmahlzeiten, die sie unter Klippen fanden, zerstampften sie zu Knochenmehl, das sie unter die Flechtenbrühe mischten. Geröstetes Leder von Schuhen und Tragriemen wurde zur Delikatesse. Immer mehr Gepäck blieb am Weg liegen. Schon war der Tag abzusehen, an dem der erste zusammenbrechen und zurückbleiben würde.

Als der widerstandsfähigste erwies sich Leutnant George Back. Sobald das Bergland überwunden war, schickte Franklin ihn am 4. Oktober mit drei Voyageurs voraus zum Fort Enterprise, um die Indianer zur Hilfe aufzubieten. Am nächsten Tag konnte Leutnant Hood nicht mehr weiter. Franklin wollte seinetwegen einen Rasttag einlegen. Aber Hood wußte, wie es um ihn stand. Er wollte die anderen nicht durch Aufenthalt gefährden und bat Franklin, ihn zurückzulassen: „Retten Sie sich und die Kameraden, Sir! Auf mich kommt es nicht an."

Dr. Richardson und sein Diener Hepburn erboten sich, bei Hood zu bleiben und ihm weiterzuhelfen, sobald er wieder zu Kräften käme. Franklin willigte ein. Er selbst führte den Rest der Mannschaft. Tags darauf brachen zwei Voyageurs zusammen. Franklin widerstrebte es, sie der Wildnis auszuliefern. Keiner der anderen Voyageurs wollte bei ihnen ausharren. Nur der Indianer Michel ließ sich dazu bewegen, die beiden zum Lager Richardsons zu bringen, wo es wenigstens Brennholz gab. Ob Michel Jagdglück genug haben würde, die Kranken mit Fleisch versorgen zu können, bis Hilfe aus dem Fort eintraf, stand dahin.

Franklin schleppte sich mit fünf Begleitern weiter nach Süden. Nur die Hoffnung auf baldige Hilfe aus Fort Enterprise hielt sie aufrecht, und schließlich bewahrte sie nur noch das dumpfe Wissen vor dem Verzweifelten, daß jeder taumelnde Schritt sie dem rettenden Fort näherbrachte. Gesichter, Füße und Hände waren von eiternden Frostbeulen bedeckt; sie konnten nur noch kriechen. Die fünf Voyageurs hätten sich wahrscheinlich aufgegeben. Aber obwohl Franklin am ärgsten unter Frostschäden litt, war er als ein-

ziger imstande, seine Begleiter aufzumuntern und anzutreiben, bis die Blockhütten des Forts endlich in Sicht kamen.

Durch das beißende Schneetreiben eines eisigen Nordsturms schwankten und krochen die sechs Männer an das Tor, drückten es auf, riefen, riefen . . . Keine Antwort! In den Häusern überall Leere, Kälte, Dunkel. Auf dem Brettertisch, mit einem Stein beschwert, ein Blatt Papier! Franklin erkannte Backs Handschrift. Mit verschwimmenden, von eben überstandener Schneeblindheit brennenden Augen las er: „Fand hier keinen Proviant. Eile nach Fort Providence weiter. Hole Hilfe. B."

Also hatte Akaitcho Fort Enterprise nicht verproviantiert. „Wir brachen in Tränen aus", berichtet Franklin, „aber wir beweinten nicht so sehr unser eigenes Schicksal als vielmehr das unserer Gefährten, die wir hatten zurücklassen müssen."

Franklin war weichmütig. Und doch gehörte er nicht zu denen, die kampflos aufgaben. Nach langem Grübeln fing er sich. Er wußte, Back würde alles daransetzen, um Hilfe zu bringen. Es galt, bis dahin zu überleben. Von neuem munterte er die verzagten Voyageurs auf. Er wies ihnen Arbeit zu und achtete darauf, daß sie auch getan wurde. Zwei mußten Flechten sammeln, zwei die Abfallhaufen des vergangenen Winters nach Knochen und Fellresten durchstöbern. Er selbst riß mit dem fünften die Verschalungen des Vorratshauses ab und zerschlug sie zu Brennholz. Zwei Stunden später brodelte auf dem Herd eine zwar übelriechende, aber wärmende Suppe.

Mit Hilfe dieser greulichen Kost hielten sie drei Tage lang durch. Dann kam ein Bote mit der Nachricht, Back habe die Indianer Akaitchos auch inzwischen nicht gefunden und setze den Weg nach Fort Providence fort. Rentiere zeigten sich in der Nähe der Häuser. Weder Franklin noch seine Gefährten hatten Kraft genug zu einem sicheren Schuß. So hungerten sie weiter und erwarteten, was ihnen bestimmt sein würde: „Hilfe durch den getreuen Back oder Erlösung durch den Tod."

Eines Tages, als sie sich bereits mit dem Gedanken an den Tod vertraut gemacht hatten, hörten sie Schritte auf dem Schnee vor den Hütten. Sie erhoben sich taumelnd vom Lager, um Back und Akaitchos Proviantträgern entgegenzugehen. Da schwankten Dr. Richardson und Hepburn herein.

Franklin starrte sie fassungslos an. Stockend kam es über seine Lippen: „Ihr lebt? Gott sei Dank! Aber wo sind Hood und Michel? Und die beiden Voyageurs?"

Dr. Richardson winkte ab, wollte ausweichen. Franklin gab keine Ruhe, bis der Arzt mit der Wahrheit herausrückte.

Er oder wir, Sir!

Nur der Indianer Michel, nicht aber die beiden zusammengebrochenen Voyageurs hatten sich bei dem Gehölz eingefunden, an dem der Arzt und Hepburn bei Hood zurückgeblieben waren. Sie hatten Michel freudig begrüßt; er brachte Jagdbeute mit. Als er Richardson den Zettel übergab, den Franklin den Voyageurs mitgegeben hatte, und der Arzt ihn fragte: „Wo hast du sie gelassen?“ hatte Michel geantwortet: „Ich habe sie aus den Augen verloren. Sie sind wohl irgendwo im Schnee versunken. Mir wäre es ums Haar nicht anders ergangen.“

Am nächsten Tag hatte sich Michel ein Beil geben lassen, um Brennholz zu schlagen. Er war jedoch erst abends wieder zurückgekehrt – ohne Holz, aber mit Fleisch. Er habe einen wohl von Rentieren verwundeten Wolf gefunden, hatte er erzählt. Den habe er mit dem Beil erschlagen, und hier seien Stücke von Rücken und Keule.

Richardson hatte ihn dafür gelobt. Alle waren froh, den tüchtigen Jäger Michel im Lager zu haben. Das Befinden Hoods wie auch das seiner Pfleger besserte sich dank der kräftigen Nahrung. Sie sprachen bereits vom baldigen Aufbruch. Das hatte Michel nicht gefallen. Er wurde plötzlich mürrisch und aufsässig und weigerte sich, Holz zu holen oder auf die Jagd zu gehen. Dann war er wieder stundenlang im Gehölz verschwunden. Nach der Rückkehr von solchen Ausflügen hatte er sich abseits gehalten, alle Nahrung zurückgewiesen und düster vor sich hingestarrt. Als der Doktor ihm einmal gedroht hatte, er werde ihn wegjagen, hatte der Indianer mit schiefem Lächeln erwidert: „Am besten schlagen Sie mich tot, Doktor! Dann habt ihr genug Fleisch.“

„Rede nicht solchen Unsinn, geh lieber auf Jagd!“

„Muß erst mein Gewehr reinigen“, hatte Michel gebrummt und sich ans Feuer gehockt.

Dr. Richardson berichtet im Journal der Franklin-Expedition: Nach der Morgenandacht ging ich fort, um Flechten zu suchen. Hood saß vor unserem Zelt und redete mit Michel. Hepburn fällte einen Baum. Ich hatte mich noch nicht weit vom Lager entfernt, da hörte ich einen Schuß. Nach einer Weile rief Hepburn laut und aufgeregt nach mir.

Ich fand Hood leblos neben dem Feuer, mit einer Schußwunde in der Stirn. Seine lange Flinte lag neben ihm. Zuerst dachte ich, er habe sich aus Verzweiflung das Leben genommen. Dann bemerkte ich, daß die Kugel durch den Hinterkopf eingedrungen war. Dort waren Mütze und Haar versengt, nicht an der Stirn. Der Schuß konnte nur von fremder Hand abgefeuert worden sein.

Ich befragte Michel, der während meiner Untersuchung teilnahmslos herumgestanden hatte. Er erwiderte verdrossen, Hood habe ihn ins Zelt geschickt, die zweite Flinte zu holen. Während er weg war, sei diese hier draußen losgegangen – ob durch Zufall oder mit Absicht, das könne er doch nicht wissen!

Obschon ich Michel noch gar nicht beschuldigt hatte, beteuerte er immer wieder, er sei unschuldig, er habe es nicht getan. Auffällig war ferner, daß er mich nicht mit Hepburn allein ließ. Sagte Hepburn etwas zu mir, so fragte Michel mich sofort ängstlich: „Behauptet er etwa, ich hätte Hood erschossen?“

Wir hatten Hood abseits unter Buschwerk niedergelegt. Die Nacht verbrachten wir schlaflos, einer mißtraute dem anderen. Den von mir für den nächsten Tag befohlenen Abmarsch verzögerte ein Schneesturm um zwei Tage. Als Proviant blieb uns nur noch der Rest von Hoods Ledermantel.

Michel gebärdete sich unterwegs immer beunruhigender. Er erklärte, bis zum Fort werde er nicht mitkommen. Dabei war seine Miene erschreckend wild, so daß ich erwiderte: „Geh, wohin du willst, aber laß uns endlich allein!“ Da wurde er wütend und schrie: „Ich lasse mich nicht kommandieren! Ich weiß, daß Hepburn mich angeschwärzt hat. Dafür soll er mir büßen, ehe ich in die Wälder gehe, wo die Freiheit wartet.“ Er hasse alle Weißen, sie hätten seine Familie umgebracht.

Allmählich wurde es mir klar, daß er uns aus dem Weg räumen wollte, damit wir ihn im Fort nicht festnehmen lassen könnten. Bei einem offenen Angriff hätten wir uns seiner nicht erwehren können, dazu waren wir zu kraftlos.

Fliehen konnten wir erst recht nicht. Michel wich uns nicht von der Seite.

Erst am Nachmittag beruhigte er sich, und als wir an einen Felsen kamen, auf dem Flechte wuchs, sagte er: „Geht ihr nur weiter, ich werde Flechte sammeln.“ Da waren Hepburn und ich zum erstenmal seits Hoods Ende allein. Hastig erzählte Hepburn mir, was er beobachtet hatte. Wir fühlten beide, daß Michel es auf unser Leben abgesehen hatte. „Er oder wir, Sir! Ich habe meine Flinte. Ich werde ihn erschießen“, sagte Hepburn.

Ich mochte diesem einfachen, guten Menschen, der sich aufopfernd um mich bemüht und meine ganze Zuneigung gewonnen hatte, eine so gräßliche Aufgabe nicht aufbürden. Außerdem lag mir an seinem Leben mehr als an meinem. Michel schloß sich uns überraschend schnell wieder an. Er hatte keine Flechte gesammelt. Wahrscheinlich hatte er nur unauffällig seine Büchse geladen, um uns hinterrücks zu erschießen. Ich ließ es nicht erst darauf ankommen und streckte ihn mit einem Pistolenschuß nieder.

Dr. Richardson spricht es in seinem Bericht nicht eindeutig aus, läßt es aber unschwer erraten, daß Michel nicht nur Leutnant Hood, sondern auch die beiden Voyageurs ermordet hat. Schlimmer noch: Michel war zum Kannibalen geworden. Das vermeintliche Wolfsfleisch stammte von seinen Opfern.

Der Rest der Franklin-Expedition war zwar wieder vereint, aber geholfen war damit nichts. Während sie verzweifelt auf Hilfe warteten, starben noch zwei Voyageurs. Erst am 7. November, als sie nur mehr glauben konnten, daß auch der tapfere George Back im Schnee umgekommen wäre, trafen endlich drei mit Proviant bepackte Indianer aus Fort Providence ein.

Franklin und der Rest der Expedition verdankten Backs Energie ihr Leben. Von den zwanzig Gefährten, mit denen Franklin im Sommer aufgebrochen war, blieben dreizehn in der Tundra zurück: Opfer des Winters und der Wildnis,

Opfer aber auch einer unzulänglichen Expeditionstechnik, die noch zu sehr vom Geist soldatisch-seemännischen Draufgängertums bestimmt war.

Was hatte die erste Franklin-Expedition von 1819 bis 1821 wirklich erreicht? Wenig mehr, als dem einsamen Samuel Hearne seinerzeit gelungen war. Sie hatte ein kleines Stück der langen nordamerikanischen Polarmeerküste erkundet, war also der Nordwestpassage kaum näher gekommen. Nur ein Optimist wie John Franklin konnte aus diesem kargen Ergebnis den Schluß ziehen: Es gibt die Nordwestpassage, und in Küstennähe ist sie schiffbar!

Es fehlt nur ein kurzes Stück

John Barrow hörte diese Erklärung gern, denn sie bestätigte die von ihm unentwegt vertretene Ansicht. Nach seiner Meinung galt es jetzt, auf Grund der Ergebnisse der beiden ersten Expeditionen von Parry und der Reise John Franklins nur noch die bisher nicht erkundeten Teilstücke der amerikanischen Nordküste zu erforschen. Dann würde endlich die nordwestliche Durchfahrt zwischen Atlantik und Pazifik gefunden sein. Die Aufgabe sollte wiederum durch mehrere vom Westen und Osten zugleich operierende Gruppen gelöst werden.

Parry und Franklin stellten sich sofort zur Verfügung. Parry sollte vom Lancaster-Sund südwestwärts zum Coronation-Golf vorstoßen, Franklin von der Mackenzie-Mündung die Küste nach Westen hin erkunden und der dritten Arbeitsgruppe in die Hand arbeiten, die unter Beechey von der Beringstraße aus, also von Westen nach Osten, vorgehen sollte. Auf dem Papier eine Erfolg verheißende Rechnung. Hätte sie nur nicht eine Größe von gefährlicher Unberechenbarkeit enthalten: das Eis der Arktis!

Es zwang Parry zu dem bereits dargestellten unrühmlichen Rückzug aus dem Prince-Regent-Inlet. Es stellte sich Beechey so hartnäckig in den Weg, daß er nur wenig über das von Cook entdeckte und benannte Eiskap an der Nordwestküste Alaskas hinauskam. Er konnte lediglich die Küstenlinie bis Point Barrow erkunden, dem er diesen Namen gab. Die Verbindung zu Franklin herzustellen, gelang ihm nicht.

Die größte Leistung vollbrachten Franklin und die Gefährten seiner ersten Expedition, Dr. Richardson und George Back, die ihn auch diesmal begleiteten. Sie erkundeten im Sommer 1824 den Unterlauf des Mackenzie-Stroms, während die HBC durch ihren Mitarbeiter Dease für die Expedition am Großen Bärensee ein Winterquartier vorbereiten ließ. Sobald im nächsten Frühjahr die Gewässer wieder offen waren, fuhr die ganze Expedition bis zur Mackenzie-Mündung. Hier teilte sie sich in zwei Gruppen. Franklin, Back und der Pelzhändler Dease fuhren nach Westen, Richardson und der Pelzhändler Kendall nach Osten, vom Mackenzie bis zum Kupferminen-Fluß.

Franklins Gruppe hatte ständig mit Treibeisfeldern zu kämpfen. Trotzdem gelang es ihr, 700 Kilometer weit nach Westen vorzudringen. Das verdankten sie vor allem den Umiaks (Großbooten) der Eskimos, die sie am Mackenzie erworben hatten. Überhaupt trug zum Gelingen ihres Unternehmens viel bei, daß Franklin die Unterstützung der Eskimos fand, die ihm drei Jahre früher, am Coronation-Golf, so sehr gefehlt hatte. Ihre verläßlichen Auskünfte ersparten ihm in den Buchten der Küste viel zeitraubende Sucharbeit. „Wären die Eisverhältnisse in jenem Jahr nur ein wenig besser gewesen“, urteilt Franklin über seine zweite Expedition, „so hätten wir die Verbindung zu Beechey gewiß hergestellt und Klarheit auch über den westlichen Abschnitt der Nordwestpassage geschaffen.“ Immerhin durfte er bei der Rückfahrt behaupten, die Karte, die er und Richardson mitbrachten, werde jedem Nachfolger zwischen Beringstraße und Coronation-Golf „die allerbesten Dienste leisten und ihm wenig zu wünschen übriglassen“.

Trotz dieses Erfolgs erlebte er wenig später eine große

Enttäuschung. Regierung und Admiralität ordneten 1827 an, die Suche nach der Nordwestpassage sei einzustellen, da sie zu kostspielig und ohne greifbaren Wert sei. Was konnte hinter diesem Stimmungsumschlag stecken? Vor allem doch wohl die Ernüchterung bei denen, die wider besseres Wissen immer noch darauf spekuliert hatten, daß die Nordwestpassage für die Schiffahrt von Nutzen sein würde. Es kam hinzu, daß innenpolitische Sorgen das Parlament zu Etatkürzungen zwangen, von denen auch damals die Ausgaben für Wissenschaft und Forschung zuerst betroffen wurden.

Als Franklin und Parry empört aufbegehrten, es fehle doch nur noch ein kurzes Stück, suchte Barrow sie zu trösten: „Machen Sie sich nicht allzuviel daraus! In der langen Geschichte der Nordwestpassage haben Flut und Ebbe sich immer wieder abgelöst wie auf der See, wo auf die Brise eine Flaute folgt. Sie als Seeleute wissen, daß bei Flaute nur Geduld hilft. Die Zeit wird kommen, wo unsere Sache wieder Wind in die Segel bekommt."

„Er hat gut reden", knurrte Franklin, als er mit Parry die Admiralität verließ. „Für ihn ist die Forschung, ist die Nordwestpassage nur ein Steckenpferd. Für uns aber bedeutet sie das Leben selbst. Ohne sie sind wir so gut wie tot, sind wir Schiffe ohne Segel und Wind."

Er irrte sich. Für John Barrow waren ebenso große Hoffnungen vernichtet. Der Zwang der Regierung zur Sparsamkeit ließ auf Jahre hinaus für arktische Forschungsabenteuer nichts erwarten. Wie lange würde das fehlende kurze Stück der Nordwestpassage, von dem Franklin gesprochen hatte, noch unentdeckt und weiter eine Herausforderung bleiben?

Alleingang mit der Victory

Bis an das westliche Meer

Es fehlt nur noch ein kurzes Stück, dachte auch Kapitän John Ross, als er Parrys und Franklins Berichte studierte. Ihn erfreute diese Feststellung, denn er war, wie er schreibt, „begierig darauf anzuknüpfen, wo Parry hatte aufhören müssen, und das Prince-Regent-Inlet zu erforschen, weil sich dort die beste Möglichkeit zur Vollendung der Entdeckung anzubieten schien“. Seit seinem Irrtum mit den Crocker-Bergen litt er darunter, daß boshafte Schreiber sich nicht scheuten, seine seemännischen Fähigkeiten anzuzweifeln. Immerfort hielt er Ausschau nach Gelegenheiten, diese Lästerzungen zum Schweigen zu bringen.

Da er wußte, daß er dank Barrows Feindseligkeit weder von der Admiralität noch von der Royal Society Unterstützung zu erwarten hatte, entschloß er sich, sein Vermögen zu opfern, um die Expedition zustande zu bringen, von der er sich so viel für sich selbst und für die Sache der Nordwestpassage erhoffte. Die dreitausend Pfund, die er besaß, reichten allerdings dafür bei weitem nicht aus. Deshalb wandte er sich an seinen Freund Felix Booth, dessen offene Hand für mildtätige, patriotische und kulturelle Unternehmungen bekannt war. Booth, Inhaber einer florierenden Branntwein- und Likörfabrik, zeigte sich auch bereit, zur Förderung geographischer Forschung tief in die Tasche zu greifen, denn selbst für einen reichen Mann wie ihn waren achtzehntausend Pfund ein Opfer.

Gleichwohl reichte diese für damalige Zeiten beträchtliche Summe auch bei größter Sparsamkeit nur aus, ein Expeditionsschiff zu kaufen und Ausrüstungen und Proviant für drei Jahre zu beschaffen. Die nur 85 Tonnen große Victory war nicht etwa ein Prachtstück; sie war ein ausgedientes Paketboot einer Küstenlinie. Aber Ross mußte froh sein, daß er sie relativ billig bekam und daß sie annähernd seinen Wünschen entsprach. Er wollte nur ein kleines Schiff mit geringem Tiefgang haben, weil das seines Erachtens für arktische Gewässer am besten geeignet war.

Die Victory verließ England im Frühsommer 1829 und durchfuhr zeitig den Lancaster-Sund, der in Ross unfreundliche Erinnerungen an die Crocker-Berge wachrief. Unbehelligt passierte sie auch jene Stelle im Prince-Regent-Inlet, an der Parry 1825 gescheitert war. Die Proviantvorräte und die Geräte, die Parry dort in provisorischen Schuppen zurückgelassen hatte, waren unangetastet und gut erhalten. Aus diesem Depot ergänzte Ross seine Bestände und merkte sich den Platz gut: für mögliche Notfälle, wie er sagte.

Danach steuerte er zuversichtlich das Meer Akuli der Eskimos an. Immer wieder von Treibeisfeldern behindert, segelte er zuerst an der Küste der North-Somerset-Insel, dann am Strand eines noch von keinem Europäer berührten Landes entlang. Ihm gab er zu Ehren des Mäzens seiner Expedition den Namen Boothia Felix. Vorsichtig tastete er sich, immer nahe dieser Küste, nach Süden, bis die Eisfelder größer und dichter wurden, statt sich, wie er erwartet hatte, allmählich zu lichten.

Anschaulich beschreibt er die Gefahren dieser Fahrt: „Wer den nördlichen Ozean nicht mit eigenen Augen im Sturm gesehen hat, weiß nicht, was das Wort Eis besagt. Er kennt Eis nur als die stille, glänzende Decke über Binnengewässern. Er kann sich daher auch nicht vorstellen, wie sehr das Eis für den Eismeerfahrer die Macht des Schicksals bedeutet. Er möge sich jedoch vergegenwärtigen, daß es hart wie Stein ist und in der Arktis zu einem schwimmenden Felsblock werden kann, wenn es in der Strömung treibt, oder gar zu einem Vorgebirge aus härte-

stem Granit, wenn es strandet und auf Grund sitzt. Er möge sich nun auszumalen versuchen, wie mehrere solcher Gebirge aus granithartem Kristall von einer rapiden Gezeitenströmung durch eine enge Meeresstraße gejagt werden und wie sie mit Donnergetöse gegeneinanderprallen. Riesige Trümmer brechen dabei ab, oder einer der Eisriesen stürzt um und wühlt das Meer zu haushohen Brechern auf. Man mag sich endlich noch ausmalen, mit wie ungeheurem Toben und Krachen die Treibeisfelder gegen Küsten und Klippen anrennen, wenn Strömung oder Sturm oder beide zusammen mit ihnen spielen. Da lernt man begreifen, wie klein und hilflos Mensch und Menschenwerk gegenüber Naturgewalten sind. Niemals kann man voraussehen, was der nächste Augenblick bringt. Er kann der Untergang, aber auch die Rettung sein, die man schon nicht mehr für möglich hielt. In solcher Bedrohung hat man meistens gar keine Zeit zur Angst. So schnell geschieht das Unerwartete, so schnell geht es vorüber."

Bei etwa 70° nördlicher Breite wurde das Packeis für die Victory undurchdringlich. Ross mußte einen Winterhafen suchen. Hier erwies es sich als Gewinn, daß sein Neffe James Clarke Ross als Erster Offizier an der Expedition teilnahm. James hatte alle Fahrten Parrys mitgemacht und dabei die Erfahrungen eines Eislotsen wie auch die eines Expeditionsführers erworben. Das half ihm jetzt, die Mannschaft der Victory geistig und körperlich gesund zu erhalten. Auch hier am Meer Akuli gab es wieder Turnstunden und Zitronensaft, gab es Volksschule und Winterakademie nach Parrys Vorbild. Je länger die Expedition dauerte, desto mehr wurde James Ross zu ihrem eigentlichen Führer.

Während Parrys zweiter Expedition hatte er ein paar Brocken der Eskimo-Sprache gelernt. Mit ihrer Hilfe gelang es schnell, mit den Eskimos der Boothia-Halbinsel, die noch keinen Weißen gesehen hatten, in freundschaftliche Verbindung zu kommen. Mit berechtigter Genugtuung berichtet John Ross davon: „Wir haben ihnen keinen Rum verkauft, keine Krankheiten gebracht und auch sonst nichts getan, was ihre Gesundheit oder ihre Sitten geschädigt hätte. Wir haben sie nichts gelehrt, was sie mit ihrer gegenwärtigen, kaum abwandelbaren Lebensweise unzufrieden machen könnte. Wohl aber haben wir ihnen beizubringen versucht, wie man Fischnetze knüpft. Diese ihnen bis dahin unbekannte Kunst wird ihnen noch nützlicher sein als die Werkzeuge und Gegenstände, die sie von uns erhielten."

Die Eskimos dagegen brachten frisch gefangene Fische und Seehunde zum Schiff. Sie gaben bereitwillig Auskunft über das Land, in dem sich ihr Nomadenleben abspielte. Ross erfuhr von ihnen, daß sein Boothia Felix eine Halbinsel der nordamerikanischen Festlandküste war und daß die lange Kette von Eisflächen im Binnenland, die man von den Strandhügeln überblicken konnte, Süßwasserseen waren, nicht Meeresstraßen, wie man an Bord gehofft hatte. Wenige Tagesreisen weiter nach Westen jedoch sollte nach Aussagen der Eskimos ein Meer sein, das nicht kleiner sei als das Meer Akuli im Osten.

Das klang gut für die Ohren der Expeditionsführer. James Ross hatte bei Parry das Winterreisen über Land gelernt. So wagte er auf Boothia mehrere lange Schlittenreisen. Die Eskimos stellten Wegführer, Schlitten und Hunde zur Verfügung. Aber ganz auf die Technik eskimoischen Schlittenreisens überzugehen, riskierte James Ross noch nicht. Dazu gehörte Übung im Umgang mit Schlittenhunden, für die er offenbar die erforderliche Geduld nicht aufbrachte. Seine erste Fahrt führte ihn gleich 375 Kilometer von der Ausgangsbasis weg. So weit hatte sich noch kein Polarforscher vom Schiff aus ins Binnenland begeben.

Er erkundete weite Strecken des Südteils der Boothia-Halbinsel und gelangte auf diesen Reisen bis zur westlichen Küste des King-Williams-Landes. „Meine Schlittenmannschaft brachte bei der Ankunft drei Hurras aus. Solchen Gruß hatte diese Küste wohl verdient, denn hier hatten wir endlich das Meer vor uns, das das Ziel unserer Hoffnungen und Mühen war“, berichtete er. „Wir waren überzeugt, daß die Verbindung, die uns um die ganze nördliche Küste des amerikanischen Festlandes herum führen werde, nicht mehr fern sein könne.“

Nach seiner Schätzung war dieser Punkt, den er Victory Point nannte, nur noch etwa 375 Kilometer von Franklins Kap Turnagain entfernt. Sein Bericht fährt fort: „Wir wären gewiß dorthin gelangt, wäre die Natur nicht gegen uns gewesen. Immerhin, das ersehnte Meer, dem wir entgegenstrebten, lag hier vor uns. Es war ein feierlicher, uns allen unvergeßlicher Augenblick.“

Als James Ross zurückkehrte, war man auf der Victory bereits eifrig damit beschäftigt, das Schiff für die Fortsetzung der Expedition vorzubereiten. Das Wetter wurde gegen Ende Juni sommerlich warm, aber der Juli und August verstrichen, ohne daß die Packeisbarriere vor dem

Winterhafen sich rührte. Anfang September setzten wieder strenge Fröste ein, Schneestürme hüllten die Landschaft aufs neue ein. Immerhin brachten sie das Eis endlich in Bewegung. Am 17. September wurden die Segel gehißt. „Welcher Seemann“, schreibt John Ross, „könnte unsere Freude darüber nicht nachfühlen, daß unser wackeres Schiff endlich, nach diesem langen Winter, aus seiner Haft erlöst wurde, in der es zwischen Eis und Klippen hilflos und ohnmächtig gelegen hatte? Es schien wie neu belebt, gehorchte dem Ruder mit Lust und tat willig, was wir von ihm verlangten. Wir hätten vor Freude jauchzen mögen, weil wir endlich die Freiheit zurückgewonnen hatten. Aber wir sollten, wie schon mancher andere, nur zu bald herausfinden, daß Freiheit nicht immer Glück bringt.“

Schon nach drei Seemeilen Fahrt war die Victory erneut vom Treibeis eingeschlossen und mußte vor dem Andrang der Schollen hinter zwei Eisbergen Schutz suchen. Jungeis formte sich schnell, weil scharfer Frost einsetzte. „Es blieb uns“, berichtet Ross, „nichts anderes zu tun, als uns in unserem schwimmenden Gehäuse wiederum auf eine Winterhaft einzurichten und uns, zwischen See und Strand vom Eis eingeschlossen, Geduld und abermals Geduld zu predigen.“

Nur mit größter Anstrengung und unter tagelangen Mühen gelang es, mit Eissägen und Äxten einen Weg in eine Bucht knapp nördlich vom ersten Winterhafen zu schlagen und das Schiff hineinzubringen, ehe sich der mühsam geschaffene Kanal wieder schloß. Ende Oktober begann für die Victory die zweite Überwinterung.

Der magnetische Nordpol

Die von James Ross im ersten Winterhafen und während seiner Schlittenreisen regelmäßig durchgeführten Kompaßbeobachtungen und erdmagnetischen Messungen hatten ihm angezeigt, daß der magnetische Nordpol auf der

Boothia-Halbinsel zu finden sein müsse. Er war wie alle seine Zeitgenossen noch überzeugt, die Entdeckung des magnetischen Nordpols werde für Erdkunde und Seefahrt mindestens ebenso bedeutsam sein wie die Entdeckung des geographischen Nordpols. Man nahm damals an, die Lage der beiden Magnetpole der Erde sei ebenso unveränderlich wie die der geographischen Pole. Später hat man erkannt, daß sie sich ständig verändert hatten und daß man sie mittels mathematischer Berechnungen und durch ein über die ganze Erde verzweigtes Netz von Beobachtungsstationen immer wieder neu feststellen muß.

Da diese Erkenntnis James Ross noch nicht erreichbar war, unternahm er während der zweiten Überwinterung erwartungsvoll mehrere Schlittenreisen, um diesen „interessantesten Punkt der nördlichen Erdhalbkugel" aufzusuchen. Bei 70° 17′ 17″ nördlicher Breite und 96° 46′ 45″ westlicher Länge gaben ihm seine Instrumente die Gewißheit, daß er ihn erreicht hatte.

James Ross äußert sich in seinem Bericht ungehalten darüber, daß der „Volksaberglaube, mit dem magnetischen Pol sei ein tiefes Geheimnis verbunden, Anlaß zu allerlei ungehörigen Erörterungen über unsere Reise dorthin gab, wie wenn wir mit seiner Entdeckung den Demantberg oder irgendein anderes Mirakel sichtbar gemacht hätten". Er war aber selbst naiv genug, mit spürbarer Genugtuung von seinem Erfolg zu berichten: „Wir erreichten am 1. Juni (1831) um acht Uhr morgens den vorausberechneten Ort. Ich muß es anderen überlassen, sich unseren freudigen Stolz auszumalen, als wir endlich an diesem großen Ziel unseres Ehrgeizes angelangt waren. Uns war zumute, als hätten wir nun alles geleistet, weswegen wir den weiten Weg auf uns genommen hatten, unsere Reise mit ihren Mühen und Gefahren wäre zu Ende und uns bliebe nichts anderes zu tun übrig, als heimzukehren. Gern hätten wir allerdings gesehen, daß ein so wichtiger Ort durch etwas Auffallendes ausgezeichnet wäre. Die Gegend hier war jedoch öde und flach. Der Ort, den sich die Natur zum Mittelpunkt einer ihrer großen, verborgenen Kräfte ausersehen hat, zeichnet sich durch nichts Hervorstechendes aus. Wir mußten uns damit zufriedengeben, durch mathematische Chiffren kenntlich zu machen, was sich durch nichts dem Auge Wahrnehmbares verriet. Nur die völlige Untätigkeit der Neigungsnadeln, die ich bei mir hatte, bewies die unmittelbare Nähe des Pols, wenngleich wohl nicht sein Vorhandensein genau an unserem Standort."

Auch nach der zweiten Überwinterung war das Eis, die große Schicksalsmacht der Arktis, der Victory und ihrer Mannschaft nicht günstig gesonnen. Das Schiff, seit Anfang Juni seeklar im Winterhafen, wartete vergebens darauf, daß die Eissperre sich regen würde. Die Menschen an Bord hatten sich bis zum Überdruß satt. Die Landschaft war bis ins kleinste bekannt. „Der Fang eines Lemmings bedeutete schon ein Ereignis für uns", notierte Ross. „Wir litten unter dem Mangel an Beschäftigung und Abwechslung, an geistiger Übung und neuen Gedanken, vor allem aber an der Eintönigkeit unserer Gesellschaft. Jeder wußte, heute war so wie gestern, und morgen würde nicht anders sein als heute. Nur weil wir dabei andere Gesichter sahen, andere Stimmen zu hören bekamen, waren uns die Besuche der Eskimos willkommen."

Ende August kam die Victory zwar vom Eis frei, aber wiederum mußte sie nach wenigen Seemeilen Fahrt Zuflucht in einer Bucht suchen, die ihr dritter Winterhafen werden sollte. Im September bot sich das gleiche Bild wie im Vorjahr: die Winterkälte setzte ein, und Schnee bedeckte das Land.

„Wer hat wohl die Gletscher des Nordens jemals mehr bewundert als ich", schreibt John Ross. „Wer hat sich mit mehr Liebe in den Anblick treibender Eisberge versenkt, die vom Polarmeer mit den Gezeiten und dem Wind dem Ozean entgegensegeln durch Sturm und Windstille – Burgen, Türmen und Gebirgen gleich, prachtvoll in ihren Farben, gewaltig in ihrer Gestalt? Habe ich nicht sogar inmitten des grauenhaften Donnergetöses sturmgepeitschter

Treibeisfelder die unübertreffliche Schönheit der Natur erkannt? Schönheit und Schrecken, Gefahr und Grauen sprachen die Sinne an, erregten das Gefühl. Doch immer nur Eis und Schnee und Schnee und Eis zu sehen, Woche für Woche, Monat für Monat, Jahr für Jahr, das hat mein Herz kalt, meine Augen müde gemacht über alle Begriffe. Der Anblick von Eis und Schnee wird mir, fürchte ich, für alle Zeit ein Ekel bleiben."

Bitterer Entschluß

Während dieser dritten Überwinterung beschloß John Ross, sein Schiff aufzugeben. Für eine vierte Überwinterung reichten die Proviantvorräte nicht aus. Er konnte sie nur noch aus dem Depot ergänzen, daß Parry an der Küste von North Somerset zurückgelassen hatte.

Im April wurden in mühsamer Arbeit die Boote und die nötigen Vorräte, Segel, Tauwerk, Ruder und Kleidungsstücke über das Eis bis zum offenen Wasser des Meeres Akuli geschleppt. Was man an Instrumenten und Ausrüstung nicht mitnehmen konnte, wurde an Land gebracht und unter Segeltuchplanen wettersicher verstaut. Vielleicht konnte es einmal anderen nützen.

Dann kam für den Seemann John Ross der schwerste Augenblick. Er mußte seine Victory aufgeben. „Sie hätte ein besseres Schicksal verdient", berichtet er über diese bittere Stunde. „Von den sechsunddreißig Schiffen, auf denen ich in zweiundvierzig Seemannsjahren gedient habe, war dies das erste, das ich aufgeben mußte. Es war wie der Abschied von einem alten Freund. An der letzten Stelle, wo wir sie noch sehen konnten, stand ich lange und starrte über die traurige Einöde zu ihr hinüber, die einsam und verlassen im Eis eingesargt blieb, bis die Zeit an ihr wie üblich ihr Werk verrichtet haben würde. Als die Boote vom Eisrand ablegten und Kurs nach Norden nahmen, kam ich mir wie ein Deserteur vor."

Die Eskimos der Boothia-Halbinsel haben die verlassene Victory noch jahrelang ausgebeutet. Holz, Nägel, Ketten, Messingleisten verhalfen ihnen zu Schlittenkufen, Messern, Pfeilspitzen, Harpunen, Lachshaken und Rentierspeeren. Die Erinnerung an diese „fetten Jahre“ war noch wach bei ihnen, als Knud Rasmussen sie 1925 besuchte.

John Ross blieb es nicht erspart, noch einmal in der Arktis zu überwintern. Bis seine Boote nach mühevoller Reise bei dem Depot an der North-Somerset-Küste ankamen, war der Sommer bereits weit fortgeschritten. Er konnte nicht mehr hoffen, vor Winteranbruch den Lancaster-Sund und die Baffin-Bai und dort ein Walfangschiff zu erreichen.

In harter Arbeit wurde einer der Depotschuppen in ein winterfestes Haus verwandelt, in dem man freilich in größter Enge hausen mußte. Es kostete unsagbar viel Kraft, die am Strand verstreuten Ausrüstungsgegenstände zusammenzutragen. Diese Plackerei half der Mannschaft wenigstens über die Niedergeschlagenheit hinweg. Mit den Resten der Vorräte, die Parry seinerzeit notgedrungen hinterlassen hatte, konnten sie den Winter durchhalten.

Er schleppte sich trübselig dahin. „Nicht einmal die Stürme brachten Abwechslung in das trostlose Einerlei von Schnee und Eis“, schreibt Ross. „Wurde der Himmel – selten genug! – einmal klar, so erfreute uns der Anblick nicht. Selbst die Muntersten unter uns verfielen dem Stumpfsinn. Am besten waren die dran, denen die Natur das beneidenswerte Talent verliehen hat, jederzeit und womöglich tagelang zu schlafen.“

Erst am 10. August 1833 wurde Prince-Regent-Inlet eisfrei. Sie wagten sich mit den Booten hinaus. Günstiger Wind brachte sie in einem einzigen Tag bis in den Lancaster-Sund. Am Morgen des 26. August erspähte der Ausguckposten ein Segel am Horizont. Sofort legten sich die Männer mit aller Kraft in die Riemen. Die Anstrengung war vergebens. Als eine Brise aufkam, verschwand das Schiff schnell hinter dem Horizont. Doch die Enttäuschung währte nicht lange; schon gegen zehn Uhr morgens kam ein zweites Schiff in Sicht. Voller Hoffnung gab jeder noch einmal sein Letztes her. Und diesmal kamen sie dem Schiff nahe genug, um seinen Ausguck auf sich aufmerksam zu machen. Es schickte sein Langboot herüber, das die Bootsflottille der Ross-Expedition in Schlepp nahm.

„Wir müssen auf den Kapitän einen zweifelhaften Eindruck gemacht haben", meint John Ross. „Mit monatealten Bärten, schmutzig, in zerschlissene Pelze gehüllt, kletterten wir an Bord. Uns selbst fiel unsere Verwahrlosung erst auf, als wir die sauber gekleideten und gut genährten Männer des Walfängers vor uns hatten. Wir schämten uns, aber dann dachten wir an das, was wir durchgemacht hatten, und hielten die Nasen hoch. Kapitän Humphrey und seine Mannschaft halfen uns schnell über den peinlichen Augenblick hinweg. Die Hungrigen bekamen zu essen, die Zerlumpten Kleidung, die Kranken ein Bett. Zum Waschen und Rasieren war sofort Gelegenheit. Wir versuchten, möglichst alles zur gleichen Zeit zu tun, und quirlten zur Erheiterung der Walfänger bald kauend, bald rasierend, bald Kleider anlegend oder mit Wasser und Seife auf dem Deck durcheinander. Zwischendurch sprangen Frage und Antwort wie Funken hin und her. Die Abenteuer der Victory, die große Weltpolitik, von der wir volle vier Jahre ausgeschlossen waren, sonstige Neuigkeiten: alles mischte sich bunt durcheinander. Erst gegen Abend schlug die Erregung in Ermattung um, und eine große Stille kam über uns. Ich glaube, da war nicht einer unter uns, der in den Schlaf nicht die Worte eines Dankgebets oder doch ein paar ernste Gedanken hinübernahm, die dem galten, der uns vom Rand eines Grabes in der eisigen Wildnis zu unseren Freunden in die Zivilisation zurückführte."

Mitte Oktober setzte die Isabella ihre Passagiere in London ab. John Ross wurde mit einer Herzlichkeit empfangen, die er nicht erwartet hatte. Seine Expedition galt bereits seit zwei Jahren für verloren. Im Frühjahr 1833 war Franklins alter Gefährte, George Back, aufgebrochen, um von der kanadischen Tundra aus nach ihr zu suchen. Daß Ross vier Überwinterungen in der Arktis überstanden hatte, ohne daß seine Mannschaft ernstliche Schäden davongetragen hatte, stellte seinen Ruf als Forscher und Seemann wieder her. Die Crocker-Berge waren endlich verziehen. So sehr hatte sich die Stimmung zu seinen Gunsten gewandelt, daß die Admiralität die Löhne für die Victory-Mannschaft aus ihrem Etat bezahlte, und das Parlament tat ein übriges: Es ersetzte Ross in Anerkennung seiner Leistungen die von ihm aufgebrachten Beträge zu den Expeditionskosten und gewährte ihm darüber eine Ehrengabe von 2000 Pfund.

Daß er das letzte noch unentdeckte Stück der Nordwestpassage auch nicht bewältigt hatte, übersah man großzügig, erklärte es vielmehr wie Ross selbst als einen Gewinn, daß man dank seinem Alleingang mit der Victory „Hoffnungen fahren ließ, die nur auf Täuschungen beruhten, und von nun an weniger versucht sein werde, neue Fahrten zur Lösung des Rätsels Nordwestpassage zu unternehmen, nur um zu untersuchen, ob diese Durchfahrt nicht doch noch dem Handel dienstbar gemacht werden könne. Das widerspreche denn doch zu sehr dem gesunden Menschenverstand und der Wahrscheinlichkeit."

Ganz ohne einen hoffnungsvollen Ausblick auf die Zukunft mochte sich aber auch John Ross nicht von der Nordwestpassage verabschieden, die ihn so hart herangenommen und ihn vier Jahre seines Lebens gekostet hatte. „Auch wenn keine Hoffnung mehr besteht, eine der Schiffahrt dienliche Durchfahrt im Norden Amerikas zu finden", schreibt er, „wird es doch immer wieder Seeleute geben, die alles daransetzen werden, die Umsegelung und Kartographierung der amerikanischen Nordküste zu vollenden. Sparsamkeitsgründe gegen derartige Versuche ins Feld zu führen, wäre verächtlich; das könnte nur einer krämerhaften Geisteshaltung entspringen, nicht aber der einer Nation, die schon so viel für die Erforschung der Erde getan hat, ohne nach Gewinn zu fragen."

Die nördliche Küste

Pelze, Paddel und Prärien

Lang ist die Reihe der Männer, von denen die Chronik der Nordwestpassage zu berichten hat. Einer der eigenartigsten und eigenwilligsten unter ihnen ist Thomas Simpson, der 1837 in dieses Ringen eingriff.

Als Kind seiner zarten Konstitution wegen verwöhnt, ja verzärtelt, entwickelte er sich auf Schule und Universität zu einem vielseitig gebildeten jungen Mann von besten Manieren und feinem Geschmack. Eltern und Lehrer hatten ihm eine Gelehrtenlaufbahn zugedacht. Als Student legte er eine Vorliebe für knifflige Probleme und Tüfteleien an den Tag. Seine Freunde behaupteten von ihm, er hätte gut zu den Scholastikern des ausgehenden Mittelalters gepaßt und mit ihnen eifrig darüber gegrübelt, wie viele Engel auf einer Nadelspitze Platz finden.

Mit 21 Jahren brach er unvermittelt aus dieser Welt aus und ging nach Kanada in den Dienst der HBC. Diese hatte nach harten Kämpfen die konkurrierenden Pelzhandelsgesellschaften, die ihr zwischen 1765 und 1820 das Leben schwergemacht hatten, eine nach der anderen aufgesogen und besaß danach praktisch die uneingeschränkte Herrschaft über den ganzen Westen und Nordwesten des heutigen Kanada, ausgenommen das Gebiet der Kolonie British Columbia. Ihre Handelsstationen griffen sogar bis nach Montana und Idaho hinein. Ihr Riesenreich zwischen Polarmeer, Hudson-Bai und Pazifik umfaßte 7,75 Millionen Quadratkilometer.

Diese Größe war ihr Verderb. Die Verwaltung eines solchen Giganten überstieg bald ihre Möglichkeiten. Die

HBC veräußerte 1867 ihre Besitzrechte an das neugebildete Dominion Kanada. Ihre Handelsstationen wurden in Ladengeschäfte und Kaufhäuser umgewandelt, und in dieser Form besteht sie als Firma heute noch. Sie ist auch noch immer der zweitgrößte Pelzlieferant der Welt. Und da sie zudem an Bergwerks-, Erdöl- und Erdgasunternehmen maßgeblich beteiligt ist, stellt sie auch im 20. Jahrhundert noch das dar, was sie seit ihrer Gründung vor 300 Jahren gewesen ist: eine der stärksten Antriebskräfte in der wirtschaftlichen Entwicklung Kanadas. Als Simpson in ihre Dienste trat, lag diese Wandlung noch in weiter Ferne. Die HBC stand als Landesherr wie als Pelzhandelsgesellschaft unangefochten auf der Höhe ihrer Macht, und sein Vetter, George Simpson, regierte in ihrem Reich als der fast allmächtige Gouverneur. Er nahm den jungen Schöngeist in seine Obhut. Die übliche zweijährige Lehrzeit im Pelzhandel, das heißt die Tätigkeit als „Lagerhausbesen" und Schreiber im Kontor einer der großen Faktoreien, blieb ihm so wenig erspart wie anderen. Erst als er sie zufriedenstellend absolviert hatte, machte ihn der Gouverneur zu seinem Privatsekretär. Damit hatte Thomas die nicht immer angenehme Pflicht, den unermüdlichen „Kleinen Kaiser", wie die Mitarbeiter der HBC ihren mitunter tyrannischen höchsten Vorgesetzten nannten, auf dessen zahlreichen, langen und strapaziösen Inspektionsreisen durch das Reich der Pelze, Paddel und Prärien zu begleiten.

Es scheint, daß aus dieser Zeit sein gespanntes Verhältnis zu George Simpson stammt, daß zwischen widerwilliger Hochachtung, verstecktem Neid und Verachtung schwankte. Am meisten sind Thomas offenbar die derben Späße auf die Nerven gegangen, die im Pelzhandel üblich und auf Reisen des Kleinen Kaisers liebster Zeitvertreib waren. In ihnen sprach sich, wie er erbittert feststellte, „die ganze bildungsfeindliche Arroganz und Ungeschliffenheit aus, die sich im Pelzhandel breitmacht".

Sicher ein zu hartes Urteil, wenngleich diese Scherze

gewiß nicht fein waren. Bei einem der üppigen Begrüßungsessen, wie sie dem inspizierenden Gouverneur in den Faktoreien aufgetischt wurden, ließ der Kleine Kaiser die erste Schüssel des Vorgerichts zuerst seinem jungen Sekretär anbieten. Thomas Simpson starrte angewidert auf die verdächtig aussehende Speise und lehnte ab. Der Gouverneur nötigte ihn freundlich-dringlich, die ganze Tafelrunde feixte. Thomas blieb bei seiner Weigerung. Da brauste der Gouverneur auf: „Du Grünling, weißt du nicht, daß du nicht nur den Faktoreileiter, sondern auch mich mit dieser Weigerung beleidigst?“

Thomas Simpson wurde blaß und rot, hatte aber Rückgrat genug, steif zu antworten: „Sir, daß ich ein Grünling bin, weiß ich. Aber so grün bin ich doch nicht, daß ich mich zwingen lasse, Bärendreck zu essen!“ Brüllendes Gelächter, in das auch der Kleine Kaiser in seiner Freude über den gelungenen Spaß einstimmte, war die Antwort. In der Schüssel befand sich Beeren-Pemmikan, für die Pelzhändler eines der feinsten Gerichte, das aus getrockneten, zerstoßenen Büffelzungen, Büffelmark, Rohrzucker und Saskatoon-Beeren hergestellt wurde. Es schmeckte köstlich, wie Thomas Simpson herausfand, als er zu kosten wagte, sah aber tatsächlich aus wie angetrocknete Bärenlosung.

Humor besaß Thomas Simpson nicht, jedenfalls nicht den für das Reich der Pelzhändler brauchbaren, und sein Urteil über den Vetter Gouverneur blieb unverändert scharf: „Er ist anmaßend und roh; ein pompöser Narr.“

Bei den Inspektionsreisen lernte er, Reitpferd, Boot und Hundeschlitten zu meistern. Er nahm den Rhythmus der Paddelreise wie der Hundeschlittenfahrt für immer in sein Blut auf. Sein Gehör schärfte sich für die Ober-, Zwischen- und Untertöne in der Stille der Prärie, im Zischen des Schneesturms und im Sausen der großen Wälder. Als er den zweiten Teil seiner Lehrzeit beendet hatte, war aus dem feingeistigen Studenten ein ausdauernder Waldläufer geworden. Wie mancher andere „Zartfuß“ aus Europa hatte auch er entdeckt, welche unerschöpfliche Quelle der Kraft das harte Freiluftleben der Pelzjäger im Westen und Norden Kanadas sein konnte.

Jetzt drängte er zu größerer Selbstständigkeit. George Simpson hatte von seinem jungen Vetter eine bessere Meinung als dieser von ihm und schickte ihn bereitwillig an die Front, das heißt in den Faktoreidienst im Hinterland. Als erstes mußte Thomas im Frühsommer 1832 eine Kanubrigade – achtzehn Boote mit über hundert rauhbeinigen, widerborstigen Voyageurs – über die großen Seen nach Westen führen. Die zweite Bewährungsprobe war eine lange Winterreise mit dem Hundeschlitten, die er 1833 als Kurier von der York Factory an der Hudson-Bai-Küste zum Fort Garry am Red River durchzuführen hatte. Die Gelegenheit zum Meisterstück ließ danach nicht lange auf sich warten.

Expedition „aus dem Hut"

So jedenfalls durfte sich Thomas Simpson den Brief des Gouverneurs deuten, der ihn aufforderte, sich an einer demnächst beginnenden Expedition zu beteiligen. Sie sollte an der Küste des Polarmeeres die Fragen klären, die Hearne, Franklin und andere offengelassen hatten, insbesondere die Frage einer schiffbaren Durchfahrt zwischen Atlantik und Pazifik.

Gouverneur George Simpson begrüßte den Entschluß des Direktoriums, sich wieder einmal um die Nordwestpassage zu kümmern, mit Begeisterung. Seit Beginn seiner Amtszeit betrieb er mit leidenschaftlicher Anteilnahme die Erforschung des Riesenreiches der HBC. Auf sein Betreiben ging die erfolgreiche Erkundung der Täler und Flüsse in den nördlichen Felsenbergen bis zum Yukon zurück. Wenn nicht jedes Jahr wenigstens eine neue Entdeckung in seinem Reich brachte, war er nicht zufrieden.

Er war überzeugt, daß er seinem Vetter Thomas Ehre

und Lob zuteil werden ließ, als er ihn trotz seiner Jugend für eine solche Aufgabe auswählte und ihn damit anderen Mitarbeitern der HBC vorzog. Thomas Simpson zeigte mehr Verdruß als Freude, weil nicht er, sondern Dease die Expedition führen sollte. Er witterte darin eine Zurücksetzung durch den Gouverneur, der ihn wohl wieder einmal ducken wollte. In Wirklichkeit hattc der Kleine Kaiser das angeordnet, um nicht die Eifersucht dienstälterer Mitarbeiter zu erregen und in den Verdacht der Vetternwirtschaft zu geraten.

Dease war ein erfahrener Mann. Er hatte an der zweiten Franklin-Expedition teilgenommen und sich danach mehrfach bei der Erforschung der Felsenberge ausgezeichnet. Was ihm an geistiger Beweglichkeit abging, ersetzte er durch Pflichttreue und Ausdauer. Thomas Simpson war schnell mit seiner Wahl zum Expeditionsleiter versöhnt, weil der gutmütige Dease die geistige Überlegenheit seines jungen Adjutanten neidlos anerkannte. Ernsthafte Reibereien und Verstimmungen gab es zwischen den beiden so verschieden gearteten Männern nicht.

Wie Thomas Simpson sich für diese Expedition vorbereitete, ist bezeichnend für ihn. „Ich werde an diese Aufgabe herangehen wie Orchestermusiker, die ohne Probe ein Konzert spielen müssen, was sie Aus-dem-Hut-Spielen nennen“, so notierte er. „Natürlich kenne ich die Berichte von Hearne, Mackenzie, Franklin und Back, aber ich werde sie nicht in meiner Bücherkiste mitnehmen. Erstens möchte ich mir nicht durch deren Lektüre den Stil verderben lassen, und zweitens will ich vergessen, was meine Vorgänger geleistet, gesehen, gefühlt und gedacht haben. Es soll von Anfang bis Ende meine Expedition sein, jedes Stück Küste, das ich sehe, Neuland, und jede Erfahrung, jedes Bild neu, wie nie zuvor von irgendwem erlebt.“

Simpson frischte seine mathematischen Kenntnisse auf, ließ sich in Vermessungskunde, Kartenzeichnen und Astronomie unterweisen, studierte Geologie und Botanik und versenkte sich in seiner Freizeit in die Lektüre klassischer

Autoren, damit seine Aufzeichnungen „nicht zuviel von dem steifen und plumpen Stil der üblichen Tätigkeitsberichte aus dem Pelzhandel“ annähmen.

Sobald er im Spätherbst die vom Gouverneur aufgesetzte Reise-Instruktion erhalten hatte, reiste er mit dem Hundeschlitten zum Athabascasee. Dort wartete Peter Dease mit zwölf Halbblut-Voyageurs auf ihn. Die Instruktion wies die Expedition an, den ersten Sommer zur Erkundung der Küste zwischen Mackenzie-Mündung und Point Barrow zu verwenden, den zweiten zur Erforschung der Küste zwischen Kupferminen-Fluß und Backs Fisch-Fluß: „Wobei Sie Ihr Augenmerk besonders darauf richten wollen festzustellen, ob Ross' Behauptung zutrifft, Boothia Felix sei eine Halbinsel des Kontinents. Ist das der Fall, so überqueren Sie diese Halbinsel und erkunden die Küste weiter nach Osten, über Backs Fisch-Fluß hinaus so weit wie irgend möglich.“ Der Gouverneur nahm also an, was damals noch vielfach aus dem Ross-Bericht gefolgert wurde, daß die Boothia-Halbinsel westlich der Fisch-Fluß-Mündung liege, dicht bei Kap Turnagain.

Als die Wasserwege eisfrei waren, brach die Expedition am 1. Juni 1837 mit starker Mannschaft von Fort Chippeweyan am Athabascasee auf und fuhr über den Großen Sklavensee und den Mackenzie stromab zum Meer. Unterwegs wurde eine Gruppe abgezweigt und mit Proviant und Ausrüstung zum Großen Bärensee geschickt, wo sie am Nordostufer Gebäude für eine Überwinterung errichten und durch Rentierjagd Fleischreserven anlegen sollte.

Die aus vierzehn Mann bestehende Hauptgruppe erreichte am 9. Juli das Meer und schon am 15. Juli die Herschel-Insel. Die Reise verlief unerwartet glatt. Das Wetter war gut, das Meer war fast eisfrei. Am 23. Juli gelangten sie an den Punkt, wo Franklin 1824 hatte umkehren müssen. Simpson meinte, dieser ungewöhnlich gute Verlauf sei der von ihm vorgeschlagenen Methode zuzuschreiben, die Eisbänke an der Küste zu umgehen, statt auf ihre Auflösung zu warten. Das ließ sich freilich nur mit den leichten und trotzdem seetüchtigen Eskimo-Booten durchführen, die sie gewählt hatten. Man konnte sie notfalls weite Strecken über Land tragen, sich mit ihnen jedoch, zumal bei einigermaßen ruhiger See, auch getrost auf das offene Meer hinauswagen.

Die eigentliche Entdeckungsfahrt fing jetzt erst an. Die Forscher sahen einen Höhenzug, dem sie den Namen Pelly-Berge gaben, und kamen an eine große Bucht, in die ein mächtiger Strom mündete, der so viel Wasser ins Meer führte, daß die Bucht noch drei Meilen vom Ufer entfernt Süßwasser hatte. Den Strom nannten sie Colville-River.

Bis zu dieser Bucht hatte die Expedition ohne Aufenthalt drei Längengrade überquert. An der Smith-Bai gab es dann erhebliche Schwierigkeiten. Der Nordwestwind schob das Treibeis in solchen Massen zusammen, daß man auf dem Meer nicht mehr durchkam. Es wurde sehr kalt, und Schneefälle setzten ein. Dease glaubte, die Navigationsperiode sei für dieses Jahr vorüber, und riet zur Umkehr. Auch die Mannschaft war in Unruhe. Einige kränkelten, und alle fürchteten, wenn man jetzt nicht umkehre, werde man nicht mehr bis zum Großen Bärensee zurück können.

Simpson hoffte, das Eishindernis an Land umgehen zu können. Dort stießen sie auf undurchdringliche Sümpfe. Nach einem letzten vergeblichen Versuch, die Boote durch das Eis zu manövrieren, faßte Simpson einen gewagten Entschluß: Er wollte zu Fuß mit nur fünf Begleitern nach Point Barrow vordringen. Dease, längst daran gewöhnt, dem wendigeren Gefährten die Führung zu überlassen, widersprach nur schwach, und so brach Simpson am 1. August mit seiner Gruppe auf. Um Flüsse und kleinere Buchten überwinden zu können, nahmen sie ein kleines Segeltuchkanu mit. Das Gelände bereitete ihnen zum Glück nur geringe Schwierigkeiten; jeden Tag legten sie fast vierzig Kilometer zurück. Am dritten Tag stießen sie an der Küste auf Eskimos. Hier bewährte sich, daß Simpson währen des Winters von Dease einige Brocken der Eskimo-

Sprache gelernt hatte und schnell erfuhr, daß diese Eskimos Handelsbeziehungen zu den damals in Alaska ansässigen russischen Pelzhändlern unterhielten. Gastfreundlich luden sie die Expedition zum Essen ein. Da sie das Fleisch jedoch in Tran brieten, fanden Simpson und seine Gefährten wenig Geschmack daran.

Als Simpson ihnen erklärte, er wolle weit nach Westen reisen, zeichnete eine der Frauen eine Skizze der Küste, und die Männer überließen ihnen gegen Tabak und Tee drei Großboote. Sie waren verblüfft und begeistert, als er aus den drei Booten mit Hilfe von Riemen ein breites, steuerfähiges Floß herstellte, das die sechs Mann und ihr ganzes Gepäck trug.

Damit paddelten die Forscher nach Westen weiter. Die Eskimo-Karte war ein guter Wegführer für sie und ersparte es ihnen, jeder Biegung der Küstenlinie zu folgen. Im Vertrauen auf ihre Verläßlichkeit wagten sie sogar, im Nebel die Elson-Bucht zu überqueren. Und als sich die dichte Nebelbank nach Stunden endlich hob, lag plötzlich Point Barrow vor ihren Augen! „Mit unbeschreiblicher Bewegung sah ich die langgestreckte, flache Landzunge vor mir“, erzählt Simpson. „Es war kurz vor ein Uhr morgens am 4. August. Die Sonne ging eben wieder auf. Ihre Strahlen legten farbigen Glanz über die Wolken. Dankerfüllt brachte ich dem Vater allen Lichtes mein Gebet dar, denn er hatte uns sicher durch alle Schwierigkeiten und Gefahren hierher geführt. Point Barrow war nichts als eine langgezogene Dünenkette aus Sand und Geröll. Der Druck des Packeises hatte dieses Gemenge in unzählbaren Wintern zu niedrigen Hügeln zusammengeschoben, die nur aus großer Entfernung in dem sonst flachen Gelände wie mächtige Anhöhen wirkten.“

Simpson fand auch hier einen Eskimo-Wohnplatz, dessen Bewohner die weißen Fremden gastfreundlich aufnahmen, sie mit Fleisch und Seehundsfellen beschenkten und mit einem grotesken Tanz unterhielten. Hier war das Meer nach Westen hin so einladend eisfrei, daß Simpson große

Lust verspürte, die Reise bis zur Beringstraße fortzusetzen. „Da aber diese Küste bereits durch den russischen Kapitän Otto von Kotzebue gründlich erforscht ist, nahm ich, wenn auch ungern, Abstand davon", erzählt er. „Zudem war mein Auftrag an diesem Punkt erfüllt. Ich durfte mit dem Gefühl der Genugtuung umkehren. In meinen eigenen Spuren zum Ausgangspunkt zurückzugehen war mir unangenehm. Indessen, es mußte sein. Ich konnte den braven Dease nicht unnötig lange mit den Booten auf mich warten lassen."

Der Rückweg verlief glatt. Ende September trafen Dease und Simpson mit ihren 14 Gefährten im Winterquartier am Großen Bärensee ein. Sie nannten die drei Hütten Fort Confidence. Während Simpson den Reisebericht und die Karten ausarbeitete, versorgten Dease und die Voyageurs das Winterlager mit Fleisch und schafften vom Fort Good Hope und Mackenzie heran, was zur Ergänzung der Ausrüstung und der Proviantvorräte nötig war.

„Wenn ich des Schreibens, Kartenzeichnens und der nautischen Tabellen müde war", berichtet Simpson von dieser Überwinterung, „so stand mir eine Quelle der Erquickung zur Verfügung, die wohl niemand hier im hohen Norden am Polarkreis vermutet: eine ausgewählte kleine Bibliothek, in der neben dem unerläßlichen wissenschaftlichen Rüstzeug Plutarch und Gibbon, Shakespeare und Smollet und natürlich auch der liebe Sir Walter Scott zu finden sind. Mister Dease und ich kommen prächtig miteinander aus. Er ist ein kreuzbraver Kerl und tut alles, was ich sage. Wenn er nur geistig nicht so schrecklich unbeweglich wäre! Man muß ihn immerfort schieben wie einen Kleiderschrank!"

Halsbrecherische Stromfahrt

Gegen Ende des Winters bereitete Simpson schon die nächste Sommerfahrt vor. Mit wenigen Begleitern erkundete er das Gebiet zwischen Bärensee und Kupferminen-Fluß. Er entdeckte dabei ein Flüßchen, das einen schnelleren Anmarsch ins Operationsgebiet versprach. Bei der Rückkehr von dieser Erkundung fand er einen Brief des Gouverneurs vor, der zum erfolgreichen Ablauf des ersten Expeditions-Sommers erfreut seine Glückwünsche aussprach, den beiden Anführern eine Belohnung von 400 Pfund gewährte und 200 Pfund an die Mannschaft verteilen ließ. Zugleich unterrichtete er Simpson davon, daß George Back im Sommer 1838 die Mündung des Fisch-Flusses von der Wager-Bai her erreichen wolle: „Was aber nicht heißt, daß Sie auf Biegen und Brechen versuchen sollen, ebenfalls bis zu diesem Punkt vorzustoßen. Verschieben Sie den Versuch bei zu großen Schwierigkeiten auf den nächsten Sommer, denn dem Direktorium liegt am meisten an einer sorgfältigen Ausführung Ihrer Aufgabe, und es ist willens, für alle Kosten aufzukommen, die dabei entstehen."

Der Hinweis auf Backs Vorhaben scheuchte Simpson auf. Sein Ehrgeiz litt es nicht, daß jemand ihm im Osten zuvorkam. Noch ehe das Flußeis aufging, brach er Anfang Juni 1838 auf. Die Boote wurden auf Schlittenkufen gesetzt und gezogen. Nach fünf Tagen kam Tauwetter, und der.im Winter erkundete Kendall-River brachte sie in wenigen Stunden zum Kupferminen-Fluß.

Er führte Hochwasser. Die Expedition mußte warten, wollte sie nicht von dicken Eisschollen überrannt werden, die mit dem Strom zum Meer trieben. Auch dann noch blieb die Stromfahrt gefährlich. Simpson konnte sie nur riskieren, weil er eine Mannschaft ausgesucht tüchtiger Voyageurs hatte und er selbst ebenso wie Dease ein erfahrener und wagemutiger Bootsführer war. Bei Hochwasser war es nämlich unmöglich, an den Steilufern der Stromschnellen am Blutfall zu landen und Boote und Gepäck um die Enge herumzutragen. Es hieß, entweder die halsbrecherische Fahrt wagen oder viele Tage wartend versäumen.

Von der reißenden Strömung wie Späne mitgerissen, jagten die schwer beladenen Boote durch die Wirbel und an den Unterwasserklippen vorbei. Einmal mußten sie durch eine nur wenig über zwei Meter breite Lücke zwischen scharfkantigen Klippen hindurch. Tatsächlich gelang es, alle Boote heil bis zum Meer zu bringen.

Auch die Seefahrt ließ sich gut an. Schon am 9. August hatten Simpsons Boote dieselbe Strecke bewältigt, die Franklin 1821 zurückgelegt hatte. Aber fünf Kilometer vor Kap Turnagain hielten schwere Stürme sie tagelang fest. Große Treibeismengen drängten gegen die Küste und bedeckten das Meer nach allen Richtungen.

Simpsons Ziel war, in diesem Sommer nicht nur Backs Fisch-Fluß, sondern auch noch Prince-Regent-Inlet zu erreichen. Angesichts der andrängenden Eismengen überkam ihn brennende Ungeduld. Sollte er vor dem Eis kapitulieren?

Nein, auf keinen Fall! Er meinte zudem, es werde sich in Kürze wieder zerstreuen. Dease war der Ansicht, ein nicht einmal allzu schwerer Frost werde aus diesen Eismassen eine unüberwindliche Barriere machen, die den ganzen nächsten Winter hier festliegen würde. Es sei deshalb ratsam, die Anweisung des Gouverneurs zu befolgen, nichts übers Knie zu brechen, sondern zu erneutem Anlauf im folgenden Sommer zum Fort zurückzukehren.

Simpson blieb hartnäckig: „Lassen Sie uns wenigstens einen Versuch weiter nach Osten hin unternehmen!“ Wieder war er bereit, sich mit wenigen Freiwilligen vorzuwagen, und machte sich schon am nächsten Tag mit fünf Gefährten auf. Während der ersten Marschtage bot sich ihnen von den Strandhöhen aus immer derselbe Anblick: so weit das Auge reichte, nichts als Eis, Eis und nirgendwo freies Wasser. Mit jedem Tag minderte sich seine Hoffnung, das Ziel noch in diesem Jahr zu erreichen.

An der nördlichsten Landspitze der Kent-Halbinsel erstieg Simpson eine Höhe. Plötzlich hatte er eine weite und großartige Aussicht: Jenseits des Packeisgürtels vor der Küste lag das Meer eisfrei und von Wellen bewegt da bis zu den blauschwarzen Umrissen ferner Küstenlinien im Norden! Von neuer Zuversicht angetrieben, zog er mit seiner Gruppe weiter.

Scharfe Fröste mahnten ihn zur Vorsicht. Die Jahreszeit war für eine so weit zielende Unternehmung bereits sehr vorgerückt. Unzufrieden mit sich selbst und der launenhaften Arktis, die ihm „zur Unzeit solche Eismengen auf den Hals schickte“, entschloß er sich zur Umkehr. Er tröstete sich wie schon mancher seiner Vorgänger in ähnlicher Lage damit, daß zwar nicht alles, aber doch einiges gewonnen war. Denn nach Osten hin war das Meer noch eisfrei und eröffnete Aussichten auf einen neuen Weg „der gewiß für Boote, aber wahrscheinlich auch für größere

Schiffe passierbar ist, wenn sie sich an die Südküste von Victorialand und damit der Eisbarriere fernhalten, die vermutlich die Festlandküste fast immer belagert".

Ihr folgend, führte Simpson seine Gefährten zu dem Hafen zurück, in dem Dease mit den Booten wartete. Der Rückweg bis zur Mündung des Kupferminen-Flusses verlief ohne besondere Gefahren und Schwierigkeiten. Am 14. September erreichte die Expedition Fort Confidence. Thomas Simpsons zweite Überwinterung im hohen Norden nahm ihren Anfang.

Zu spät im Jahr

Es wurde ein milder Winter, dem ein warmer Sommer folgte. Als Simpson und Dease am 17. Juli den Coronation-Golf erreichten, fanden sie ihn eisfrei. Im Jahr zuvor war er um diese Zeit noch zugefroren gewesen. Dank der günstigen Eisverhältnisse vor der Küste standen die beiden Boote der Expedition bereits am 20. Juli vor Kap Turnagain und konnten ohne Aufenthalt durch die Enge der Dease-Straße gehen, die sich diesmal zwischen Kent-Halbinsel und Victorialand ebenfalls eisfrei darbot.

Sie folgten der Küste bis zum 99. Grad westlicher Länge, wo das Land aufs neue nach Norden abbog. „Es wäre eine endlose Mühe", schreibt Simpson, „wollte man die Buchten, Inseln, Inselchen und Landzungen einzeln aufzählen, an denen unser Weg entlangführte. Die Küste erstreckte sich in sanftem Bogen nach Südosten, verlor allmählich ihren bergigen Charakter und wurde niedrig und steinig."

Schweres Packeis hielt die Bootsflottille an der Mündung des Ellice-Flusses wieder fünf Tage fest. „Dieses Eis verschaffte uns einen verdrießlichen Aufenthalt", berichtet er weiter, „denn die Sommerwärme brütete an der sumpfigen Küste ganze Mückenwolken aus, die sich blutgierig auf uns stürzten. Wir fühlten uns wie erlöst, als aufkommender Wind die Peiniger vertrieb."

Simpson rechnete fest damit, er werde der Küste nordwärts bis Victory-Point folgen können, dem westlichsten Punkt der Schlittenreise durch Boothia Felix, die James Ross 1831 durchgeführt hatte. Aber bei Smith-Point öffnete sich zu seiner Enttäuschung erneut eine Meeresstraße nach Osten. James Ross hatte also fälschlich angenommen, sein Victory-Point sei der westlichste Punkt einer Küste, die ungebrochen bis Kap Turnagain verlief. Das herausgefunden zu haben, half Simpson über die Enttäuschung hinweg. Vergnügt segelte er in die Straße hinein, die heute noch seinen Namen trägt.

Hier stand noch genug Eis, das die Fahrt beschwerlich machte. Nur mühsam zwängten sich die Boote durch die schmalen Kanäle im Eis und durch ein Gewirr von Schären, bis sie nach Osten wieder offenes Wasser vor sich hatten. „Dieser herrliche Anblick wurde zuerst von mir wahrgenommen“, erzählt Simpson mit Stolz. „Wir hatten unsere Boote an den Strand einer Felseninsel gelegt. Die anderen dösten erschöpft und der Fahrt überdrüssig in der Sonne. Nur drei oder vier waren mir neugierig gefolgt, als ich den höchsten Punkt der Insel erstieg. Sie hatten mich noch nicht eingeholt, als ich von der Höhe aus im Osten offenes Meer sah und die Genugtuung hatte, diese frohe Botschaft Dease übermitteln zu lassen, der sich bei den Booten befand. Da vergaß selbst der Verdrossenste unserer Mannschaft die Plagen der langen Reise und die weite Entfernung vom Standquartier. Wir alle lebten auf.“

Die nächste Standortbestimmung verriet Simpson, daß Point Ogle und damit die Mündung von Backs Fisch-Fluß erreicht war. Die Erkundung der nördlichen Festlandküste Amerikas zwischen den beiden damals bekannten Endpunkten im Osten und Westen (Point Ogle und Point Barrow) war durchgeführt! Vollendet war sie jedoch noch nicht. Nachdem Simpson die Mündung des Fisch-Flusses überquert hatte, mußte er einsehen, daß Ross' Boothia Felix nicht westlich, wie man bisher angenommen hatte, sondern östlich des Fisch-Flusses lag. Von einer vollständigen Erforschung der Küste Amerikas konnte erst dann die Rede sein, wenn man sie auch noch vom Fisch-Fluß aus nach Norden, bis etwa zum Ort des magnetischen Nordpols, durchgeführt hatte.

Simpson nahm einen Anlauf, dieses Ziel noch im gleichen Sommer zu erreichen. Er kam nur bis zur Mündung eines Flusses, dem er nach seinen Booten den Namen Castor-und-Pollux-River gab. Hier wurde es ihm fast zur Gewißheit, daß sich nicht nur die Küste, sondern auch das offene Wasser nach Norden fortsetzte. Aber ausgerechnet hier widersetzte sich Dease zum erstenmal während ihrer Expedition energisch: „Wir dürfen der erschöpften Mannschaft nicht noch mehr zumuten. Es ist spät im Jahr. Denken Sie daran, wie lang der Rückweg bis zu unserem Winterquartier noch ist!"

Simpson sträubte sich einen Tag lang gegen diese begründeten Einwände. Er fühlte sich aufgefordert, das Äußerste zu wagen – aufgefordert durch eine innere Stimme, die ihn seit Point Ogle unaufhörlich drängte: Hinter dem Dunst im Norden, wo Land und Meer verschmelzen, wartet auf dich, was vor dir schon so viele gesucht haben, als sei es der kostbarste Schatz dieser Welt! Dort wartet die Nordwestpassage auf dich, Thomas Simpson! Geh und hole dir diesen Ruhmeskranz, sonst gewinnt ihn ein anderer!

Simpson lernte an diesem Tag, an dem er mit sich und dem Gefährten Dease um die Fortsetzung der Reise rang, die Tantalusqualen kennen, die vor ihm fast alle irgendwann erfahren hatten, die von der Nordwestpassage in Bann geschlagen waren. Bisher hatte er diese besessenen Sucher hochmütig belächelt als „ewige Schuljungen, die nie reif genug wurden, um sich von den abgestandenen Träumen ihrer grünen Jahre zu lösen". Jetzt fühlte er selbst, wie berauschend und qualvoll Träume sein können, die nie veralten. Er spürte, wie ihn das Geheimnis der nördlichen Küste unwiderstehlich anzog.

„Wenn ich nun aber ein Mittel wüßte, die Mannschaft wieder frisch und munter zu machen?" sagte er zu Dease.

„Je länger ich überdenke, was wir in diesen letzten drei Jahren gesehen haben und jetzt vor uns sehen, um so gewisser wird es mir: Die Meeresstraße, auf der wir uns befinden, ist die Nordwestpassage! Für diese Entdeckung sind 10000 Pfund als Belohnung ausgesetzt! Wenn ich das unseren Leuten sage, wenn ich jedem seinen Anteil ausrechne, wird dann nicht selbst der mißmutigste und matteste wieder munter werden? Und Sie selbst, Peter Warren Dease? Lockt Sie diese Aussicht nicht?"

Da fuhr ihn der sonst so ruhige Dease böse an: „Bleiben Sie mir mit solchen Narreteien vom Leib, Simpson! Ich bin der Führer dieser Expedition und der HBC verantwortlich. Ich werde nicht zulassen, daß aus der redlichen, guten Arbeit, die wir bisher geleistet haben, zum Schluß ein Glücksspiel gemacht wird!"

Simpson fuhr auf, wollte im gleichen heftigen Ton erwidern. Doch ein Blick in die Augen des alten Pelzhändlers belehrte ihn, daß es einen Punkt gab, an dem Dease unerbittlich wurde. Wortlos wandte er sich ab und wanderte eine Stunde lang allein an dem öden Strand entlang, um den Kampf zwischen Versuchung und Verzicht in sich auszutragen. Als er zurückkam, sagte er müde: „Wahrscheinlich haben Sie recht, Dease. Wir wollen umkehren!"

Ein Grab in der Prärie

Die große Ungenügsamkeit, die alles Erreichte geringachtet und Erfüllung nur von der Zukunft erwartet, ließ Simpson von diesem Tag an nicht mehr los. Schon auf dem Rückweg zum Fort Confidence erörterte er mit Dease Pläne für eine neue Expedition. Sie sollte ihn im nächsten Jahr vom Fisch-Fluß über die Westküste der Boothia-Halbinsel zur nördlichen Einfahrt des Prince-Regent-Inlet und an dessen Ostküste entlang nach Süden bis zur Fury- und Hecla-Straße bei Iglulik führen. „Es ist mir klargeworden, warum man die Nordwestpassage bisher noch immer nicht gefunden hat“, erklärte er. „Weil man sie dreihundert Jahre lang nur mit den Mitteln der Seefahrt zu finden versucht hat! Unsere drei Expeditionsjahre haben mich erkennen lassen, daß das der entscheidende Fehler war. Nur wer wie die Eskimos auf dem Lande lebt und wie sie mit Kajak und Hundeschlitten reist, wird die Nordwestpassage entdecken. Für den wird der lange Winter des Nordens erträglich sein. Gehe ich im nächsten Sommer wieder auf Fahrt, dann werde ich unterwegs, mitten im Operationsgebiet meiner Expedition, überwintern.“

Er war von seinem Plan so erfüllt und von seinen Fähigkeiten so überzeugt, daß er meinte, die lange Winterrast im Fort Confidence mit dem Ausarbeiten des Reiseberichts, mit Kartenzeichnen und behaglicher Lektüre nicht noch einmal ertragen zu können. Anfang Oktober bereits hatte er den vorläufigen Bericht durch einen Kurier nach Süden geschickt und einen Brief an Gouverneur George Simpson mitgegeben, in dem er seinen neuen Plan ausführlich erläuterte und um Bewilligung und Unterstützung durch die HBC bat.

Als der Dezember endlich genug Schnee gebracht hatte, hielt es ihn nicht mehr im Fort. Mit den Voyageurs Lebleu und Coutut brach er selbst zu einer Schlittenreise nach Süden auf. Seine Ungeduld trieb ihn zur Schnelligkeit an. Er legte die 1500 Kilometer bis Fort Garry in nur 61 Wintertagen zurück. Aber er traf den Gouverneur dort nicht mehr an. Der Kleine Kaiser war früher als sonst nach Toronto zurückgekehrt, weil ihn das Direktorium der HBC nach London gerufen hatte. Simpson erfuhr nur, der Gouverneur habe sich sehr befriedigt über die bisherigen Leistungen der Expedition geäußert, den neuen Plan zur Fortsetzung der Arbeit jedoch skeptisch beurteilt. Er traute seinem Vetter Gouverneur nicht eine Spur von Wohlwollen zu. Er will mir die Führung der neuen Expedition, die ich gefordert habe, nicht zugestehen, weil er mir den Erfolg nicht gönnt, sagte er sich.

Dieser Verdacht wuchs sich zu einer Zwangsvorstellung

aus, als das Frühjahr weiter vorrückte, ohne daß ihm einer der allwöchentlich zwischen Toronto und Fort Garry verkehrenden Spezialkuriere der HBC eine Antwort brachte. Im Schwanken zwischen Pflichterfüllung und Zuversicht zerbrachen sein Selbstvertrauen und sein Stolz auf das schon Geleistete. Verbitterung und Zweifel an sich selbst untergruben seinen Lebensmut. Mehr als einmal äußerte er in Gesprächen, er glaube, mit seinen dreißig Jahren schon am Ende zu sein.

Als dann endlich, sobald die Seen eisfrei waren, mit der ersten großen Kanuflotte die Waren von Toronto nach dem Westen gebracht wurden und wieder keine Nachricht aus London für ihn eintraf, stand es für Simpson fest: Der Gouverneur hatte seinen Plan in London zu Fall gebracht, ihn dem Direktorium vielleicht nicht einmal vorgelegt. Am 6. Juni verließ er Fort Garry. Die einen sagen, er habe dem Dienst der, wie er meinte, undankbaren und kleinlichen HBC den Rücken kehren wollen. Andere wollen wissen, er habe die Reise mit der Absicht unternommen, vor dem Direktorium der HBC in London seine Pläne persönlich zu verfechten.

Kaum war er abgereist, da zeigte sich, wie schlecht Mißtrauen und Ungeduld ihn beraten hatten. Mit der zweiten Kanubrigade des Sommers traf ein Brief in Fort Garry ein, in dem das Direktorium Thomas Simpson nicht nur warm für seine bisherigen Leistungen dankte, sondern auch seinen neuen Plan grundsätzlich billigte und ihm die Führung der geplanten Expedition antrug. Man bat ihn – zwar auf Anraten des Gouverneurs Simpson – jedoch dringend, sich ein volles Jahr Heimaturlaub zu gönnen, ehe er sich weitere Strapazen in der Arktis zumutete. Diesem Brief beigefügt war ein Schreiben der Königlichen Gesellschaft der Wissenschaften, die ihm mitteilte, die Krone habe ihm für seine Verdienste um die Erforschung der Polarmeerküste Amerikas auf Lebenszeit einen jährlichen Ehrensold von 100 Pfund zugesprochen. Diese guten Nachrichten haben ihn nicht mehr erreicht. Er lag bereits in einem einsamen Grab inmitten der Prärie. Von vier Halbblut-Voyageurs begleitet, war er am 6. Juni zu Pferd nach St. Paul aufgebrochen. Was sich während des Ritts über die Prärie begeben hat, ist nur durch die Aussage der beiden Halbblut-Indianer Lebleu und Coutut bezeugt, die Simpsons Mitarbeiter während der ganzen Expedition gewesen waren und ihn erst von Fort Confidence nach Fort Garry, dann von Fort Garry auf dem Weg nach St. Paul begleiteten.

Sie kamen Anfang Juli verstört mit Simpsons Gepäck zurück und berichteten, „Monsieur Tom" sei von Beginn des Ritts an so trübsinnig und reizbar gewesen, wie sie es bei ihm vorher nie erlebt hätten. Er habe nur so im Sattel gehangen. „Am siebenten Tag erklärte er morgens, er reite nicht weiter, er sei krank. Wir ließen ihn im Zelt ruhen. Er aß und trank nichts und sprach kaum ein Wort. Auch am nächsten Tag wollte er nicht weiterreiten. Da wurden Lemoine und Rossier, die er außer uns beiden für diese Reise engagiert hatte, ungeduldig. Sie sagten, sie hätten keine Lust, tagelang in der Prärie herumzulungern und darüber den Aufbruch zur alljährlichen großen Büffeljagd zu versäumen. Sie gingen ins Zelt und forderten von Monsieur Tom ihren Lohn und wollten von ihm entlassen werden. Da ist er wild geworden und hat sie angeschrien. Gegen Mittag versuchten Lemoine und Rossier es noch einmal. Diesmal war Monsieur Tom noch wütender. Es kam zu einem Wortwechsel, und plötzlich fielen Schüsse. Wir liefen erschrocken zum Zelt. Da lagen Lemoine und Rossier tot neben dem Eingang. Monsieur Tom sagte: ‚Schafft die Schurken hinaus, sie haben mich mit der Waffe bedroht. Und ihr beide macht, daß ihr wegkommt!'

Was sollten wir tun? Wir überlegten lange. Ihn im Stich lassen? Das wollten wir nicht. Ihm zu helfen, erlaubte er uns nicht.

Es erschien uns am besten, Hilfe zu holen.

Gegen Abend sahen wir in der Ferne die Staubwolke eines Karrenzugs. Wir ritten hin. Wir dachten, es sei gut, Verstärkung zu haben, damit wir den bösartigen Kranken auf einen Karren legen und nach St. Paul bringen könnten.

Als wir am nächsten Morgen mit einem Karren und vier anderen Voyageurs an das Zelt kamen, fanden wir ihn mit einer Schußwunde in der Schläfe tot. Wir haben ihn an der Stelle begraben, an der er gestorben ist.“

In Fort Garry war man allgemein der Ansicht, Thomas Simpson habe seinem Leben selbst ein Ende gesetzt. Alle, die ihm in den letzten Wochen begegnet waren, berichteten, er habe fast in jedem Gespräch unsäglichen Lebensüberdruß verraten. Andere meinten, die von drei strapazenreichen Arktis-Jahren überreizten Nerven hätten Simpsons Zusammenbruch herbeigeführt, so daß er zuerst die Waffe gegen die beiden zudringlichen Voyageurs und danach, angeekelt von seiner Unbeherrschtheit, gegen sich selbst gerichtet habe.

Thomas Simpsons Bruder Alexander versuchte später zu beweisen, die vier Voyageurs hätten ein Komplott ausgeheckt, Thomas umzubringen. Zwei von ihnen – Lebleu und Coutut – hätten gewiß eine Ahnung von seinen Plänen gehabt und gewußt, daß für die Entdeckung der Nordwestpassage eine hohe Belohnung ausgesetzt war. Deshalb hätten sie sich mit den beiden anderen zusammengetan, um dem Kranken in der Prärie das Geheimnis der Küste zu rauben und Simpsons Aufzeichnungen an interessierte Weiße zu verkaufen.

Was immer auch den allzu frühen Tod dieses hochbefähigten, aber unausgeglichenen Mannes verschuldet haben mag: Es ist sicher, daß die Welt in Thomas Simpson einen bedeutenden Forscher verlor.

4 Das Labyrinth der weißen Inseln

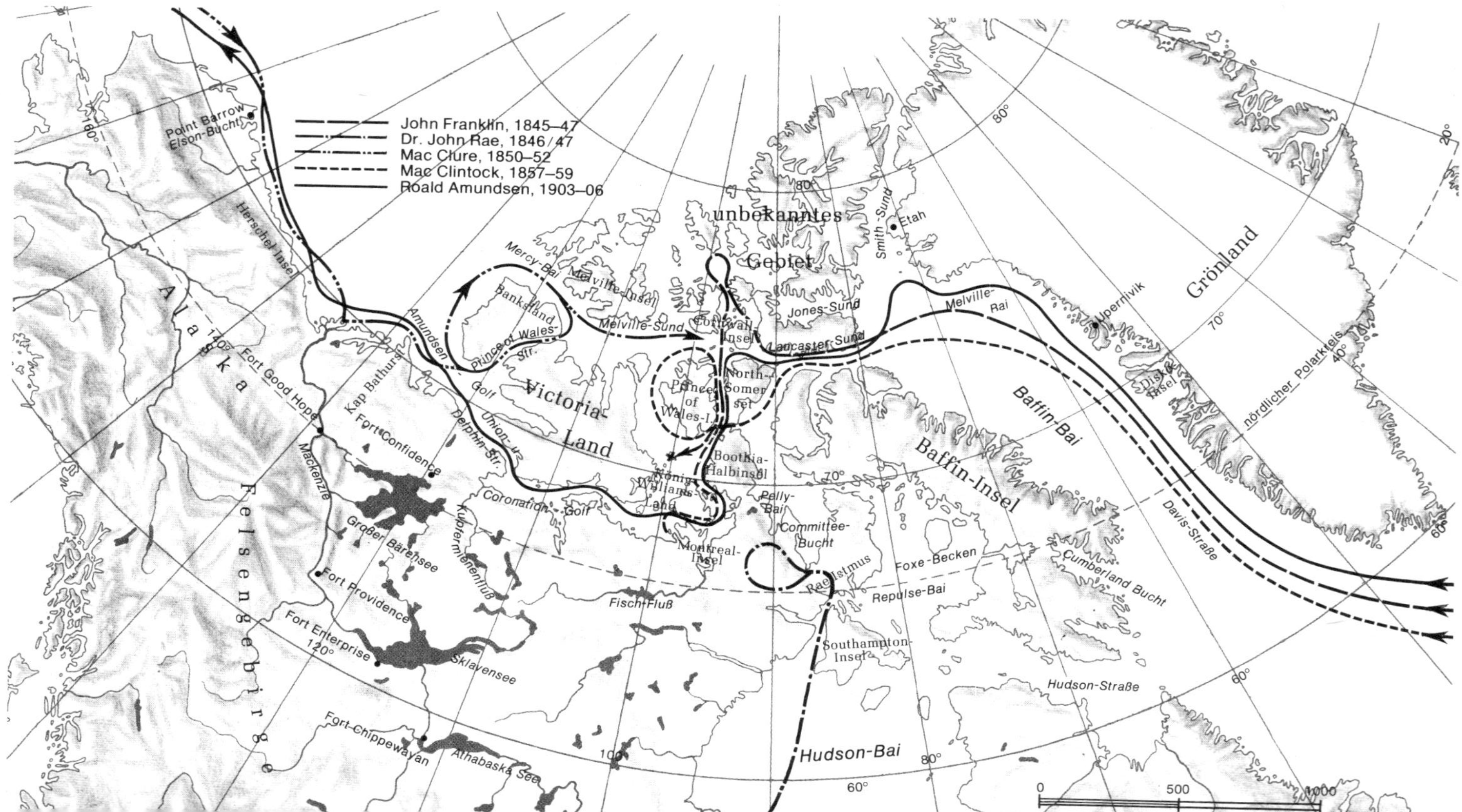
John Franklin, 1845–47
Dr. John Rae, 1846/47
Mac Clure, 1850–52
Mac Clintock, 1857–59
Roald Amundsen, 1903–06
Point Barrow
Elson-Bucht
Herschel Insel
Alaska
Felsengebirge
Fort Good Hope
Mackenzie
Kap Bathurst
Fort Confidence
Großer Bärensee
Fort Providence
Fort Enterprise
Sklavensee
Fort Chippewayan
Athabaska See
Kupferminenfluß
Amundsen
Golf
Delphin-Str.
Union- u.
Coronation-Golf
Mercy-Bai
Banksland
Prince of Wales-Str.
Melville-Insel
Melville-Sund
Victoria-Land
unbekanntes Gebiet
Cornwall-Insel
Jones-Sund
Lancaster-Sund
Prince of Wales-I.
North-Somerset
Boothia-Halbinsel
König-Williams-Land
Montreal-Insel
Pelly-Bai
Committee-Bucht
Rae-Istmus
Repulse-Bai
Foxe-Becken
Fisch-Fluß
Southampton-Insel
Hudson-Bai
Hudson-Straße
Cumberland Bucht
Baffin-Insel
Baffin-Bai
Davis-Straße
Melville-Bai
Upernivik
Disko-Insel
Smith-Sund
Etah
Grönland
nördlicher Polarkreis
160°
140°
120°
100°
80°
60°
40°
20°
70°
0
500
1000

Verschollen hinter Kap Walker

Die Lockung der weißen Flecke

John Barrow versah mit seinen fast 80 Jahren noch immer sein Amt als Sekretär der Admiralität, und noch immer hegte er die Hoffnung, die Entdeckung der Nordwestpassage zu erleben. Als ihm 1843 der Bericht über Thomas Simpsons Fahrten an der nördlichen Festlandküste Amerikas in die Hand kam, äußerte er zu seinem Freund Beaufort, dem Hydrologen der Admiralität, es wäre geradezu eine Schande für Admiralität und Flotte, wenn die Pelzhändler der HBC ihnen etwa zuvorkämen, ihnen den Ruhm dieser Entdeckung entreißen würden. Die beiden Freunde taten sich wie Verschwörer zusammen. In zähem Verhandeln gelang es ihnen 1844, der Admiralität und der Regierung die Zustimmung zu einer letzten, abschließenden Suche nach der Nordwestpassage abzuringen.

James Clarke Ross war der gegebene Mann für das Kommando. Er stand im besten Lebensalter, war nach Rang und Dienstjahren gleichsam an der Reihe, hatte in fünf Arktisfahrten unter Parry und John Ross umfassende Eismeererfahrung gewonnen und kürzlich erst eine Antarktis-Expedition erfolgreich durchgeführt. Zur allgemeinen Überraschung lehnte Ross mit der Begründung ab, das Kommando gebühre Sir John Franklin. Er werde nur annehmen, wenn Franklin verzichtet habe; ihm, als dem am härtesten geprüften englischen Eismeerfahrer, komme diese ehrenvolle Berufung zu. Die Admiralität hatte Bedenken gegen den bald pensionsreifen Franklin und trat deshalb an Parry heran. Aber auch Parry sprach sich aus denselben Gründen wie Ross für Franklin aus.

Der Chef der Admiralität, Lord Haddington, unternahm daraufhin einen Versuch, Franklin zugunsten von James Ross zum Verzicht zu bewegen. Er lud die beiden Seeleute zu einer Aussprache ein, bei der er behutsam alle Einwände gegen Franklin vorbrachte. Doch Sir John in seinem unerschüttlichen Selbstvertrauen sah sich als den einzig richtigen Mann für diese Aufgabe an. Erst als Haddington sagte, ihm sei zu Ohren gekommen, daß Franklin Kälte nicht vertrüge, schwieg er.

James Ross sprach an seiner Stelle. „Das ist Unsinn“, sagte er. „Wer wie Sir John zwei Eismeerfahrten gesund überstanden hat, dem kann man mit solchen Bedenken nicht kommen.“

Ganz unbegründet war Haddingtons Hinweis nicht. Dr. Richardson, Franklins alter Gefährte, hatte mehrfach festgestellt, daß dessen Fähigkeit, Kälte zu ertragen, gering sei. Seine einzigartige, bewundernswerte Zähigkeit entspringe nicht körperlicher, sondern geistiger Widerstandskraft. Haddington hatte jedoch noch ein anderes Bedenken.

„Es will mir nicht recht in den Kopf, daß ein Mann Ihres Alters noch ernstlich daran denkt, sich auf eine so schwierige und anstrengende Expedition einzulassen. Wenn ich recht unterrichtet bin, sind Sie schon sechzig?“

Da richtete sich Sir John auf. Würdevoll, aber augenzwinkernd erwiderte er:

„Mylord, man hat Sie nicht gut unterrichtet! Ich bin noch nicht einmal neunundfünfzig! Und vielleicht überschätzen Sie die Schwierigkeiten und Strapazen der Expedition für mich doch zu sehr. Erstens bin ich gesund und abgehärtet. Zweitens sind die vorgesehenen Schiffe vorzüglich und haben sich in der Antarktis bereits bewährt. Und drittens: Sobald ich den weißen Fleck zwischen Kap Walker und Kap Turnagain durchquert habe, ist das einzig Gefährliche der Fahrt überwunden.“

Da gab Haddington es auf, gegen den trotz seiner Jahre noch so unbekümmerten Mann Einwände vorzubringen.

Er soll später gesagt haben: „Sie können wohl nicht anders, diese Eismeerfahrer! Es liegt ihnen nun einmal im Blut. Franklin hat mir offen gestanden, daß die weißen Flecke auf einer Landkarte für ihn noch heute wie zu seiner Schulzeit eine beständige Verlockung, ja eine Heimsuchung seien. Deswegen müsse er noch einmal hinaus."

Eine Frau wartet

Als John Franklin an einem Maimorgen des Jahres 1845 mit seinen Schiffen Erebus und Terror in See gegangen war, zweifelte in England kaum jemand daran, daß es ihm gelingen werde, die endgültige Antwort auf die jahrhundertalte Frage nach der Nordwestpassage zu finden. Der Ruf Franklins wie der seiner Offiziere als Forscher begründete die allgemeine Zuversicht. Zudem hatte Franklin zu den besten Schiffen auch die beste Mannschaft erhalten. Sie konnten sich auf die Vorarbeit anderer, nicht weniger fähiger Forscher stützen, und es bestand jetzt ja nur noch über den relativ kleinen weißen Fleck zwischen Barrow-Straße und Coronation-Golf Unklarheit. Die schiffbare nordwestliche Durchfahrt zwischen Atlantik und Pazifik mußte sich an dieser Stelle finden lassen, wenn sie überhaupt vorhanden war.

Niemand glaubte jedoch, daß Franklin sie in einem einzigen Sommer finden und durchsegeln könne. Daß eine Expedition ohne Überwinterung nicht möglich sein würde, hatte man aus den Erfahrungen der letzten 25 Jahren gelernt.

Auch Franklin, obwohl nur zu gern bereit, jede Schwierigkeit für überwindlich zu halten, machte sich darüber keine Illusionen.

„Es wird mindestens zwei, wahrscheinlich sogar drei Jahre dauern, bis wir unser Ziel erreicht haben", hatte er in den letzten Wochen vor dem Aufbruch mehrmals zu seiner Frau gesagt. „Erste Poststation nach gelungener Durchfahrt ist Hongkong! Sorge dafür, Jane, daß ich dort Briefe von dir vorfinde!"

Obwohl ihr das Herz immer schwerer wurde, je näher der Ausreisetag rückte, hatte sie tapfer gelacht und ihre Angst verheimlicht, getreu dem Gelöbnis, das sie sich gegeben hatte, als sie Franklins Frau wurde: Laß ihn, wenn er auf Forschungsfahrt geht, niemals spüren, daß du dich um ihn sorgst. Gib ihm die Gewißheit mit auf den Weg, daß er in dir sein zweites Ich zurückläßt, das sich seiner Sache mit allem Eifer widmet.

Dachte sich ihr wacher Verstand in Pläne und Karten, Reisevorbereitungen und Reiseinstruktionen hinein, dann gab es auch für sie nur den Schluß: Es muß gelingen! Wie hatte Sir John ihr immer wieder auseinandergesetzt? „Ich will im ersten Sommer so weit nach Westen vordringen, wie das Eis es erlaubt. Den Winter werden wir in einem gesicherten Hafen verbringen. Im nächsten Sommer geht es dann weiter nach Westen – ob mit genau westlichem Kurs oder über einen nordwestlichen oder südwestlichen Umweg, das wird sich erst an Ort und Stelle aus den Eis-, Wind- und Strömungsverhältnissen ergeben. Komme ich im zweiten Sommer ganz durch, desto besser! Gelingt es nicht, so werde ich an der Küste zwischen Union- und Dolphin-Straße und Point Barrow noch einmal überwintern. Habe ich Gelegenheit dazu, so lasse ich durch Eingeborene über den nächsten Posten der HBC Briefe nach Hause übermitteln. Im dritten Sommer spätestens wird die Durchfahrt gelingen. Wir haben für drei Jahre Proviant an Bord."

„Und die Gefahren unterwegs? Der Tod?"

Er sah sie fest an. „Gefahren sind nach meiner Erfahrung nur schlimm, solange man zögert, sie anzupacken. Und der Tod? Er schließt uns doch nur die Pforte zu unserem Vater im Himmel auf, in dessen Armen wir uns alle wiederfinden werden."

Wie beneidete sie ihn darum, daß er sich sein ganzes Leben hindurch seinen starken Glauben bewahrt hatte!

Aber wie schon so oft schmerzte sie der Gedanke, daß es doch ein Mann wie er in seiner Ichbezogenheit gut hatte. Was Warten und Bangen seiner Frau auferlegten, was sein Tod für sie bedeuten würde, das kam ihm offenbar überhaupt nicht in den Sinn. Allerdings hatte sie es sich auch nicht so schwer gedacht, „einem Mann angetraut zu sein, dessen wahre Herrin und Geliebte die Nordwestpassage ist". Sie hatte ihn 1828 geheiratet, weil sie sich von einem Leben an seiner Seite Erfüllung für ihre Sehnsucht nach dem Außerordentlichen und Abenteuerlichen, nach den „Geschenken der Ferne" versprach. Auf eigene Faust konnte sich eine Frau bürgerlicher Herkunft zu damaliger Zeit, wollte sie nicht ihren Ruf zerstören, die Ferne nicht erobern. Nur als Gefährtin eines wagemutigen Mannes konnte sie daran teilhaben.

Männer dieser Art waren selten. Jane Griffin mußte lange warten, bis ihr John Franklin, der als der kühnste Forscher und Entdecker ihrer Zeit galt, begegnete. Sie hatte seine Reiseberichte mit brennender Anteilnahme verschlungen. Ja, noch ehe sie ihn kennenlernte, hatte sie sich derart in die Geschehnisse seiner Expedition hineingelebt, daß sie sie kannte, als sei sie selbst dabeigewesen. Zum Entsetzen ihrer Umgebung zogen sie gerade die Partien seiner Berichte an, die für sie seine Tapferkeit und Selbstbeherrschung in das hellste Licht rückten. Heftig hatte sie Franklin gegen den Vorwurf verteidigt, er habe rücksichtslos und unritterlich gehandelt, als er seine sterbende Frau und sein Kind verließ, nur „um in den Schneewüsten des Nordens bei den rohen Barbaren nach der Nordwestpassage zu suchen".

Jane hatte darauf gedrungen, daß sich die Familie Griffin des verwaisten Franklin-Töchterchens annahm. Der Vater sollte wissen, wo er nach der Rückkehr von seiner zweiten Expedition Ankergrund fand! Wenn er nur zurückkehrte! Jane war damals noch mehr in das Abenteuer als in den Abenteurer verliebt. Das Fernweh quälte sie unerträglich. „Wie sehnte ich mich danach, mir die Welt mit meinen Augen zu erobern“, berichtete sie. „Manchmal war mir, als würde ich um das Kostbarste im Leben betrogen, wenn ich weiterhin an die Enge meiner Heimat gebunden bliebe. An manchen Tagen war ich drauf und dran, mich heimlich aus dem Haus zu stehlen und mich einer Zigeunerbande anzuschließen.“

Daß sie John Franklin bereits liebte, wurde ihr erst klar, als er nach fast vierjähriger Abwesenheit vor ihr stand, um ihr für ihre Fürsorge für seine Tochter Sophia zu danken: entsetzlich abgemagert, erschöpft, vom Frost des Polarmeers gezeichnet und nun auch noch vereinsamt.

Jane Griffin konnte genau das geben, was John Franklin brauchte. Ihre Bewunderung war für ihn ebenso wohltuend wie ihr Hang, ihn mütterlich zu betreuen. Er dankte ihr beides, indem er sich bemühte, ihr Fernweh zu stillen. Jane zuliebe übernahm er ein politisch heikles Kommando bei der Mittelmeerflotte und danach den nicht minder schwierigen Posten des Gouverneurs der werdenden Kolonie Tasmanien. Er wußte, er war für beides nicht geeignet; aber Jane sollte Griechenland und den Orient, sollte die Südsee erleben.

Nur ein Wunsch blieb ihr unerfüllt: John Franklin als Entdecker und Helden zu sehen. Ihr heimlicher Ehrgeiz war, als die Frau des größten englischen Forschers seiner Zeit in die Geschichte einzugehen. Kein anderer als John Franklin durfte der Entdecker der Nordwestpassage werden! Deswegen hatte sie James Ross und Parry bewogen, zu Franklins Gunsten auf das Kommando der neuen Expedition zu verzichten. Und deswegen mußte sie jetzt, da er auf die entscheidende Fahrt gegangen war, tapfer schweigen und das bange Warten ertragen. Sein Sieg würde die Krönung ihres gemeinsamen Lebens und Wollens sein.

Der erste Sommer und der erste Winter nach seiner Ausfahrt vergingen ihr schnell.

Gegen Ende des zweiten Sommers aber ertappte sie sich schon bei leiser Ungeduld: Nun könnte endlich, von Kamtschatka vielleicht oder von der amerikanischen Polarküste, ein Lebenszeichen kommen! Geduld, mahnte sie sich, erst der Sommer 1847 kann über Mißerfolg oder Erfolg entscheiden.

Unter der Flagge

Juni 1847. Wer auch immer in England an die Franklin-Expedition dachte, rechnete damit, daß ihr in diesem Sommer der Durchbruch nach Westen gelingen würde. Es schlug deshalb wie ein Blitz ein, als sämtliche Zeitungen Englands die Nachricht brachten, Lady Jane Franklin setze eine Belohnung von 2000 Pfund für den aus, der nach dem Juli 1845 John Franklin und seine Schiffe westlich der Baffin-Bai gesehen habe.

Unliebsames Aufsehen erregte diese Meldung vor allem bei der Admiralität. Einer ihrer Offiziere wurde sofort zu Jane Franklin beordert, um Einspruch zu erheben. Diese Meldung könne von der Öffentlichkeit so ausgelegt werden, als ob die Expedition überfällig wäre.

„Halten Sie mir zugute, daß ich eine Frau bin", erwiderte Jane Franklin. „Ich habe nur eine Rechtfertigung: Mein Gefühl, Sir John ist in Not! Ich bin sicher, ein schweres Unglück hat ihn oder die ganze Expedition getroffen!"

„Ich muß befürchten, daß diese Erklärung weder der Öffentlichkeit noch der Admiralität genügen wird", sagte der Offizier.

Jane Franklin kämpfte mit sich. Konnte sie diesem steifleinenen Herrn anvertrauen, was seit dem Aufbruch Franklins ihr Herz bedrückte? Nach einem Zögern entschloß sie sich: „Ich habe der Admiralität nichts Glaubwürdigeres zu bieten als das, was ich Ihnen jetzt sage. Wenige Tage bevor Sir Johns Schiffe im Mai 1845 in See gingen, saß ich hier in diesem Zimmer neben ihm auf dem Sofa. Er hatte gerade eine fiebrige Erkältung überwunden und war noch matt. Ich drängte ihn, sich auszustrecken, und setzte mich ans Fußende des Sofas, um die letzten Stiche am Saum der Flagge anzubringen, die für das Flaggschiff der Expedition, für die Erebus, bestimmt war. Er meinte, die Flagge aus meiner Hand werde ihm Glück bringen. Trotz seines starken Gottvertrauens war er, wie jeder Seemann, ein bißchen abergläubisch.

Es war still um uns. Nur das Fauchen des kalten, steifen Ostwinds war zu hören, der schon seit Tagen um das Haus fegte. Vom Fenster her strich beständig ein leichter Luftzug durchs Zimmer. Mich fröstelte. Ich befürchtete, der Zugwind könne Sir John schaden. Da ich seinen Schlaf aber nicht stören wollte, stand ich nicht auf, um eine Dekke zu holen, sondern bereitete vorsichtig das Flaggentuch über ihn. Plötzlich fuhr er wie aus einem schweren Traum auf, sah mich verstört an und flüsterte: „Unter der Flagge! Unter der Flagge! Jane, was hast du getan!“ Da erst fiel mir ein, daß es auf See Brauch ist, einen Toten in das Flaggentuch zu hüllen. Ich fürchte, er hat ein Vorzeichen in diesem Vorfall gesehen. Sein fester Glaube half ihm darüber hinweg. Mir aber liegt das seither wie ein Stein auf der Seele. Und seit dem 11. Juni fühle ich mit lastender Gewißheit, daß es wirklich ein Vorzeichen war, als ich an jenem Maitag die Flagge über Sir John breitete.“

„Sie meinen, er lebt nicht mehr?“

„Das fürchte ich. Mindestens ist die Expedition in Not. Bieten Sie alles auf, um ihr Hilfe zu schicken! Ich bitte Sie darum im Namen all der Frauen, die wie ich das Liebste, das sie haben, mit Franklins Schiffen in die Arktis gehen ließen.“

Der Offizier war nun doch erschüttert. Hätte er vorhin am liebsten gesagt: Die Admiralität kann sich nicht von weiblichen Ahnungen leiten lassen, so fiel ihm jetzt nur der lahme Trost ein: „Vielleicht täuschen diese Ängste doch. Wenn Sir John im Herbst dieses Jahres hier auf dem gleichen Sofa wieder neben ihnen sitzt, werden Sie über sich selbst lächeln.“

Jane Franklin blickte ihn befremdet an. „Bitte, lassen Sie

die Redensarten“, sagte sie scharf. „Wird die Admiralität meine Bitte ernst nehmen oder nicht?“

Der Offizier zögerte. „Vielleicht! Wenn man wüßte, wo Hilfe anzusetzen wäre.“

„Ich glaube, das kann ich Ihnen sagen. Warten Sie, ich zeige es Ihnen auf der Karte.“

Sie nahm die Karte zur Hand, die John Franklin bei seinen Vorbereitungen gedient hatte. Da Jane mit größtem Eifer daran teilgenommen hatte, wußte sie auch, was Franklin plante für den Fall, daß die Schiffe im Eis scheiterten. Seine Reiseinstruktion wies ihn an, möglichst dem Weg von Parry bis über die Melville-Insel hinaus zu folgen, ließ ihm jedoch freie Hand, nach Süden oder Norden auszuweichen, falls das dem Ziel, die Beringstraße zu erreichen, dienlich war, etwa, wenn das Eis in der Barrow-Straße den Weg verlegte.

„Wie würden Sie sich an Sir Johns Stelle in diesem Fall entschieden haben?“ fragte sie ihren Besucher. „Für den nördlichen oder den südlichen Umweg?“

„Für den südlichen, denn dort besteht auch nach Sir Johns Auffassung die beste Aussicht, eine schiffbare Durchfahrt zu finden.“

„Ausgezeichnet! Genau das hat er mir als seine Absicht bezeichnet.“

„Dann müßte er nach Ihrer Ansicht also etwa bei Kap Walker Kurs auf den Coronation-Golf genommen haben. Und zwischen diesen beiden Punkten wartet er demnach jetzt auf Hilfe?“

„Ich glaube nicht, daß er tatenlos auf Hilfe wartet. Er wird alles tun, was in seiner Macht steht, um dorthin zu gelangen, wo er Hilfe finden kann: zur Festlandküste, um, wenn möglich, eine Faktorei der HBC zu erreichen.“

„Die Küste zwischen Mackenzie-Mündung und Simpson-Straße ist sehr lang! Vom Binnenland aus eine Hilfsexpedition zu Sir John zu dirigieren, käme der Suche nach einer Stecknadel in einem Heuhaufen gleich.“

„Ein solches Glücksspiel wird es kaum sein. Bedenken

Sie, Sir John kennt Küste und Hinterland genau. Er hat aus der Katastrophe seiner ersten Expedition gelernt. Hätten wir damals nur einen befahrbaren Fluß gefunden, Fische fangen und Wild jagen können, so hat er mir oft gesagt und hinzugefügt: George Back habe die damals empfangenen bitteren Lehren beherzigt und sich 1833 bei seiner Suche nach der verschollenen Ross-Expedition wohlweislich an den Fisch-Fluß gehalten. Der Mackenzie-Strom und Backs Fisch-Fluß sind die einzigen großen Wasserwege, die von der Küste weit genug ins Hinterland führen, eine Bootsreise ermöglichen und genügend Gelegenheit zu Jagd und Fischfang bieten. Hat sich Sir John oder sein Nachfolger im Kommando gezwungen gesehen, die Schiffe aufzugeben, dann wird man am besten einen dieser beiden Flüsse aufsuchen. Ich halte den Fisch-Fluß für das wahrscheinlichere Ziel, denn wenn Sir John seine Schiffe bereits in die Nähe des Mackenzie-Stroms gebracht hätte, so hätte das Fort Good Hope bestimmt schon Nachricht von ihm."

Die Admiralität unternahm trotz dieser Hinweise im Sommer 1847 nichts, denn die von ihr befragten Arktiskenner Back, Parry, Sabine und Richardson äußerten übereinstimmend, nach zwei Überwinterungen sei für die Franklin-Expedition noch nichts zu befürchten.

Es nützte auch nichts, daß Dr. Richard King, ein außerordentlich tüchtiger und kenntnisreicher Geograph, der George Back auf dessen Reise zum Fisch-Fluß begleitet hatte, in einem Brief an die Admiralität fast genau dasselbe wie Lady Franklin vorschlug: Man möge sofort zwei Hilfsexpeditionen vom Binnenland aus, über Mackenzie-Strom und Fisch-Fluß, nach Norden schicken. Die HBC werde, wie ihm deren Gouverneur in Kanada versichert habe, ihre großzügige Unterstützung nicht versagen.

Leider hatte sich Dr. King vor einigen Jahren bei der Admiralität, besonders bei John Barrow, unbeliebt gemacht, als er Schiffsexpeditionen in die Arktis überhaupt für ungeeignet erklärte und statt ihrer Forschungsunter-

nehmen vom Land her, mit Hundeschlitten, Eskimo-Boot und Schneeschuhen empfahl, wobei er seine eigenen Leistungen und Kenntnisse selbstgefällig in den Vordergrund stellte. In diesen Fehler verlief er auch diesmal. Was er vorschlug, war vernünftig. Für die Admiralität machte er es jedoch dadurch verdächtig, daß er sich selbst als den einzig geeigneten Leiter einer Hilfsexpedition für John Franklin empfahl.

Als auch Ende des Jahres 1847 noch keine Nachricht von Franklin gekommen war, traf die Admiralität Anstalten, 1848 gleichzeitig drei Rettungsexpeditionen auszuschicken.

Damit begann, was ein zeitgenössischer Autor die „größte und nobelste Donquichotterie des Jahrhunderts" genannt hat.

Jane Franklin war fest überzeugt, die Franklin-Expedition werde, falls sie in Not sei, Hilfe und Rettung an der Festlandküste suchen. Die Admiralität hielt Rettungsversuche nur mit seemännischen Mitteln für möglich, denn da John Franklin zuerst und vor allem Seemann sei, werde er bei Verlust seiner Schiffe dem Beispiel John Ross' folgen und versuchen, sich mit Booten zum Lancaster-Sund und zur Baffin-Bai durchzuschlagen. Nur dort könne er hoffen, Schiffe anzutreffen: die zahlreichen Walfänger, die sich im Sommer einfanden. Dorthin schickte man also die ersten Hilfsschiffe.

„Die Welt erlebte damals zum erstenmal, wie sich Polarfahrer in größte Gefahren begaben, um Kameraden zu retten oder doch wenigstens über deren Schicksal Klarheit zu schaffen", schreibt Knud Rasmussen. Alle englischen Arktisforscher von Rang beteiligten sich aufopfernd an dieser Hilfsexpedition. Neulinge der Eismeerfahrt kamen unter ihrer Führung hinzu und gewannen Erfahrung und Ansehen. Im ganzen suchten nicht weniger als 40 Schiffe nach den Verschollenen. Sechs von ihnen mußten im Eis aufgegeben werden. Trotzdem blieb die Zahl der Menschenverluste gering. Wieder bewährte sich, daß Parry die

Arktisforscher in der Kunst des Überwinterns unterwiesen hatte.

Dieses große Aufgebot an Schiffen und Menschen fand trotz aller Mühen und Strapazen in sechs Jahren nur eine einzige Spur der verschollenen Expedition. Der Fund wirkte zudem eher verwirrend als klärend. Am Eingang des Wellington-Kanals, auf der kleinen Beechey-Insel, entdeckte Penny drei Gräber von Angehörigen der Franklin-Mannschaft sowie Abfälle aller Art, wie sie eine große Expedition nach einer Überwinterung hinterläßt. Hier hatte Franklin also einen Winter verbracht. Aber welchen? Rätselhaft auch, daß er unterlassen hatte, was seit Parry bei allen Expeditionen strikt eingehaltener Brauch war: an Überwinterungsplätzen und markanten Punkten des Reisewegs Steinwarden über Metallkapseln zu errichten, die kurze Mitteilungen über Daten, Zustand, bisherigen Verlauf und nächste Ziele der Expedition enthielten.

Diese erste dürftige Spur trug deshalb zur Aufklärung des Schicksals der Verschollenen nichts bei. Die Kapitäne der Hilfsschiffe ließen von den Winterhäfen aus durch ihre Offiziere ausgedehnte Schlittenreisen im Melville-Sund und in der Barrow-Straße unternehmen. Andere gaben Treibeisschollen und Meeresströmungen Flaschen und Kupferzylinder mit, in denen sich Nachrichten für Franklin befanden. Fast jedes Hilfsschiff ließ an den Küsten der Inseln zwischen Lancaster-Sund und Banks-Straße Boote, Schlitten, Proviant und Kleiderdepots zurück. Felswände wurden mit mannshohen Aufschriften in roter Farbe bedeckt, die auf die Depots und auf die Winterhäfen der Helfer hinwiesen. Man kam sogar auf den Einfall, Polarfüchse und Raben einzufangen und sie, mit Nachrichtenhülsen an auffällig gefärbten Halsbändern versehen, wieder freizulassen. Kleine Luftballons stiegen auf und verstreuten über den Einöden der Insel im kanadischen Arktis-Archipel grellfarbige Zettel mit Nachrichten und Kartenskizzen über die Depots.

Nichts von alldem fruchtete. Die Franklin-Expedition

war und blieb verschollen. Blickt man heute auf diese einzigartige Suchaktion zurück, so mutet es wie ein Verhängnis an, daß es jahrelang keinem Schiff, keiner Boots- und Schlittenmannschaft gelang, in das Gebiet zwischen Barrow-Straße und Coronation-Golf, Kap Walker und Kap Turnagain einzudringen, in dem Jane Franklin und Dr. King von Anfang an den Ort des Unheils vermuteten. Es war, als habe sich die Arktis gegen alle Hilfsmaßnahmen verschworen. Nach 1845 legte eine lange Reihe harter Winter und schlechter Sommer einen undurchdringlichen Ring von Eis um die Stätte der Katastrophe.

Der Tag der Erfüllung

Drei Bäume auf dem Umiak

„Fährt man fort, aufs Geratewohl nach den Verschollenen zu suchen, statt auf das Wort eines Sachkenners zu hören, so wird man zwar immer neue Inseln, Buchten und Sunde entdecken und, noch ehe fünf Jahre verstrichen sind, das Problem der Nordwestpassage gelöst haben. Aber die Verschollenen wird man nicht mehr lebend bergen, nachdem man mit unbegreiflichem Eigensinn zwei kostbare Jahre an fruchtlose, weil falsch angesetzte Aktionen vergeudet hat."

Diese vorwurfsvolle Mahnung richtete Dr. Richard King um die Jahreswende 1849/50 in der englischen Presse an Regierung und Admiralität. Er erreichte wiederum nichts. Die anderen Kapazitäten der Arktisforschung – Parry, James Ross, Richardson, Beechey und Back – hielten es auch jetzt noch für möglich, die Franklin-Expedition mit ihren Mitteln zu retten. Sir Francis Beaufort, Hydrologe der Admiralität und nach John Barrows Ausscheiden der eifrigste Befürworter geographischer Forschung, stützte sich auf Gutachten dieser Männer, als er Dr. King erwiderte: „Man darf trotz allem noch Hoffnung haben. Hat der schlechter ausgerüstete John Ross vier Winter in der Arktis überstanden, dann müßte das erst recht dem viel besser ausgerüsteten Franklin möglich sein! Aber wenn seine Schiffe nun vernichtet wurden, durch Feuer, Riffe, Stürme oder Packeis? So halten mir Zweifler entgegen. Hierauf antworte ich: Es ist sehr unwahrscheinlich, daß Feuer oder Riffe beide Schiffe gleichzeitig vernichtet haben. Wären sie jedoch von Stürmen oder vom Eis überwältigt worden, so darf man als sicher annehmen, daß sich die Mannschaft oder doch große Teile von ihnen in Sicherheit gebracht und an der Baffin-Bai oder der Mackenzie-Mündung Zuflucht gesucht hätten. Da man an diesen Stellen bisher nicht ein einziges Zeichen von den Verschollenen gefunden hat, kann es als gewiß gelten, daß wenigstens eines der beiden Schiffe unversehrt ist – unversehrt, nur wahrscheinlich vom Eis eingeschlossen.

Und wo müßte man suchen? Nach meiner Überzeugung im bisher noch unerforschten Westen der arktischen Inselgruppe – irgendwo westlich der Melville-Insel."

Beauforts Vorschlag, die Suche von der Beringstraße aus vorzunehmen, fand die Billigung der genannten Kapazitäten und deshalb auch die der Admiralität. Die Hilfsexpedition bestand aus der Enterprise unter Kapitän Collinson und der Investigator unter Kapitän Robert MacClure. Beide Kapitäne waren wie ihre Schiffe bereits im Eismeer erprobt.

Da es damals den Panama-Kanal noch nicht gab, mußten die Schiffe Südamerika umrunden. Bis Ende Mai 1850 sollten sie die Beringstraße erreicht haben. Im südlichen Pazifik tobten so wüste Stürme, daß sie sich gegenseitig aus den Augen und dazu viel Zeit verloren. Getrennt strebten sie ihrem ersten Ziel zu: Hawaii. Jeder der beiden Kapitäne hatte den merkwürdig anmutenden Ehrgeiz, möglichst allein das Polarmeer zu erreichen. Collinson, der als erster in Hawaii eintraf, wartete nicht wie verabredet die Ankunft MacClures ab, sondern setzte seine Fahrt unverzüglich fort. Nicht anders MacClure, der nach kurzem Aufenthalt nach Norden ging und seinerseits im Kotzebue-Sund nicht auf Collinson wartete, wie es ebenfalls vorgesehen war. Besonders MacClure scheint die Trennung willkommen gewesen zu sein. Von seinem Vorgesetzten befreit, konnte er endlich das tun, was er für richtig hielt, und er hoffte, den Ruhm des Unternehmens allein zu ernten.

Kapitän Kellet, der Kommandant eines in der Beringsee stationierten Geschwaders, fühlte sich als der Rangältere verpflichtet, dafür zu sorgen, daß alles seine Ordnung hatte. Doch MacClure stellte ihm eindringlich vor, wie kostbar jeder Tag für seine Aufgabe sei, die er mit Betonung eine Tat edler Menschlichkeit nannte, der die Anteilnahme aller Männer, Frauen und Kinder Großbritanniens gehöre; Kellet wisse doch selbst, daß in der Arktis oft ein einziger verpaßter Tag die Mühen einer ganzen Jahreszeit zunichte mache.

Kellet kapitulierte vor so viel Zielstrebigkeit, die Hilfsbereitschaft sagte und – die Nordwestpassage meinte. Die Investigator ging unter vollen Segeln auf Ostkurs. Nach wenigen Stunden war sie allein zwischen Packeisrand und Festlandküste. MacClure hatte sich im Wettlauf mit seinem Kommandanten Collinson einen entscheidenden Vorsprung gesichert.

Als Collins zwei Wochen später das Polarmeer erreichte, nachdem er einen Abstecher nach Japan gemacht hatte, war das Treibeis bei Point Barrow bereits wieder unpassierbar. Er mußte elf Monate warten, bis er im zweiten Anlauf diese Sperre überwand.

MacClure hatte, vielleicht zu seinem Glück, nur unklare Vorstellungen von dem Ausmaß der Schwierigkeiten, die ihn erwarteten. Er nahm wohl an, die Eisverhältnisse nördlich von Alaska unterschieden sich nicht sehr von denen der ihm bekannten Baffin-Bai. Tatsächlich aber dehnt sich nördlich des mehr oder weniger breiten Streifens offenen Wassers, der sich im Sommer vor der Nordküste Amerikas bildet, ein geschlossenes Eisfeld aus, das bis zum Pol und darüber hinaus reicht. Dieses Eis, in langen Zeiträumen gebildet, hat eine Stärke, wie sie in der Baffin-Bai niemals beobachtet wird. Bisher ist es noch keinem Schiff gelungen, diese ungeheure, kompakte Eisfläche zu durchbrechen.

MacClure gab den Versuch auch bald auf, in Richtung Banksland vorzudringen, denn jede Öffnung im Eis erwies sich als eine Sackgasse. Er hielt sich dicht an der Küste, in deren flaches Wasser das schwere Packeis seines Tiefgangs wegen nicht eindrang. Dieser passierbare Streifen war mitunter viele Seemeilen, dann wieder nur wenige Meter breit. Nebel erschwerte immer neu das Vorwärtskommen. Nur mit Hilfe des Handlots und durch die unermüdliche Wachsamkeit des Ausguckpostens konnte man sich vor dem Stranden schützen. Eisschollen und Treibholz rumpelten mit großem Getöse gegen Bug und Flanken des Schiffs. Windstille hielt es tagelang fest, so daß es von den Booten geschleppt werden mußte. Nur Stürme blieben zum Glück aus.

Die einzige Abwechslung in dieser eintönigen, schleppend-langsamen Fahrt waren die Begegnungen mit Eskimos – „ungemein fetten, schmutzigen und diebischen, aber vergnügten Menschen", wie der Schiffarzt Dr. Armstrong berichtet. Sie hatten noch nie ein so großes Schiff gesehen und wunderten sich sehr über die „drei Bäume, die auf einem Umiak wachsen". Nichts war so schwer oder so heiß, daß sie nicht versucht hätten, es zu stehlen. Eine Frau machte allen Ernstes Anstalten, einen Anker mitzunehmen. Von den Franklin-Leuten wußten sie nichts. Sie hatten seit Jahren keinen Weißen mehr gesehen.

Weniger zutraulich waren die Eskimos der Mackenzie-Mündung. MacClure hoffte, diese Eingeborenen würden für ihn Briefe zur nächsten HBC-Faktorei befördern. „Aber", so erzählt Armstrong, „die transchluckenden Untertanen unserer Königin waren mehr als mißtrauisch. Sie zuckten ihre Dolche und drohten uns grimmig mit Pfeil und Bogen. Offenbar hatten sie schlechte Erfahrungen mit Weißen gemacht und versprachen sich von unserem Besuch Plünderung, Mord und Totschlag."

Um sie zu besänftigen, mußte der Dolmetscher Miertsching – ein Missionar der Herrnhuter in Labrador – in seine Eskimokleidung steigen und den Barbaren gut zureden. Ihr Mißtrauen gaben sie aber erst ganz auf, als Dr. Armstrong sich eines kranken Eskimokindes annahm. Nachdem Miertsching ihnen mühsam erklärt hatte, daß die weißen Männer nach ihren im Nordeis verschollenen Brüdern suchten, gaben sie zögernd zu, daß sich in ihrer Nähe einmal zwei Boote mit Weißen gezeigt hätten. Einer der Weißen sei an der Küste von seinen Gefährten begraben worden.

Miertsching übersetzte diese Auskunft, und MacClure fragte erregt: „Wann ist das geschehen?“ – „Als Tiagtuk ein Kind war“, lautete die Antwort. Jeder vermutete, dieses Grab könne eine Spur der Franklin-Expedition sein. Bei der Besichtigung stellte sich jedoch heraus, daß es eine alte Begräbnisstelle war, die schon Richardson 1824 gesehen und beschrieben hatte.

Noch eine Woche guten Wind

Allmählich wurde es Zeit, einen Winterhafen zu finden. MacClure faßte dafür die Küste bei Kap Bathurst ins Auge. Sie war nicht geeignet. Doch man fand bei dem Kap einen volkreichen Eskimo-Wohnplatz, dessen Bewohner sich freundlich und hilfsbereit zeigten. Der Häuptling erbot sich sofort, Briefe zur nächsten HBC-Faktorei bringen zu lassen, und an frischem Fisch und Fleisch fehlte es während des ganzen Aufenthalts nicht.

„Das war ein fröhliches und ansehnliches Völkchen“, erzählt Armstrong. „Besonders die Frauen sahen gut aus und waren sehr manierlich. Diebisch waren sie allerdings auch. Kein Gegenstand aus Metall oder buntem Tuch war vor ihnen sicher. Unsere Mannschaft genoß den Aufenthalt bei Kap Bathurst in vollen Zügen. Jeder Tag wurde zu einem Fest, bei dem auf dem Strand gewaltig getafelt und mit den Eskimofrauen getanzt wurde. Der Kapitän ließ es geschehen, denn vor uns lag mindestens ein langer, harter Winter voll Gefahr und Entbehrungen. Unsere Janmaaten haben in der Folgezeit noch oft voll Sehnsucht von dem freundlichen Kap Barthurst geredet.“

MacClure mußte sich weiter nördlich nach einem geeigneten Winterhafen umsehen. Die Eskimos konnten jedoch keine Auskünfte über die Inseln im Norden geben. „Das ist das Land der weißen Bären“, erklärten sie voll abergläubischer Furcht. „Fahrt nicht in diese böse Gegend! Das Meer dort ist allen Menschen feindlich!“ – „Und damit hatten sie recht, wie wir später am eigenen Schiff und an uns selbst erfuhren“, vermerkt MacClure zu dieser Warnung.

Er beherzigte sie allerdings nicht. Noch war das Wetter unerwartet mild, war das Meer offen. Zahllose Wale spielten vor der Küste. Das verhieß nach der Erfahrung in der Baffin-Bai einen späten Winterbeginn. Auch die Wasservögel schienen noch nicht an den Aufbruch nach Süden zu denken. „Deshalb meinte der Kapitän, es sei nicht zu verantworten, wenn er jetzt nicht doch einen Vorstoß zum Banksland wagte“, berichtet Dr. Armstrong. „Am 5. September kam eine frische Nordostbrise auf, und in der folgenden Nacht lichteten wir die Anker und gingen mit Nordkurs wieder in See.“

Schon am übernächsten Tag hatten sie Land voraus. Auch die Küste war noch nicht winterlich. Sie wimmelte von Wassergeflügel. An Land fand man überall Rentierspuren, und die Pflanzen standen noch im Saft. Das beste aber war der Ausblick von den steilen Strandhöhen: Das Meer lag nach Nordosten offen vor ihnen!

„Jetzt nur noch eine Woche guten Wind, dachten wir alle“, erzählt Armstrong. „Das Wetter war abwechselnd neblig und klar. Die Küste, an der wir entlangsegelten, setzte sich ununterbrochen nach Norden fort. Sie gehörte also doch wohl zu Banksland. Am 9. September meldete der Ausguck: ‚Land voraus an Steuerbord!‘ Wir erschraken. Waren wir doch in einen besonders langen und breiten Fjord hineingeraten? Nicht in eine, wie wir schon hofften, bis zur Barrow-Straße führende Durchfahrt?“

Doch die Fahrt abbrechen, bevor das Eis dazu zwang? Aus übergroßer Vorsicht vielleicht die Entdeckung versäumen, auf die die Welt seit mehr als dreihundert Jahren wartete? „Da gab es kein Zögern“, schreibt Armstrong und scheint damit die Stimmung an Bord richtig wiedergegeben zu haben, denn selbst der der Heldenpose abgeneigte und eher skeptische Miertsching schlägt an dieser Stelle seines Berichts ähnliche Töne an.

Die beiden Küsten vor dem Bug rückten mit jedem Tag näher aneinander. Das Wetter wurde winterlich. Nebel setzte wieder ein, ihm folgten Schneeschauer. Entenschwärme zogen südwärts. Die Spannung stieg von Stunde zu Stunde. In der Back wurden bereits Wetten abgeschlossen: Kommen wir noch durch bis zur Barrow-Straße oder nicht?

Selbst Kapitän MacClures weitschweifig-salbungsvolle Schreibweise wird knapper: „9. September morgens noch kein Schnee auf dem Land an der Küste! 10. September. Wir segeln zwischen zwei kleinen Inseln hindurch. Dahinter die Straße verengt. An der westlichen Küste jetzt etwas Eis. Auf dem Land im Osten schneebedeckte Höhenzüge mit Gipfeln von vulkanischem Aussehen. Das flachere Land davor schneefrei.

Möwenschwärme kreisen über dem Wasser. Das mehrt unsere Hoffnung, der Winter werde noch auf sich warten lassen. Nur noch eine einzige Woche mildes Wetter, so lautet unser stilles Gebet. Am 10. September verriet das Besteck, daß wir nur noch 60 Seemeilen von der Barrow-Straße entfernt sind.

Ich kann nicht beschreiben, welche Gefühle mich bestürmten, als ich das aufnahm. Sollte es wirklich wahr werden, daß diese Wasserstraße die langgesuchte Nordwestpassage ist? Soll ich geringes Geschöpf ausersehen sein, zu vollbringen, was hochbegabte, kluge und mutige Männer viele hundert Jahre lang nicht vermochten?“

Endlich Gewißheit!

Am Morgen nach diesem Tag höchster Spannung und freudiger Erwartung war der Winter da. In der Nacht trieb auffrischender Nordwest viel Eis in die Prince-of-Wales-Straße. Die Investigator geriet in eine kritische Lage. Der böige Wind drückte sie zusammen mit dem Eis gegen die Küste. Sie entging der Strandung nur, weil es MacClure gelang, sie rechtzeitig an der Leeseite einer großen Eisscholle festzumachen.

Je länger der westliche Wind anhielt, um so breiter wurde der Streifen offenen Wassers, der sich unter dem Druck des Windes an der Westseite der Straße bildete. Sein Anblick hielt MacClure davon ab, schon jetzt ernstlich an die Überwinterung zu denken. Am 12. September schrieb er: „Die große Scholle hält noch. Wir können nichts anderes tun, als auf günstigere Eisverhältnisse warten. Auf solche hoffen wir sehr, denn wir wissen, einige wenige Stunden Fahrt durch offenes Wasser würden genügen, das lange anstehende Problem der Nordwestpassage und ihrer Befahrbarkeit zu lösen."

Diese Hoffnung bewahrte sich MacClure auch in den nächsten Tagen noch. Solange Wind, Gezeiten und Strömung das Eis in Bewegung hielten, schloß sich die Eisdecke nicht; so lange bestand Aussicht, daß ein weiterer Vorstoß nach Norden gelingen könne. Am 15. September drehte der Wind auf Südwest. Er schob Eis und Schiff langsam nordwärts, auf den Melville-Sund zu. MacClure ließ seine Mannschaft sofort in die Boote gehen, um die Investigator schleppen zu lassen, sobald sich Spalten im Eis bildeten. Zwei Tage später war sie nur noch 30 Seemeilen vom Melville-Sund entfernt. Der „Tag der Erfüllung", die Vollendung der ersten Durchfahrt durch die Nordwestpassage, lag vor ihnen. Es mußte nur noch der Anschluß an die Strecke hergestellt werden, die Parry 1819 von der Baffin-Bai, also vom Atlantik aus, zurückgelegt hatte.

30 Seemeilen vor dem Ziel – da setzte der Wind aus! Die

Drift hörte auf. Das schwere Packeis des Melville-Sundes hatte sich quer vor die Prince-of-Wales-Straße geschoben. MacClure erörterte stundenlang mit seinen Offizieren, was zu tun sei. Mußten sie sich nach Süden zurückziehen, um einen geschützten Winterhafen zu suchen? Oder durften sie eine Überwinterung im Packeis wagen? MacClure entschied sich für das letztere, weil es, wie er schreibt, ungerecht gewesen wäre, das mit so viel Mühe Gewonnene aufzugeben. Nach seiner Meinung war es unerläßlich, jede Meile zu behaupten, um der Fahrt ein günstiges Ergebnis zu sichern.

Die Nordwestpassage hatte ihn und seine Offiziere derart behext, daß bei den Beratungen dieses Tages über das, was eigentlich die Aufgabe der Expedition war: über die Suche nach der verschollenen Franklin-Mannschaft, nicht ein einziges Wort fiel.

Nachdem das Eis um das Schiff zur Ruhe gekommen war, entschloß sich MacClure, zu Land zu klären, ob ihm die Entdeckung der Nordwestpassage wirklich gelungen war. Am 23. Oktober trat er mit sieben Gefährten eine Schlittenreise zum Melville-Sund an. Um das Gepäck leicht zu halten, nahmen sie nur das Nötigste an Proviant, Kleidung und Brennmaterial mit. Sie mußten mit kargen Mahlzeiten auskommen. Drei Tage führte der Weg bald über rauhes Eis, bald durch knietiefen Schneematsch.

Endlich sahen sie, daß die Ostküste der Prince-of-Wales-Straße nach Nordosten ausbog; die westliche hingegen zog sich weiter nach Norden. MacClure machte mit dem Fernglas eine Anhöhe aus. Das konnte ein Kap sein, vielleicht hätte man dort einen Rundblick? Alle acht legten sich mit neuem Eifer in die Zugriemen des Schlittens. Trotzdem erreichten sie die nur 18 Kilometer entfernte Höhe erst am nächsten Tag. MacClure und der Maat Court erklommen den etwa 180 Meter hohen Kamm in der Frühe des folgenden Tages.

Es war völlig windstill und der Himmel wolkenlos, als sie kurz vor Sonnenaufgang oben ankamen. Als sich die

Sonne über den Horizont hob und die vereiste Fläche des Melville-Sundes erhellte, konnte MacClure mit dem Fernglas etwa 40 bis 50 Kilometer in der Runde überblicken. Im Osten lag vor ihm die Nordküste des Victorialandes, die sich nun deutlich als Fortsetzung der Ostküste der Prince-of-Wales-Straße zeigte. Im Westen aber zog sich die Küste von Banksland, die Parry vor 30 Jahren als erster gesichtet hatte, weit west-nord-westlich hin. Zu Füßen der Anhöhe dehnte sich nach Norden und Nordnordosten unabsehbar weit das Eis des Melville-Sundes. Hätte es zwischen Banksland und Melville-Insel noch eine Insel gegeben, so hätte MacClure sie an diesem außergewöhnlich klaren Tag wahrnehmen müssen.

Die Nordwestpassage war entdeckt! Jeder Zweifel an einer Wasserverbindung zwischen den beiden großen Ozeanen war widerlegt! „Mit gehobenen Gefühlen, voll Freude und Dankbarkeit kehrten wir nach Stunden zu unseren Gefährten am Fuß der Anhöhe zurück“, berichtet Robert MacClure. „Sie begrüßten uns mit einem dreifachen Hurra. Zur Feier des großen Tages wurde aus Zwergweidenholz ein Feuer angezündet, und ich bewilligte jedem einen Becher steifen Grogs.“

Gegen Ende des Winters ließ MacClure durch drei Schlittengruppen auf Victorialand und auf Banksland nach der verschollenen Franklin-Expedition suchen. Nicht die geringste Spur war zu finden. Alle Eskimos, auf die sie stießen, bekundeten, sie hätten in ihrem Bereich nie zuvor weiße Männer gesehen. In diesen Teil des „Labyrinths der weißen Inseln“, wie MacClure den arktischen Archipel einmal nennt, konnte sich Franklin mit seinen Schiffen also nicht verirrt haben.

Im Juli 1851 geriet das Eis der Prince-of-Wales-Straße wieder in Bewegung. Die Drift schob das Schiff täglich zwei bis drei Seemeilen nach Norden. Schon hoffte MacClure, er werde auf diese Weise die Durchfahrt zum Melville-Sund schaffen und damit die Durchsegelung der Nordwestpassage vollenden, als die Drift zum Stehen kam. Am 15. August 1851 vermerkt sein Logbuch: „Das Eis bildet wiederum von der einen Inselküste zur anderen eine geschlossene Barriere und bietet keine Aussicht mehr auf eine Durchfahrt. Ich entschloß mich deshalb, südlich um Banksland herumzugehen und die Melville-Insel von Westen her anzusteuern."

Sobald die düsteren Princess-Royal-Inseln passiert waren, tat sich eine andere Welt für die Mannschaft der Investigator auf. Im Norden Eis, Eis und nochmals Eis; hier nicht eine kleine Scholle! Nicht einmal Randeis an den Küsten! Bereits am 17. August stand das Schiff vor der Südspitze von Banksland. Kräftige Dünung und sanfter Wind nahmen es in Empfang. Das Land schimmerte in sommerlichem Grün und war von unzähligen Vogelschwärmen belebt. Das schwere Packeis des Polarmeers war zwar als kompakte Masse im Westen stets zu erkennen, aber an der Küste blieb ein etwa 25 Kilometer breiter Streifen Wasser eisfrei. MacClures Zuversicht stieg, daß er die Melville-Insel unbehindert umrunden und im Norden eine eisfreie Durchfahrt zur Baffin-Bai finden würde.

Aber die Arktis war nicht gesonnen, den Entdecker der Nordwestpassage so leichten Kaufs zu seinem Ruhm kommen zu lassen. In der Nacht zum 19. August setzte so jäh, wie das nur im Nordmeer möglich ist, ein Wetterumschwung ein. Innerhalb weniger Minuten drehte der Wind von Südost auf Nordwest und wurde zum Sturm. Und nun drängte das Packeis mit aller Macht heran. Schon nach einer knappen Stunde engte es das offene Wasser auf kaum 200 Schritt Breite ein. Selbst dieser schmale Streifen wimmelte bald von Eisschollen. Wind und Strömung zwangen die Investigator in die Straße nördlich von Banksland hinein, die heute den Namen ihres Entdeckers MacClure trägt. Scharfer Nordwest trieb das schwere Packeis, das den Meeresspiegel oft um 30 Meter überragte, gegen die Steilküste. Die Felswände hallten tagelang von dem bösartigen Knirschen und Krachen des mahlenden Eises und von dem

Donnergetöse wider, das sich erhob, sobald eine der riesigen Treibeisschollen unter dem Druck der Eispressung zerriß. MacClure mußte jeden Augenblick darauf gefaßt sein, daß sein Schiff in diesem Inferno zerquetscht würde.

Am Tage endlich drehte der Wind auf Südwest, und kurz darauf öffnete sich vor ihnen im Eis eine Spalte nach Osten. MacClure atmete auf. Tagelang manövrierte er sein Schiff an der Nordküste von Banksland nach Osten vorwärts. Am 24. September erspähte er befreit eine breite, etwas nach Süden ausbiegende Bucht, die der Investigator Schutz bot: Die Mercy-Bai. Doch gerade diese Zuflucht wurde für die Expedition zum Gefängnis. Es gelang nicht, das Packeis zu durchstoßen, das sich schon an die nordöstliche Landspitze der Bucht gehängt hatte. Robert MacClure blieb die Durchfahrt zum Melville-Sund auch durch diese zweite Nordwestpassage, die er entdeckt hatte, versagt.

Das Eis vor der Mercy-Bai hielt ihn und seine Mannschaft bis zum Frühjahr 1853 fest. Es hätte ihn vielleicht nie wieder entlassen, wäre er nicht durch eine Schlittengruppe des Belcher-Geschwaders befreit worden, das seit 1852 vom Lancaster-Sund aus mit sechs Schiffen nach der Franklin-Expedition suchte. Diese Schlittengruppe erreichte die Mercy-Bai in den Tagen, in denen MacClure sich gerade schweren Herzens entschlossen hatte, sein Schiff aufzugeben und sich mit seiner Mannschaft nach Süden, zum Kap Bathurst, durchzuschlagen – über die Prince-of-Wales-Straße, wo er 1851 vorsorglich Boote, Schlitten und ein Proviantdepot zurückgelassen hatte.

Im Herbst 1854 traf MacClure mit seiner Mannschaft wieder in England ein. Er wurde für die Entdeckung der Nordwestpassage geadelt und erhielt zusammen mit der Investigator-Besatzung die Belohnung von 10000 Pfund, die seit 1818 auf den Entdecker wartete. Die eine Hälfte dieser Summe wurde ihm, die andere seinen Offizieren und seiner Mannschaft zugesprochen.

Die Nordwestpassage war entdeckt! Die Frage, die jahrhundertelang viele Menschen brennend bewegt hatte, war beantwortet. MacClure hatte als erster Seefahrer einen nordwestlichen Seeweg zwischen den beiden Ozeanen in seiner ganzen Länge verfolgt. Er hatte als Tatsache bestätigt, was bis dahin Vermutung gewesen war. Doch da er sein Schiff verlassen und seine Reise durch einen Fußmarsch über das Eis vollendet hatte, ließ auch sein Erfolg noch immer die Frage unbeantwortet: Ist die Nordwestpassage schiffbar?

Und offengelassen hatte MacClure ebenfalls die Frage nach dem Schicksal der Franklin-Expedition.

Spuren auf King-Williams-Land

Wichtige Fundstücke

Erst als die Admiralität 1854 die Suche aufgab, lockerte sich zum erstenmal das unheimliche Schweigen, das die Arktis um Franklin und seine Schiffe gelegt hatte. Jane Franklin war eben im Begriff, nochmals an die HBC mit der Bitte heranzutreten, man möge vom Land her in dem Dreieck zwischen Fisch-Fluß, Kap Turnagain und Nordspitze der Boothia-Halbinsel suchen lassen, da erreichte sie ein erstes Zeichen, das ahnen ließ, was sich auf Franklins Schiffen zugetragen haben mochte.

Der Mann, der die erste Nachricht über die Verschollenen brachte, war Dr. John Rae. Der wikingerhafte, abenteuerhungrige Schotte stand seit 1833 als Arzt und Pelzhändler im Dienst der HBC. Zehn Jahre hatte er als Faktoreigehilfe gearbeitet und sich nicht nur zu einem gewandten Pelzhändler, sondern auch zu einem bedeutenden Naturforscher, Ethnologen und Nordlandkenner ausgebildet. Er galt zudem als vorzüglicher Schütze und als einer der besten Schneeschuhläufer Kanadas; einmal hatte er die 160 Kilometer zwischen der Moose-Faktorei und Fort Albany auf Schneeschuhen in 24 Stunden zurückgelegt.

Die HBC hatte ihn 1846 mit der Erforschung der arktischen Randgebiete Kanadas betraut. Seine Arbeit sollte sich auf Küste und Hinterland zwischen Iglulik und Fisch-Fluß erstrecken, seine Hauptaufgabe sollte jedoch sein, endgültig zu klären, ob es zwischen Hudson-Bai und Simpson-Straße, also zwischen Atlantik und Pazifik, nicht doch einen Wasserweg gebe. Man ließ ihm bei der Wahl seiner Arbeitsmethode freie Hand. Rae selbst erklärt: „Es war

nicht meine Absicht, wie andere Expeditionen vorzugehen – mit zahlreicher Mannschaft und großem Proviantvorrat. Ich wollte allenfalls zehn oder zwölf Mann mitnehmen und nur geringe Vorräte. Unterwegs hing also alles vom Jagdglück ab. Ich nahm nur Männer mit, die mit den Schwierigkeiten und Gefahren des Nordens gut vertraut waren. Jeder mußte wie ich an das Leben in der Wildnis gewöhnt sein. Ich wollte auf keinen Fall so schlecht vorbereitet und mit den vagen, allzu optimistischen Vorstellungen eines Back oder Franklin in die Tundra gehen.“

Rae fuhr mit zwei offenen Walfängerbooten, deren Hochseetüchtigkeit erprobt war, an der Küste entlang zur Repulse-Bai. Hier wurde in einem Steinhaus überwintert, das die Mannschaft errichtete. Dr. Rae war der beste Jäger von allen. Mehr als die Hälfte der Rentiere, die sie den Winter über ernährten, erlegte er.

Vom Frühjahr an unternahm er mehrere Reisen mit Hundeschlitten und kam bis an die Küste der Boothia-

Halbinsel. Dabei stellte er fest, daß es zwischen Repulse-Bai und Committee-Bucht (dem Meer Akuli der Eskimos) keine Meeresstraße gab. Im Herbst 1847 führte er die Mannschaft nach Süden zurück. Nicht einer war nur einen Tag ernstlich krank gewesen. Die Expedition hatte insgesamt kaum 14000 Pfund gekostet; Parrys zweijährige Expedition von 1822, die dasselbe Gebiet mit zwei Schiffen besucht hatte, ohne nennenswerte Ergebnisse zu bringen, insgesamt 120000 Pfund.

Dr. Rae setzte seine Forschungen an der Küste 1848 und 1849 fort. Dabei suchte er im Auftrag der HBC auch nach der Franklin-Expedition. Er war der Ansicht, deren Schicksal sei nur durch kombinierte Boots-, Schlitten- und Schneeschuhreisen aufzuklären. Schiffsexpeditionen seien in der Arktis sowohl bei Forschungsfahrten wie bei solchen Rettungsversuchen zu schwerfällig und riskant, weil sie zuviel Mannschaft und deshalb zu große Proviantvorräte und Ausrüstung mitschleppen mußten. Er fand jedoch keine Spur von Franklin. Selbst Dr. Raes eiserne Gesundheit hatte unter den Strapazen der vergangenen Jahre gelitten, und er wollte 1853 zum letztenmal in die Arktis gehen, die Erkundung der Küste fortsetzen und dabei wiederum nach der Franklin-Expedition Ausschau halten. Abermals überwinterte er an der Repulse-Bai. Im Frühling überquerte er mit Hundeschlitten die nach ihm benannte Landenge und kam zur Pelly-Bai im Südwestwinkel des Boothia-Golfs.

Hier begegnete ihm ein Mann mit einem Schlitten voll Seehundsfleisch. Dr. Rae erzählte später: „Wir kamen mit ihm ins Gespräch. Als er sah, daß ich ein Weißer war, betrachtete er mich neugierig und sagte, er habe noch nie einen Weißen gesehen, aber schon viel von ihnen gehört. ‚Vor vier Jahren hat im Westen eine Sippe, mit der wir befreundet sind, viele weiße Männer gesehen, dreißig oder noch mehr. Sie kamen von Norden und waren schwach von Hunger und Erschöpfung. Einer nach dem anderen ist gestorben, wie sie gerade am Strand lagen oder saßen. Meine Freunde haben gewartet, bis keiner mehr lebte. Dann sind sie in das Lager der Weißen gegangen und haben mitgenommen, was sie brauchen konnten.‘

‚Warum haben sie ihnen nicht geholfen?‘ fragte ich. ‚Ihr seid doch sonst gegen Fremde hilfsbereit.‘

‚Meine Freunde hatten selbst kaum etwas zu essen. Außerdem sahen sie, daß der Tod schon in den Weißen war. Wenn er sich in Menschen festgesetzt hat, muß man ihn lassen, sonst wird er zornig und springt auf den über, der ihn stört.‘

‚Haben deine Freunde die Dinge aus dem Lager noch?‘

Er führte mich zu den Eskimos an der Pelly-Bai, die das besaßen, was uns jetzt das Schicksal der Franklin-Expedition ahnen läßt.“

Rae erwarb unter anderem eine Silberschale und Tafelbestecke, die Franklins Wappen trugen. Eine alte Frau erzählte ihm, wie sie die Weißen beobachtet hatten. „Sie gingen schwankend wie Schlafwandler. Sie fielen hin und starben.“ Dr. Rae ließ sich die Landschaft schildern, in der das geschehen war. Daraus schloß er auf die Mündung des Fisch-Flusses. Er selbst kannte sie nicht; sie war ihm wie auch den anderen Forschern aber durch Beschreibungen von Back und Simpson vertraut.

Er hielt seinen Fund für wichtig genug, seine Reise sofort abzubrechen und nach London zu reisen, damit unverzüglich weitere Nachforschungen in dem vermeintlichen Katastrophengebiet angestellt werden konnten. Im Dezember 1854 traf er in England ein. Die Admiralität erkannte ihm die Belohnung von 10000 Pfund zu für die erste sichere Nachricht über die Franklin-Expedition. Die Fundstücke übergab man Lady Jane.

Das Schicksal der Verschollenen war damit noch immer nicht geklärt. Aber die Admiralität wollte die schon so lange andauernde Suche nicht fortsetzen. Der Krim-Krieg war ausgebrochen und beanspruchte die englische Flotte.

Jane Franklin gab sich damit nicht zufrieden. Ihre dringlichen Bitten veranlaßten die HBC schließlich noch einmal zu einer Suchaktion an der Mündung des Fisch-Flusses. Jane widersprach der Beschränkung auf nur dieses Operationsgebiet. Sieben Jahre langen Wartens hatten in ihr eine bis zur Ungerechtigkeit gesteigerte Reizbarkeit erzeugt. Sie ließ nicht davon ab, daß man zwischen Peel-Sund und King-Williams-Land suchen müßte, und zwar mit einer nicht zu schwachen und auch für eine Überwinterung ausgerüsteten Mannschaft. Die HBC verwarf diesen Hinweis als Besserwisserei; Lady Franklin habe jedes Maß verloren.

Die von der HBC ausgewählten Faktoreimakler Anderson und Stewart zogen mit drei leichten Birkenrindenkanus aus, die für die Flußreise geeignet waren, nicht aber für eine Meerfahrt. Unter ihren sechs Begleitern hatten sie keinen Dolmetscher, obwohl sie selbst die Eskimo-Sprache nicht verstanden. Sie erreichten die Fisch-Fluß-Mündung am 30. Juli 1855. Hier stießen sie auf Eskimos. In deren Besitz befanden sich Gegenstände, die ohne Zweifel früher Weißen gehört hatten: Zeltpfähle, Stücke von Mahagoniholz, Ruderblätter aus Eschenholz, Eisenkessel, eine zerbrochene Handsäge und mehrere Stemmeisen. Die Eskimos behaupteten, diese Dinge in einem Boot gefunden zu haben, in dem vor Jahren tote weiße Männer an den Strand getrieben seien.

Anderson kaufte ihnen einige dieser Dinge ab und fuhr weiter zur Montreal-Insel. Hier entdeckte er auf einer Anhöhe in Vorratslagern der Eskimos außer Tran und Seehundsspeck auch Kettenglieder, Schmiedewerkzeuge, Tauenden, Flaggenfetzen und Stäbe, in die der Name des Schiffsarztes der Erebus, Stanley, eingekerbt war. Auf dem Strand der Insel lagen Hobelspäne und Bretterstücke aus Fichten-, Ulmen-, Eichen- und Eschenholz verstreut. Man sah ihnen an, daß ungeübte Hände sie bearbeitet hatten. Aber es fand sich nicht ein einziges Stück Papier.

Anderson getraute sich mit seinen leichten Booten nicht zum King-Williams-Land hinüber und trat am 8. August den Rückweg an. Sein Bericht erreichte London im Januar 1856. Viel klüger war man auch durch ihn nicht geworden.

Nur soviel galt jetzt als sicher: Wie Jane Franklin bereits 1847 erklärt hatte, war Franklins Mannschaft nach Süden, in Richtung auf den Fisch-Fluß zu gezogen, um sich zu retten. Einige Männer hatten dessen Mündung erreicht und waren dort gestorben. Was aber war aus ihren Kameraden geworden und was aus den beiden Expeditionsschiffen?

Die Regierung bedauert

Noch einmal beschwor Jane Franklin im Juli 1856 die Admiralität leidenschaftlich, die Nachforschungen fortzusetzen, „im Innersten überzeugt, daß hier die Ehre unseres Landes auf dem Spiel steht und nicht nur mein und aller anderen Witwen, Waisen, Eltern und Geschwister Wunsch, über das Schicksal der Verschollenen Klarheit zu gewinnen."

Sie erhob ferner Einspruch dagegen, daß man MacClure den Preis für die Entdeckung der Nordwestpassage zuerkannt hatte. Das ist ihr als Mißgunst und Geldgier ausgelegt worden. Ihr jedoch ging es um den Ruhm Franklins, den sie nicht schmälern lassen wollte. Nicht mit Unrecht machte sie geltend, es sei noch gar nicht erwiesen, ob nicht die Franklin-Expedition bereits lange vor MacClure die Passage entdeckt habe.

Sie fand die Unterstützung namhafter Geographen und Marine-Offiziere. Trotzdem erfolgte nichts, bis der Chef der Admiralität, Sir Charles Wood, im April 1857 endlich schrieb: „Die Regierung Ihrer Majestät bedauert, daß sie keine Aussicht mehr sieht, Lebende der verschollenen Expedition zu retten; sie kann es daher nicht als gerechtfertigt ansehen, noch mehr Offiziere und Mannschaften solchen Unternehmungen auszusetzen."

Da entschloß sich Jane Franklin, die Suche auf eigene Faust zu betreiben. Ihr Vermögen reichte nicht mehr dazu, ein Schiff auszurüsten. Deshalb wagte sie es, sich mit der Bitte um Spenden an das englische Volk zu wenden.

Ihr Vertrauen wurde reich belohnt. Aus allen Bevölkerungsschichten flossen ihr die Gelder zu. Schillingsbeträge standen neben namhaften Summen auf der Spendenliste, in die sich Schulkinder ebenso eintrugen wie die berühmten Schriftsteller Dickens und Thackeray.

Nun steuerte die Admiralität aus ihren Arsenalen Instrumente, Eisanker, Jagdwaffen, Sprengmittel, Kleidung und 66 Zentner Pemmikan bei. Vor allem gewährte sie den Offizieren, die sich der Expedition anschließen wollten, unbefristeten Urlaub.

Als Kommandanten der von ihr erworbenen hochseetüchtigen Yacht Fox wählte Jane den Kapitänleutnant Leopold MacClintock, der sich während dreier Hilfsexpeditionen für Franklin zu einem äußerst befähigten Arktisforscher entwickelt hatte. Als Offizier auf einem der Hilfsschiffe hatte er Erfahrungen mit Hundeschlitten gesammelt und eine 80 Tage dauernde Erkundungsfahrt über das Eis der Barrow-Straße und des Melville-Sunds durchgeführt. Er war überzeugt, der Franklin-Expedition wäre die Katastrophe erspart geblieben, wenn sie Schlittenhunde und kundige Schlittenführer gehabt hätte. Auch nach seiner Ansicht war der Kardinalfehler der Seeleute, daß sie in der Arktis nur den grausamen Gegner sahen. Daß die Arktis für den, der sich wie die Eskimos ihren Bedingungen anpaßt und ihre Möglichkeiten nutzt, nicht unüberwindlich ist, konnten oder wollten die meisten Marine-Offiziere nicht einsehen. Die Pelzhändler waren ihnen in der Anwendung neuer Formen der Polarforschung weit voraus.

Für MacClintock sprachen bei Jane Franklin nicht nur seine Leistungen und Fähigkeiten. Nach seinen Lebensjahren und seiner Wesensart hätte er Franklins Sohn sein können, meinte sie. So wie diesen Mann hätte er sich seinen Sohn gewünscht.

Voll Vertrauen ließ sie ihm freie Hand bei allen Vorbereitungen. Unbesehen billigte sie die Auswahl, die er unter den vielen Freiwilligen für die Expedition traf. MacClintock holte sich als Ersten Offizier den Marineleutnant

Hobson, einen erfahrenen Eismeerschiffer; ferner den Kapitän der Handelsmarine Allan Young, den es aus Liebhaberei zur Polarforschung zog, und als Schiffsarzt Dr. Walker, einen Naturwissenschaftler, der bereits einen Namen hatte. Die gesamte Besatzung bestand aus 26 Mann. Die Fox hatte Ausrüstung und Proviant für 28 Monate an Bord, als sie am 1. Juli 1857 von Aberdeen aus in See ging.

Wenige Tage vorher erhielt MacClintock von Jane Franklin einen Brief. „Mein lieber Kapitän MacClintock", schrieb sie ihm, „Sie haben mich mehrmals freundlich aufgefordert, Ihnen Instruktionen mitzugeben. Ich kann mich nicht dazu überreden, daß es richtig wäre, Ihr eigenes Urteil in irgendeiner Weise zu beeinflussen. Das Ziel Ihrer Fahrt sollte, wie Sie wissen, die Rettung etwa noch lebender Besatzungsmitglieder der Schiffe Erebus und Terror sein. Könnte Ihnen das gelingen, so wäre das für Sie wie für mich der schönste Ertrag unserer gemeinsamen Anstrengungen. Daß Sie diesem Ziel alles andere unterordnen, ist mein Wunsch, nicht mein Befehl.

Das Nächstwichtige wäre, Dokumente und persönliche Andenken an meinen Mann und seine Gefährten zu bergen. Und schließlich liegt mir an der Bestätigung, daß Sir Johns Expedition berechtigten Anspruch darauf hat, als erste die Nordwestpassage entdeckt zu haben. Dadurch würden diese Märtyrer einer guten Sache ihren gerechten Lohn finden.

Ich zweifle nicht daran, daß Sie alles tun werden, was in Ihrer Macht steht, um diese Ziele zu erreichen. Ich fürchte nur, Sie werden dabei mehr als das Mögliche zu tun versuchen. Erlauben Sie mir deshalb die Mahnung, daß das Leben Ihrer tapferen Männer wertvoller ist als jene Ziele! Gott in seiner Gnade möge Sie alle vor Leid bewahren und Sie gesund und sieggekrönt zu uns zurückführen! Seien Sie bitte des uneingeschränkten Vertrauens und der beständigen Dankbarkeit sicher

Ihrer aufrichtigen Freundin Jane Franklin."

Ein Zug müder Männer

Sechsundzwanzig Monate später machte an einem regengrauen September-Morgen in Portsmouth an der Pier eine kleine Schoneryacht fest. Man sah ihr die lange, harte Reise an, die sie hinter sich hatte. Die Messingbuchstaben des Namens an Bug und Heck waren größtenteils zerstört. Keiner der Kailungerer konnte erraten, was für Abenteuer das Schiff überstanden hatte.

Sein Kapitän ging unbeachtet von Bord, sobald die Leinen fest waren. Ihm war das nur recht. Was er von dieser Reise mitbrachte, gehörte zuerst einem einzigen Menschen. Nachdem er sich pflichtgemäß beim Hafenkommandanten gemeldet und sich dessen Verschwiegenheit versichert hatte, bestieg er den nächsten Zug nach London.

Die Fahrtstunden verschlief er. Es war fast dunkel, als er in London eintraf. Vor dem Bahnhof stieg er schnell in eine Droschke und rief dem Kutscher zu: „Pall Mall 60.“

Nur langsam bahnte sich der Wagen seinen Weg durch die Innenstadt. Doch selbst dieses langsame Tempo war dem Kapitän noch zu schnell. Was ihm jetzt bevorstand, dünkte ihn schwieriger als alles, was neunzehn Monate in der Arktis von ihm gefordert hatten. Und dort war er dem Tod mehr als einmal nahe gekommen, daß er oft gedacht hatt, er werde Themse und Trafalgar-Square nie wiedersehen.

Schon in der Melville-Bai hatte es begonnen. MacClintocks kleine Fox war im August 1857 ins Packeis geraten. Sie fror zwischen den Schollengeschieben ein und trieb mit der Drift nach Süden – 242 Tage lang, vom 75. bis zum 63. Grad nördlicher Breite. Ein Satz aus seinem Tagebuch läßt ahnen, was Schiff und Mannschaft in diesem Winter zu leiden hatten: „Nach den Erfahrungen dieser Tage begreife ich, wie einem Menschen vor Entsetzen in wenigen Stunden das Haar ergrauen kann.“

Sobald das Schiff Ende April 1858 vom Eis freikam, ging es wieder auf Nordkurs. Diesmal hatte die Fox mehr

Glück. Sie konnte nicht nur durch die sonst so heikle Meville-Bai ohne Schwierigkeiten kommen, sondern auch ohne Aufenthalt durch den Lancaster-Sund bis zu ihrem ersten Ziel, der Beechey-Insel.

An der Stelle, wo John Franklins Expedition das erste Winterlager aufgeschlagen hatte, ließ MacClintock den Gedenkstein aufstellen, den Jane Franklin dem Andenken der Besatzungen von Erebus und Terror gewidmet hatte. Der amerikanische Polarforscher Kane hatte ihn schon vor Jahren zur Beechey-Insel bringen sollen. Er war jedoch vom Eis daran gehindert worden und hatte ihn im grönländischen Hafen Godthaab hinterlassen.

Von der Beechey-Insel fuhr die Fox zur Bellot-Straße, die als Standquartier der Expedition ausersehen war. Die eigentliche Suchfahrt begann im Hochwinter 1859, nachdem man vorher auf kürzeren Schlittenreisen Proviantdepots an der Küste von Boothia und der Prince-of-Wales-Insel verteilt hatte. Am 17. Februar brach MacClintock mit zwei Begleitern und drei Hundeschlitten zum Gebiet des magnetischen Nordpols auf. Obwohl mehrere Hunde lahm wurden, legte die Schlittengruppe täglich 20 bis 25 Kilometer zurück. Mitunter war die Kälte so stark, daß das Quecksilber im Thermometer gefror und der Rum für den abendlichen Grog erst aufgetaut werden mußte.

Am 1. März stießen sie in der Nähe des magnetischen Pols auf Eskimos, die die Weißen gastlich aufnahmen und sofort die Gegenstände hergaben, an denen MacClintock viel lag: Uniformknöpfe und Messer, die offensichtlich aus Schiffseisenteilen hergestellt waren, einige mit Wappen oder Initialen versehene Tischbestecke. Fragen nach der Herkunft dieser Dinge waren den Eskimos allerdings unangenehm. Ihren ausweichenden und vieldeutigen Antworten ließen sich nur entnehmen, daß sie die Weißen und die Schiffe, von denen die Gegenstände stammten, nicht selbst gesehen hatten. Einer erzählte, die Eskimos, von denen sie die Uniformknöpfe eingetauscht hatten, seien Augenzeugen gewesen, wie ein Schiff mit drei hohen Masten westlich von King-Williams-Land vom Eis zerdrückt wurde. Ein anderer gab nach langem Hin und Her zu, er habe im Süden, wo nach Berichten der Nedsilik-Eskimos mehrere weiße Männer gestorben seien, ein paar Skelette gefunden.

Diese Auskünfte und Funde gaben, zusammen mit den von Dr. Rae und Anderson gesammelten Nachrichten und Beobachtungen, genug Fingerzeige, auf welchen Raum sich die Suche konzentrieren mußte.

Am 2. April 1859 machten sich MacClintock und Hobson mit dem Dolmetscher Pedersen, einem Hundeschlitten und zwei leichten, von vier Matrosen gezogenen Schlitten auf den Weg nach King-Williams-Land. Am 28. April teilten sie sich in zwei Gruppen, jede hatte Proviant für 84 Tage. MacClintock zog an der Ostküste von King-Williams-Land entlang nach Süden. Die Westküste hatte er absichtlich Leutnant Hobson überlassen. Dort war die Aussicht am größten, Schiffstrümmer, Boote oder schriftliche Nachrichten über die verschollene Expedition zu finden. Wenn das gelänge, wäre es für Hobsons Beförderungsaussichten nützlich.

Noch ehe sich ihre Wege trennten, fanden sich Eskimos bei ihnen ein. Sie erzählten ihnen, vor mehreren Jahren wären zwei Schiffe nordwestlich von King-Williams-Land gewesen. Eines sei vom Eis zerdrückt worden, das andere gestrandet. Viele weiße Männer seien nach Süden gezogen, mit großen, seitlich gewölbten Schlitten, womit wohl die auf Kufen gesetzten Boote gemeint waren. Später hätten Eskimos auf dem gestrandeten Schiff einen hochgewachsenen Mann mit sehr langen Zähnen tot aufgefunden.

MacClintock und Hobson schlossen aus dieser Nachricht, das gestrandete Schiff müsse noch zu finden sein. Aber an der Ostküste des King-Williams-Landes erfuhr MacClintock von anderen Eskimos, daß auch das zweite Schiff gesunken sei. Er tauschte auch von ihnen Silberbestecke mit Initialen von Offizieren der Franklin-Expedition ein. Auch sie hatten diese Bestecke bei anderen Eskimos eingehandelt, die wieder mit eigenen Augen gesehen hatten, wie ein langer Zug müder Männer sich nach Süden bewegt hatte und einer nach dem anderen plötzlich tot umgefallen war. Die ersten Toten seien von ihren Kameraden noch begraben worden, andere nicht mehr.

Und Papiere, Notizbücher, Aufzeichnungen? MacClintock und Pedersen brauchten mehr als eine Stunde, um den Eskimos klarzumachen, was sie meinten. Nein, davon hatten sie nichts gesehen. Auch die Zahl der müden Männer wußten sie nicht, und ihre Angaben über den Zeitpunkt des Schiffsuntergangs waren so verworren, daß sie nicht weiterhalfen.

MacClintock erreichte mit seiner Gruppe bereits am 12. Mai die Mündung des Fisch-Flusses. Die Eisdecke war noch dicht geschlossen. Soweit der hohe Schnee es zuließ, suchten sie die Montreal-Insel sorgfältig ab. Vergeblich. Auf der Festlandküste, bei Point Duncan, war es nicht anders. Deshalb trat MacClintock am 19. Mai die Rückreise nach Norden an. Er überquerte zum zweitenmal die Simpson-Straße und setzte seine Suche noch einmal an der Südküste von King-Williams-Land fort.

Am 25. Mai, gegen Mitternacht, stand MacClintock auf einem Hügelkamm bei Kap Herschel plötzlich vor einem Skelett. Große, mit Knöpfen besetzte Stoffetzen lagen in der Nähe. Sie ließen erraten, daß dieser Tote Messesteward gewesen war. Eine Tasche in einem der Fetzen enthielt einen Brief in deutscher Sprache und Schrift. Er war, wie sich später zeigte, an den Toten gerichtet, gab also keinen Hinweis auf das Schicksal der Franklin-Mannschaft.

Weitere Überreste oder Spuren gab der Schnee nicht frei. Doch achtzehn Kilometer nördlich von Kap Herschel entdeckte MacClintock endlich eine Steinwarde – die erste, die am Weg der Franklin-Expedition bisher gefunden wurde. In höchster Spannung räumte er die Steine beiseite.

Nicht ein Bericht von Franklin kam zutage, nur ein für MacClintock bestimmter Brief von Hobson. Sein Inhalt erregte ihn derart, daß er in der ganzen Nacht trotz großer

Erschöpfung kein Auge schließen konnte. Hobson kennzeichnete in Stichworten den Weg, den er zurückgelegt hatte, und teilte ihm mit, er habe das erste schriftliche Zeugnis von der verschollenen Expedition gefunden. Eine Abschrift des kostbaren Dokuments war beigefügt.

Hobsons Nachricht bewog MacClintock, nun doch selbst die Westküste des King-Williams-Landes aufzusuchen. Am 29. Mai erreichte er den westlichsten Punkt, den er Kap Crozier nannte. Hier bog die Küste nach Nordosten ab. Er folgte ihr und stieß schon am 30. Mai auf ein Beiboot des Expeditionsschiffes Terror. Es lag hoch auf dem Strand. Unter den Duchten fanden sich einige Gebetbücher, Uhren, noch geladene und gespannte Jagdgewehre, eine Dose Tee und eine Kiste mit 40 Pfund Schokolade, dazwischen lagen drei Skelette. Verhungert konnten diese Toten nicht sein. Waren sie zu schwach oder zu krank gewesen, um ihren Kameraden zu folgen, die das Boot hier zurückgelassen und ihr Gepäck vermindert hatten, wie ein Kleiderhaufen verriet?

Weder in diesen Kleidern noch im Boot oder bei den Toten fand sich irgend etwas, das eine Lösung des Geheimnisses gewesen wäre. MacClintock nahm die kleineren, persönlichen Fundstücke mit und setzte seinen Weg fort, bis er an der Küste jene Stelle erreichte, an der nach Aussage der Eskimos das zweite der verschollenen Schiffe gestrandet sein sollte. So angestrengt auch er und seine Gefährten den Strand und die Hügel in der Nähe absuchten, nirgends war das kleinste Wrackstück oder Überbleibsel der Franklin-Expedition zu entdecken.

Am 19. Juni kam MacClintocks Schlittengruppe wohlbehalten bei der Fox wieder an. Hobson traf fünf Tage später ein, und acht Tage danach Young, der mit Schlitten die ganze Prince-of-Wales-Insel umrundet hatte. Auch er hatte keine Spur von Franklin gefunden, wohl aber festgestellt, daß dieses Land eine der großen Inseln des arktischen Archipels und durch eine breite Meeresstraße vom Victorialand getrennt war.

Schraubeis vor Kap Crozier

Diese Erlebnisse zogen in der Erinnerung an Kapitän MacClintock vorüber, während ihn die Droschke nach Pall Mall 60 brachte. Am Hauseingang zögerte er unwillkürlich, dann hob er den Türklopfer. Eine alte Dienerin öffnete, führte ihn in das Empfangszimmer und entfernte sich lautlos mit seiner Visitenkarte.

Die Samtportiere teilte sich, und MacClintock hörte eine ruhige Stimme sagen: „Mein lieber Kapitän! Gott sei gelobt, Sie sind heimgekehrt! Heil und gesund, wie ich hoffen darf? Und mit Schiff und Mannschaft?“

Welch eine Frau! dachte er erschüttert. Das Schicksal eines Schiffs und seiner Mannschaft hat für sie den Vorrang vor dem, was sie selbst angeht.

„An Bord der Fox alles wohlauf“, sagte er. „Ihr Auftrag ist ausgeführt.“

„Sie bringen mir also Gewißheit?“

MacClintock nickte. Die Erschütterung jener Stunde, die ihm auf der öden, steinigen Erde von King-Williams-Land Gewißheit gegeben hatte, stieg wieder in ihm auf. Schweigend nahm er aus der Brieftasche ein zerknittertes Blatt und reichte es Jane Franklin. Es war ein Formblatt, wie es auf Anregung John Barrows englische Forscher seit Anfang des 19. Jahrhunderts überall auf ihren Wegen durch unbekannte Länder mit sich führten. Neben dem ausgesparten Raum für knappe Mitteilungen enthielt es die in sechs Sprachen gedruckten Worte: „Der Finder dieses Blattes wird gebeten, es dem Sekretär der Admiralität zu London zu übersenden und dabei Ort und Zeit des Fundes anzugeben.“

Die handschriftliche Mitteilung auf dem Blatt lautete: „21. Mai 1847. Ihrer Majestät Schiffe Erebus und Terror überwinterten im Eis auf 70° 5′ nördl. Breite, 98° 23′ westl. Länge. Den Winter 1846/47 verbrachten sie bei der Beechey-Inseln, 74° 43′ 28″, nördl. Breite, 91° 39′ 15″ westl. Länge. Sie folgten dem Wellington-Kanal bis 77°

Nord und segelten längs der Westküste der Cornwall-Insel zurück.

John Franklin, Kommandant der Expedition.
Alles wohl.“

Ebenfalls von Franklins Hand stammte der Zusatz: „Eine Gruppe von 2 Offizieren und 6 Mann brach am Montag, 24. Mai 1847, von den Schiffen auf unter dem Kommando von Leutnant Gore und Maat Ch. de Voeux.“

Mit anderer Handschrift war auf den Rand geschrieben: „25. April 1848. Ihrer Majestät Schiffe Terror und Erebus wurden am 22. April 5 Meilen nordnordwestlich von hier aufgegeben, weil sie seit dem 12. Sept. 1846 vom Eis eingeschlossen waren. Insges. 105 Offz. und Mannschaften gingen unter dem Kommando von Kap. J. R. M. Crozier auf 69° 37′ 42″ Nord, 98° 41′ West an Land.

J. R. M. Crozier, James Fitzjames,
Kapt. und rangält. Offz. Kapitän H. M. S. Erebus“

Diesem Zusatz hatte Crozier noch hinzugefügt: „Brechen morgen, 26., nach Backs Fisch-Fluß auf. Ltn. Irving fand dieses Blatt in einer Steinwarde, die vermutlich James Ross 1831 vier Meilen von hier errichtete. Der verstorbene Kapitänleutn. Gore legte es Juni 1847 darin nieder. Sir John Franklin starb am 11. Juni 1847. Tote bis dahin: 9 Offiziere, 15 Mann.“

Eine Weile war es still im Raum. Dann sagte Jane Franklin leise:

„Der Juni 1847 – ich wußte es. In den Tagen war es, als mich plötzlich die schreckliche Ahnung überfiel. Sein Tod ist also gewiß. Ich hoffe, er kam sanft zu ihm. – Aber die anderen, Kapitän MacClintock? Dieses Blatt ergänzt und bestätigt, was wir durch Dr. Rae und Anderson wissen. Und doch gibt es wieder nur ein Bruchstück! Können Sie mir helfen, diese Stücke zusammenzufügen?“

„Damit habe ich mich während der Heimreise unaufhörlich beschäftigt. Ich glaube, ich habe eine Deutung.“

„Dann sagen Sie sie mir bitte. Drüben in Sir Johns Arbeitszimmer, vor der Karte, die er seinen Plänen zugrunde gelegt hat."

„Ja, das ist der richtige Platz", sagte MacClintock, als sie vor der Karte standen. „Sehen Sie, hier ist King-Williams-Land als Bestandteil der Boothia-Halbinsel eingezeichnet. In Wahrheit trennt es, wie Hobson und ich festgestellt haben, eine Meeresstraße von Boothia. Sic verlängert die Simpson-Straße nach Norden und ist, wie die Eskimos versichern, flach und inselreich, aber in jedem Sommer eisfrei."

„Sie wollen damit sagen: Hätte Sir John von dieser Straße gewußt, so wäre es ihm möglich gewesen, das Packeis zu vermeiden?"

„Ich glaube eher, Sir John würde sie gemieden haben aus Sorge, daß sie für seine Schiffe zu flach sei. Er dachte ja vor allem als Seemann, der immer das tiefe Wasser für seinen guten Freund hält. Das könnte zu einem verhängnisvollen Fehler Anlaß gegeben haben, wenn ich es richtig sehe.

Wir wissen seit 1851, daß Sir Johns Expedition 1845/46 – die Angabe 1846/47 auf dem Blatt hier muß ein Schreibfehler sein – auf der Beechey-Insel überwintert hat. Von dort aus wird er im Hochsommer 1846 zunächst versucht haben, auf Parrys Kurs nach Westen vorzudringen. Im Melville-Sund traf er auf das dort fast immer undurchdringliche Packeis. Da er es im Sommer 1845 mit einem Durchbruch nach Norden, durch den Wellington-Kanal, bereits vergeblich versucht hatte, wandte er sich diesmal nach Süden, wahrscheinlich in der zweiten Augusthälfte. Er hatte dabei das Glück, den Peel-Sund eisfrei anzutreffen: offenes, tiefes Wasser also! Und das womöglich auch noch bei gutem, sichtigem Wetter, wie man es in arktischen Gewässern selten antrifft. Wer will es dem Seemann Franklin, der noch dazu an Bord nur von Seemännern beraten war, verdenken, daß er diese Gunst des Polarmeers ausnutzte und Kurs Süd beibehielt – bis er in der Meeresstraße zwischen King-Williams-Land und Victorialand war, und zwar an der Stelle, wo zwei Meeresströmungen zusammentreffen, wie sich im Lauf der vielen Hilfs- und Suchaktionen herausgestellt hat. Aus Nordwesten und aus Norden drängt das Treibeis des Polarmeeres heran, staut sich gegen Ende des Sommers und bildet infolge dieser sich überkreuzenden Strömungen das höchst gefährliche Schraubeis. Die Eskimos von King-Williams-Land haben mir versichert, daß diese Straße nur in ungewöhnlich günstigen Jahren, das heißt so gut wie niemals, eisfrei ist. Jetzt wissen wir das alles. Sir John konnte es noch nicht wissen und deshalb auch bei größter Vorsicht dem Verhängnis nicht ausweichen. Ein Fehler hätte ihm vielleicht nicht unterlaufen dürfen. Offensichtlich hat er sich im Peel-Sund vom freien, offenen Wasser dazu verführen lassen, nirgendwo an der Küste anzuhalten. Dadurch hat er versäumt, Steinwarden mit Nachrichten zu hinterlegen.“

„Er war immer ein unerschütterlicher Optimist. Vermutlich war er vom Erfolg der Expedition fest überzeugt, da er den Peel-Sund eisfrei fand.“

„Das glaube ich auch. Aber das hat uns die Suche nach ihm sehr erschwert. Wir haben mehrmals den Peel-Sund gekreuzt und seine Küsten – Prince-of-Wales-Insel und North Somerset – abgesucht. Ein einziger Hinweis, daß Sir John im Sommer 1846 sich nach Süden gewandt hatte, hätte uns viel genützt.“

„Und das Schlimmste doch nicht verhindern können, Kapitän MacClintock“, warf Lady Jane ein. „Denn gerade in dem weißen Fleck zwischen Barrow-Straße und Coronation-Golf hat die Admiralität zuerst ja nicht suchen lassen. Wozu aber diese alten Narben wieder aufreißen! Wir sind der Expedition von der Beechey-Insel bis ins Schraubeis vor King-Williams-Land gefolgt. Die Mitteilung sagt: Hier froren die Schiffe am 12. September 1846 ein. Aufgegeben wurden sie aber erst am 22. April 1848. Was mag sich in der Zwischenzeit an Bord abgespielt und was zu dem Entschluß geführt haben, die Schiffe zu verlassen?“

„Der Alltag während der Überwinterung wird so abgelaufen sein, wie wir es von den Expeditionen Parrys kennen. Im Frühling wird man Schlittenreisen durchgeführt haben."

„Woraus schließen Sie das?"

„Aus der Tatsache, daß man beim Rückzug nach Süden, wie die Eskimos bekunden, nur die Bootsschlitten benutzt hat. Mit derart schweren Fahrzeugen kann man keine weiten, schnellen Reisen durchführen. Sie verlangen eine zu große Mannschaft und deshalb eine zu schwere Proviantlast. Mit leichteren Schlitten, wie wir sie später nach Eskimo-Weise gebaut haben, hätte die Expedition ihre Erkundungen bis zur Boothia-Halbinsel und bis zum Victorialand ausdehnen können."

„Hätte das an ihrem Schicksal etwas geändert?"

„Ich glaube, ja. Das Victorialand ist, wie Richardson und Collinson festgestellt haben, sehr wild- und fischreich. Auch die Boothia-Halbinsel bietet gute Jagdmöglichkeiten, wie wir von Dr. Rae wissen. Hätte man sich nach Aufgabe der Schiffe doch nach Westen begeben, zum Victorialand! Aber das läßt sich heute leicht sagen, nachdem wir unsere Erfahrungen und Kenntnisse gerade erst bei der Suche nach Sir John Franklins Expedition gewonnen haben. Er und seine Offiziere wußten noch nichts davon. Nach meiner festen Überzeugung kann von schuldhaften Versäumnissen keine Rede sein! Sir John und seine Offiziere haben wie Seeleute gedacht und gehandelt. Das war ihre Stärke, allerdings auch ihr Verhängnis."

Nach langem, nachdenklichem Schweigen fragte Jane Franklin: „Warum mögen Crozier und Fitzjames sich, wie die Mitteilung sagt, schon im April zum Verlassen der Schiffe entschlossen haben? Wenn ich richtig unterrichtet bin, kann man in der Arktis erst in der zweiten Junihälfte hoffen, offenes Wasser und Jagdwild und Wasservögel zu finden."

„Die Vorräte mußten im Juli/August 1848 erschöpft sein. Dazu läßt es aber kein Seemann kommen, wenn er es irgend vermeiden kann. Seinen Jagdkünsten kann er im allgemeinen nicht zu sehr trauen. Mindestens wird er nicht wagen, den Lebensunterhalt einer starken Mannschaft von ihnen abhängig zu machen. Womöglich waren die Männer auch trotz aller Vorsichtsmaßnahmen durch Skorbut oder andere Krankheiten geschwächt. Crozier mag sich deshalb ausgerechnet haben, daß sie die schweren Schlitten auf hohem, festem Schnee immer noch leichter bewegen könnten als später. Vielleicht war auch einfach die Geduld erschöpft, was nach drei langen Wintern im Eis nur zu begreiflich wäre."

„Und der Rückzug nach Süden ging über die Kräfte?"

„Wahrscheinlich haben sie die Schlitten sogar zu schwer beladen. Das erste, was sie abwarfen, um sich zu entlasten, war die Reservekleidung. Vermutlich sind einige dann zum Schiff zurückgegangen, weil sie die Schlitten nicht mehr ziehen konnten. Der Erschöpfungstod tritt bei großer Kälte schnell ein, daher die Skelette, die den ganzen Rückweg kennzeichnen. Wir haben nur ein paar gefunden; es müssen aber an die sechzig gewesen sein."

„Entsetzlich! Nach den Aussagen der Eskimos, die Anderson befragt hat, haben ja nur etwa dreißig bis vierzig die Fisch-Fluß-Mündung erreicht. Dr. Rae behauptet, es sei sicher, daß die Eskimos die geschwächten Weißen nicht angegriffen haben."

„Eskimos sind nach meiner Erfahrung nicht tückisch. Aber die verhältnismäßig kleinen Sippen können viele Ausgehungerte und Kranke nicht ernähren. Außerdem meiden sie Menschen, in denen schon der Tod wohnt, wie sie sagen. Wenn offensichtlich todgeweihte Menschen begehrenswerte Dinge wie Eisengeräte, Metallgegenstände und Segeltuch bei sich haben, mag die Versuchung für die Eskimos groß sein, diesen Reichtum an sich zu bringen. Ein Überfall auf die letzten Überlebenden wäre denkbar. Aber ich glaube nicht, daß es dazu gekommen ist, denn die Eskimos konnten warten, bis die Beute ihnen ohne viel Mühe zufiel."

War Franklin der Entdecker?

Letzte Gewißheit über Einzelheiten dieses arktischen Trauerspiels ist niemals gewonnen worden. Die Frage, weshalb eine so gut vorbereitete und ausgerüstete Expedition wie die von John Franklin derart elend zugrunde ging, hat die Arktisforschung noch lange beschäftigt. Die beiden Amerikaner Hall und Schwatka suchten am Fisch-Fluß, auf King-Williams-Land und auf der Boothia-Halbinsel mit Ausdauer und Spürsinn nach weiteren Überresten. Sie entdeckten Gebeine, Geräte und Habseligkeiten von Angehörigen der Expedition. Aber nirgendwo ist ein Grab, eine Steinwarde mit Mitteilungen über die Fahrt, eines der Logbücher oder ein Tagebuch gefunden worden. Noch 1925 hat Knud Rasmussen Gebeine auf King-Williams-Land gefunden und beigesetzt. Mehr hat auch er nicht berichten können.

Die Arktis hat dieses dunkle Geheimnis niemals preisgegeben.

Einiges spricht dafür, daß John Franklin am 11. Juni 1847 an Bord seines Schiffes Erebus in dem Bewußtsein starb, ihm sei die Entdeckung der nordwestlichen Durchfahrt gelungen. Die Schlittengruppe unter Führung des Leutnants Gore, die – wie die einzige erhaltene Urkunde belegt – am 24. Mai 1847 zu einer Erkundung der Küste von King-Williams-Land aufbrach, dürfte etwa am 7. oder 8. Juni zum Schiff zurückgekehrt sein, nachdem sie bis Kap Herschel vorgedrungen war. Auf dem Weg mußten sie entdeckt haben, daß die Meeresstraße, deren Packeis die beiden Schiffe umklammert hielt, im Süden und Südwesten in die von Simpson erkundeten Gewässer überging. Deshalb schreibt Franklins Biograph Traill mit Recht: „Wir haben Grund, als sicher anzunehmen, daß Franklins Todesstunde durch diese gute Nachricht erhellt wurde und daß er in dem glücklichen Gefühl starb, die Mühen und Leiden seiner Expedition und seines Lebens seien nicht vergeblich gewesen."

Auch Lady Franklin machte sich diesen Gedanken zu eigen, betonte jedoch immer wieder, sie wolle damit Robert MacClure nicht zu nahe treten, denn, so sagte sie, sein Erfolg wiege doppelt, weil er nicht durch schmerzliche Erinnerungen getrübt sei.

Als ihr die Königliche Geographische Gesellschaft zu London die goldene Medaille verlieh als Dank und Anerkennung für ihre hingebende Ausdauer bei der Aufklärung des Schicksals der Franklin-Expedition, nahm sie die Ehrung mit der Bemerkung an, damit würden in Wahrheit Sir John und seine Mannschaft ausgezeichnet, die ihre Treue und Pflichterfüllung durch das Opfer ihres Lebens im Dienst der Forschung besiegelt haben.

Traill hat jedoch auch recht, wenn er sagt, Lady Jane habe diese Auszeichnung „gewiß nicht weniger verdient als die Seeleute der Schiffe, die nach Franklin suchten: denn sie ist es gewesen, deren unbeirrbarer Glaube an den Erfolg dieser Suche immer neue Expeditionen anregte, die zwar die Verschollenen nicht fanden, dafür aber die Nordwestpassage entdeckten. So wurde eine Liebe, die vor dem Tod nicht kapitulieren und die Hoffnung auf die Wiederkehr des geliebten Menschen nicht aufgeben wollte, zu der Kraft, die die Pforten der amerikanischen Arktis aufstieß."

Als mit MacClintocks Untersuchungen endlich der Schlußstrich unter die lange Suche nach John Franklin und seiner Mannschaft gezogen und der Ertrag dieser Kette von Hilfsexpeditionen ermittelt wurde, ergab sich, daß man nicht die eine, immer gesuchte Nordwestpassage, sondern mehrere gefunden hatte.

Die Frage jedoch, die vor allem die Seeleute seit jeher am dringlichsten beschäftigte, ob es eine für die Schiffahrt passierbare nordwestliche Durchfahrt zwischen Atlantik und Pazifik gebe, diese Frage war auch jetzt noch nicht eindeutig beantwortet.

Mit ihr hat sich auch MacClintock auseinandergesetzt. In seinem Bericht über die Fahrt der Fox schreibt er: „Was die Schiffbarkeit der Nordwestpassage angeht, so schließe ich aus meinen Beobachtungen und aus den Berichten von Simpson, MacClure und Collinson, daß die Aussichten, den Pazifik von der Barrow-Straße aus über den Peel-Sund und Kap Herschel an der Südwestspitze von King-Williams-Land zu erreichen, auf der Ostseite dieser Insel, in der James-Ross- und Simpson-Straße, am besten sind."

Mit dieser Erkenntnis hatte es fürs erste sein Bewenden.

Verspäteter Wiking

Fahnen für einen Forscher

Im Mai des Jahres 1889, fast 30 Jahre nach der unauffälligen Heimkehr MacClintocks von der letzten Suche nach Franklin, schmückten Fahnen die Hauptstadt Norwegens, die damals Kristiania hieß. Sie grüßten einen Mann, der später einer der Großen nicht nur seines Vaterlandes, sondern der Welt wurde, jetzt aber gerade die Vorstufe zum Ruhm erklommen hatte: Fridtjof Nansen, der von seiner ersten Forschungsfahrt, der Überquerung des grönländischen Inlandeises, heimkehrte.

Vergessen waren Hohn und Spott, mit denen man ihn zwei Jahre zuvor überschüttet hatte, als er seinen „unsinnigen und nutzlosen Plan" der Öffentlichkeit vorlegte. Vergessen war auch die abweisende Antwort der Regierung: Es bestehe nicht der geringste Anlaß, aus dem guten Geld norwegischer Steuerzahler die von Nansen als Zuschuß erbetenen 5000 Kronen aufzubringen, nur damit ein Privatmann zur Befriedigung seiner Abenteuerlust nach Grönland fahren könne. Jetzt feierte jedermann Fridtjof Nansens Sieg über das Grönlandeis.

Nansen hat diesen Tag seines ersten Triumphes sehr genossen, wie wir wissen. „Wie eitel bin ich doch damals gewesen", vertraute er später seinem Tagebuch an. „Wie jeder junge Mensch sehnte auch ich mich danach, die Bewunderung meiner Mitmenschen zu erringen."

Diese Sehnsucht brannte auch im Herzen eines siebzehnjährigen Jungen, der an diesem Jubeltag zwischen den flatternden Fahnen herumstrich und unversehens spürte, wie alle seine Knabenträume neues Leben gewannen. Er hieß Roald Amundsen. Später hat er es seinem bewunderten Vorbild Nansen selber gestanden, wie ihn an jenem Tag das glühende Verlangen überkam, sich auch einen Namen zu machen. „Mir erschien es als das Größte, daß Nansen einen Sieg errungen hatte, der nicht durch Blutvergießen befleckt war, niemandem Leid zufügte und keinen Gegner demütigte, weil es nicht ein Sieg über Menschen, sondern über die Natur war, ein Sieg, der nicht nur für die Gegenwart, sondern für die Nachwelt errungen wurde, und nicht für Norwegen allein, sondern für die Wissenschaft und damit für die ganze Menschheit. Das war in meinen Augen wahre Größe, und deshalb wollte ich es diesem Landsmann gleichtun.“

Amundsens lebhafte Phantasie hatte schon in seinen Kinderjahren im hohen Norden den besten Tummelplatz gehabt. Damals hatte er davon geträumt, mit Hilfe eines elektrisch betriebenen Eisbrechers zum Nordpol vorzudringen, und seine älteren Brüder mit einem detaillierten Konstruktionsplan dieses Fahrzeugs verblüfft und amüsiert. Er hatte viel Spott dafür geerntet, nichts aber hatte ihm seine Träume verleidet. Nur vorsichtiger war er geworden.

Deshalb vertraute er auch niemandem an, wie tief ihn ein Buch über die Franklin-Expedition bewegte. Aus ihm erfuhr er, daß es noch keinem gelungen war, die Nordwestpassage zu durchfahren. Damals setzte sich in ihm der Gedanke fest, die Durchsegelung der nordwestlichen Durchfahrt müsse immer noch eine rühmliche Tat sein.

Daß sie die geeignete Aufgabe sei, sich einen Namen zu machen, wurde Roald Amundsen bewußt, als man Nansens Sieg über das Grönlandeis feierte. Von diesem Tag an kehrten seine Gedanken wieder und wieder zur Nordwestpassage zurück. Alle Umwege, die ihm das Leben abverlangte, nahm er hin wie Bewährungsproben und Vorübungen für die Tat, die ihn einmal berühmt machen sollte wie die Überquerung des Grönlandeises seinen nur wenig älteren Landsmann Nansen.

Eine Arktisfahrt war nur unter härtesten Strapazen zu bestehen; das wußte er und widmete seine freie Zeit der Kräftigung und Abhärtung seines Körpers. So oft wie möglich verbrachte er selbst im Winter ganze Nächte im Freien. Das Ergebnis war eine robuste Körperkonstitution und eine Muskelkraft, die ihn bis ans Lebensende den meisten Mitmenschen überlegen machten.

Es war ihm ferner klar, daß nur ein erprobter Seemann die Nordwestpassage bezwingen konnte. Deshalb wäre er am liebsten von der Schule fortgelaufen. Davon wollte jedoch seine Mutter nichts wissen. Sie wünschte, daß wenigstens einer ihrer Söhne eine akademische Laufbahn einschlug. Roald Amundsen liebte seine Mutter sehr; um keinen Preis hätte er sie kränken mögen. Also absolvierte er das Gymnasium und begann Medizin zu studieren, wenn auch ohne besonderen Eifer. Einige Kenntnisse der Heilkunst werden einem Eismeerfahrer ganz dienlich sein, dachte er.

Zwei Jahre später starb seine Mutter. Er fühlte sich dadurch von seinem Versprechen entbunden und ging zur See. Seine erste Fahrt als Jungmann führte ihn – fast möchte man sagen: natürlich – ins Eismeer, in das „Meer der Männer“. An Bord des Robbenfängerschiffs Magdalene kam er gleich in die härteste Schule der Seemannschaft. Danach befuhr er noch andere Meere. Im Jahre 1895 vernahm er in Antwerpen zufällig, daß der Belgier de Gerlache eine Antarktisexpedition plante und als Expeditionsschiff die norwegische Barke Patria aus Sandefjord erworben hatte, die später Belgica hieß.

Amundsen bewarb sich. Aufgrund einer Empfehlung des ihm bekannten Konsuls Bryde wurde er angenommen – unter der Bedingung, daß er zuvor sein Steuermannsexamen ablegte. Hatte dieser unruhige Abenteurer ein Ziel vor Augen, dann konnte er zäh und geduldig arbeiten. Fristgerecht legte er die Prüfung ab.

Die zwei Jahre auf der Belgica wurden die Bewährungsprobe für seine nautischen Fähigkeiten wie auch für seine

Qualitäten als Führer von Schiff und Menschen, die, monatelang von der Welt abgeschnitten, ganz auf sich gestellt sind. Die Belgica fror im Packeis der Bellinghausen-See ein und trieb fast 13 Monate hilflos durch das vereiste, nebelverhangene Südpolarmeer. Skorbut und Depressionen suchten Offiziere und Mannschaft heim. De Gerlache war für Wochen dienstunfähig; Leutnant Danco, sein Stellvertreter, starb. Der eben 25 Jahre alte Amundsen mußte das Kommando übernehmen.

Ein kühner Plan

Kaum war er aus der Antarktis heimgekehrt, da ging er unverzüglich daran, die Durchsegelung der Nordwestpassage vorzubereiten. Nach den harten Prüfungen bei der Belgica-Expedition fühlte er sich dieser Aufgabe als Mensch wie als Seemann gewachsen. Zweierlei mußte beschafft werden: ein Schiff und Geld. Wie das Schiff sein sollte, mit dem er die Nordwestpassage bezwingen wollte, war Amundsen seit langem klar. Geringen Tiefgang mußte es haben und klein und handlich sein, dabei aber so stark, daß es dem rauhen Eismeer gewachsen war. Amundsen machte sich, genau wie Nansen, die Erkenntnisse seiner Vorgänger Ross und MacClintock zu eigen. Von ihnen ließ er sich leiten, als er in Tromsö einen Heringslogger erstand, der ihm geeignet schien.

Die Gjöa war nur 47 BRT groß, etwa 25 Meter lang und 8 Meter breit, alt und ziemlich verkommen. Aber sie hatte einen Rohölmotor von 13 PS, der ihre Reisegeschwindigkeit wenig, ihre Manövrierfähigkeit jedoch beträchtlich erhöhte. Ihr Tiefgang war so gering, daß sie auch die flachen, eisfreien Küstenstreifen arktischer Gewässer befahren und so den Packeisstauungen ausweichen konnte, die den Schiffen Franklins und einigen der für ihn ausgesandten Hilfsexpeditionen zum Verhängnis geworden waren.

Die einmastige Gjöa kam zudem mit einer nur siebenköpfigen Besatzung aus. Das hatte zwei Vorteile: Für so wenige Menschen konnte ohne Schwierigkeit genügend Proviant für mehrere Jahre mitgenommen werden; und im Fall eines Scheiterns im Eis würden sie sich leichter als eine zahlreiche Mannschaft gemeinsam zur Grenze der Zivilisation durchschlagen können – zur Hudson-Bai etwa oder zum Lancaster-Sund.

Wie klein und alt die Gjöa auch war, ihr Ankauf verschlang doch fast völlig Amundsens spärliche Geldmittel. Den Rest zehrten die notwendige Ausbesserung morscher Teile, der Einbau einer vollständigen neuen Eishaut und der Ankauf nautischer Instrumente auf. Proviant und weitere Ausrüstung zu erstehen und die Besatzung zu besolden, dafür blieb keine Krone übrig.

Wollte Amundsen die Nordwestpassage bezwingen, dann mußte er wohl oder übel einen Kampf aufnehmen, der von nun an sein ganzes Entdecker-Leben begleiten sollte: den nervenaufreibenden, niederdrückenden und oft genug auch demütigenden Kampf um das Geld. Daß er angesichts der sich immer neu ergebenden Widrigkeiten dabei niemals resignierte, sondern sie jedesmal bewältigte, spricht nicht nur für seine außerordentliche Zähigkeit. Es zeigt zugleich, daß in ihm die List und Wendigkeit, aber auch die Bedenkenlosigkeit der Wikinger-Piraten weiterlebten.

Das Beispiel des Belgica-Kommandanten de Gerlache hatte ihn darüber belehrt, daß man Geldgeber am leichtesten gewinnt, wenn man ihnen den Nutzwert geographischer Forschung oder doch deren wissenschaftliche Ziele glaub- und schmackhaft zu machen versteht.

Für ihn selbst waren sie nicht der stärkste Antrieb. Im Gegensatz zu Nansen fehlte ihm dafür nicht nur die Vorbildung, sondern auch der Sinn.

Er hat zwar solche Aufgaben, wenn er sie übernahm, gewissenhaft erfüllt. Was ihn, den verspäteten, aber echten Nachfahren der Wikinger, lockte, war das große Abenteuer. Nutzeffekt, Wissenschaft, „Botschaft der Zivilisation" kamen an zweiter Stelle.

So diente es ihm eigentlich mehr als Vorwand, daß er sich die Aufgabe stellte, bei seiner Durchfahrt durch die Nordwestpassage Untersuchungen über die derzeitige Lage des magnetischen Nordpols anzustellen. Seit Ross, der 1831 seine Position auf der Boothia-Halbinsel ermittelt hatte, waren solche Untersuchungen nicht mehr durchgeführt worden. Nur Zweifel waren inzwischen aufgetaucht, ob man den Standort des Magnetpols jemals genau werde fixieren können.

Amundsen suchte zunächst zwei Männer auf, die als Kapazitäten der Erforschung des Erdmagnetismus galten: Axel Steen, den Vorsteher des Norwegischen Meteorologischen Instituts, und den Direktor der Deutschen Seewarte in Hamburg, Professor Neumayer. Beide unterwiesen ihn mit Freuden in den Arbeitsmethoden ihrer Spezialwissenschaft und bestätigten ihm bereitwillig, daß die von ihm geplanten Untersuchungen im Gebiet des magnetischen Nordpols für die Wetterkunde der nördlichen Halbkugel und damit für Fischfang und Seefahrt von größter Bedeutung sein würden.

Beide Zeugnisse waren nützlich. Noch wirkungsvoller würde der Empfehlungsbrief eines anerkannt berühmten Mannes sein. Der Entschluß, Fridtjof Nansen als Befürworter seiner Pläne zu gewinnen, ist Amundsen nicht leicht geworden. Er bewunderte, verehrte, ja beneidete sogar den Polarforscher als Helden und Vorbild. Er war ihm auch einmal begegnet: an Bord der Belgica, ehe sie die Fahrt in die Antarktis antrat. Das Raubvogelgesicht des jungen Steuermanns Amundsen hatte sich Nansen, wie er erzählt, sofort eingeprägt. Doch das wußte Amundsen nicht.

Von seinem ersten Besuch bei Nansen berichtet er: „Wie klein und jämmerlich kam ich mir vor, als ich vor seine hellen, kühl prüfenden Augen trat. Mir schlug das Herz bis zum Hals, und mir war, als müßte ich zweimal über die Schwelle.“ Die kühlen Augen wurden sogleich warm und freundlich, als Amundsen stockend von seinem Antarktisabenteuer mit der Belgica sprach. Nansen lockerte seine Befangenheit verständnisvoll auf. „Und was ist Ihr nächstes Ziel?“ fragte er lächelnd, als der Bericht beendet war. „Denn wenn ich Sie richtig beurteile, wollen Sie nicht lange auf der Bärenhaut liegen.“

Amundsens Herz tat einen Sprung bis fast auf die Zunge. Er war drauf und dran, sein Geheimnis preiszugeben. „Aber“, so schreibt er, „im nächsten Augenblick schämte ich mich, vor diesen Mann wie ein Prahlhans hinzutreten und zu sagen: Ich werde die Nordwestpassage bezwingen.“ Er begnügte sich damit, daß er die benötigten Instrumente bereits bestellt habe und daß er beabsichtige, unter den Eskimos ethnologische Studien zu treiben. Und wenn er schon einmal in der nordamerikanischen Arktis sei, dann wolle er damit auch den Versuch verbinden, die nordwestliche Durchfahrt von Ost nach West zu durchsegeln.

„Da ging ein Lächeln über Nansens Gesicht“, erzählt Amundsen, „ein gütiges, aber auch listig verschmitztes; das Lächeln eines Trolls.“ Es jagte Amundsen das Blut ins Gesicht, er fühlte sich durchschaut. Kein Zweifel, Nansen wußte, daß die Durchfahrt das Eigentliche, alles andere Vorwand war.

Würdig und ernst nickte Nansen ihm zu: „Eine große und kühne Aufgabe haben Sie sich da gewählt“, sagte er, ohne erkennen zu lassen, ob er den magnetischen Nordpol oder die Nordwestpassage meinte. „Mir scheint, Sie sind auch der Mann dazu. Doch wie steht es mit dem Geld?“

Diesem großen Mann wollte Amundsen die Wahrheit nicht gern eingestehen. „Damit hat es keine Not“, sagte er so ruhig wie möglich. „Ich habe selbst etwas Vermögen. Das übrige findet sich wohl, wenn es an der Zeit ist. Ich muß zunächst noch mehr Erfahrung in der Eismeernavigation erwerben.“

Wieder lächelte Nansen nachsichtig-wissend. Sie trennten sich, nachdem Nansen zugesagt hatte, Amundsen für die Probefahrt der Gjöa und für die Reise in das Gebiet des amerikanischen Arktis-Archipels ozeanographische Aufträge zu erteilen und ihm die nötigen Instrumente zu verschaffen.

Dadurch erhielt Amundsens Plan auch wissenschaftliches Ansehen, und seine Kreditwürdigkeit besserte sich.

Fluchtartiger Aufbruch

Das nächste mußte die Anwerbung einer Mannschaft sein. Wie sie beschaffen sein sollte, wußte Amundsen genau. Wer mit ihm fahren wollte, mußte Eismeererfahrung besitzen und jederzeit und überall zuverlässig sein, im Gleichmaß des Bordalltags wie in der höchsten Not. Vor allem mußten Wagnis und Abenteuer auch seine Gefährten mehr locken als der Lohn, und sie mußten bereit sein, jahrelang ihrer Heimat und Familie fernzubleiben.

Sechs Männer dieser Art fanden sich schnell, obschon Amundsen für die Tromsöer ein „Südländer" und daher verdächtig war. Er gewann sich jedoch bald ihre Achtung.

Sie sahen, daß er sich nicht scheute, mit eigenen Händen zuzupacken. Sparsam war er auch, und das gefiel ihnen. Fischmehl und Stiefelfett für die Expedition stellte er zum Beispiel selbst her, ebenso Pemmikan aus Pferdefleisch und Dörrfisch für die Schlittenhunde. Zuletzt stöberte er noch eine Lappenfrau auf, die warme, winddichte Fußbekleidung für die Gjöa-Mannschaft anfertigte.

Trotzdem verschlang die Ausrüstung mehr Geld, als Amundsen und sein Bruder bei spendenwilligen Gönnern und risikobereiten Geldverleihern aufgetrieben hatten. Eine Dampfwinde, 20000 Liter Brennstoff für Motor, Heizung und Beleuchtung an Bord, Sprengstoff für Eissprengungen – alles mußte bar bezahlt werden.

Im Mai 1903 lag die Gjöa seeklar im Hafen. Nur der Proviant war noch zu übernehmen und die Kleinigkeit von

5000 Kronen für die Lebensversicherung der Besatzung zu beschaffen. Um Raum zu sparen, sollte eine Hälfte des Proviants nach der Melville-Bai vorausgeschickt werden. Amundsen war im April nach Schottland gefahren, um das zu regeln und um sich auch noch bei dem erfahrenen schottischen Polarforscher Sir Allan Young Rat zu holen.

Young erörterte eingehend die Pläne mit ihm und gab ihm wertvolle Hinweise. Zum Schluß sagte er ihm etwas, woran Amundsen noch oft in seinem Leben denken mußte: „Meine Forschungen haben mir viel Ehre und Ruhm eingebracht, aber kein Geld. Junger Freund, erwarten Sie niemals klingenden Lohn für Ihre Taten. Für Leute unserer Art liegt die Belohnung in der Tat selbst."

Für Leute unserer Art – dieses Wort aus dem Munde eines so bedeutenden Forschers beglückte Amundsen. Er fühlte sich „aufgenommen in den Orden derer, die nicht Ruhe finden, solange noch ein Fußbreit Boden der Erde unerforscht ist", wie er schreibt.

Die schottischen Walfänger, deren Hilfe er brauchte, nahmen ihn trotz Youngs Empfehlung nicht so schnell auf. Sie begegneten ihm mit einem Mißtrauen, das ihm anheimelnd an seine Tromsöer erinnerte. „Sie sind also der Mann, der die Nordwestpassage bezwingen will?" fragten sie ihn.

Amundsen meint, in diesem Augenblick habe ihm wohl sein Schutzgeist die einzig richtige Antwort eingegeben. Ohne zu zögern erwiderte er: „Nein, ich bin nur ein Mann, der es versuchen will – aufgrund der Erfahrungen zahlreicher Vorgänger."

„Dann wollen wir Ihnen gern helfen", antworteten die Schotten und erboten sich großzügig, den Proviant kostenlos an jeden beliebigen Punkt der Melville-Bai zu schaffen. Seine Erwiderung hatte ihnen deshalb so gefallen, weil schon mehrmals Leute mit ähnlichen Bitten gekommen waren und sich gebärdet hatten, als ob sie die Nordwestpassage im Vorübergehen bewältigen würden und die Walfänger einfach die Pflicht hätten, ihnen zu helfen.

Seine eigenen Landsleute fand Amundsen weniger großmütig, als er nach Kristiania zurückkehrte. Die Summe für die Lebensversicherung hatte sein Bruder inzwischen buchstäblich in Kronenbeträgen zusammengebettelt – bei Verwandten, Freunden, ja sogar bei fremden Leuten. Aber der bereits gelieferte Proviant war noch immer nicht bezahlt.

Es schien, als sollte die Expedition Schiffbruch erleiden, noch ehe sie in See gegangen war. Amundsen gelang es trotz demütigender Bittgänge nicht, die fehlende Summe aufzutreiben. Wie er sich seinen Gläubigern entzog, läßt sich am besten mit seinen eigenen Worten wiedergeben: „Einige besonders ungeduldige Lieferanten begannen auf Zahlung zu drängen. Am Morgen des 16. Juni 1903 sah ich mich der ärgsten Bedrängnis ausgesetzt. Der Hauptgläubiger stellte mir eine Frist von 24 Stunden und erklärte, wenn ich bis dahin nicht bezahlte, würde er mein Schiff pfänden und mich wegen Betrugs verhaften lassen. Der Ruin eines in Jahren errichteten Werks drohte mir. Da rief ich meine sechs sorgfältig ausgewählten Gefährten zusammen, erklärte ihnen meine prekäre Lage und fragte, ob sie bei einem Plan mitwirken würden, den ich mir ausgedacht hatte. Sie stimmten mir begeistert zu. Und so schlichen wir sieben wie Verschwörer uns am 26. Juni um Mitternacht bei strömendem Regen zur Pier, an der die Gjöa vertäut lag, gingen an Bord, warfen die Leinen los und nahmen Kurs nach Süden, ins Skagerrak und in die Nordsee hinein. Als unser ärgster Bedränger am Morgen erwachte, befanden wir uns längst auf hoher See – sieben sehr erleichterte Piraten, die auf eine dreijährige Erkundungsfahrt gingen."

So anders war alles geworden! Einst war es ein lärmendes Fest gewesen, wenn ein Wiking auf große Fahrt ging. Jetzt mußte er sich davonschleichen wie ein Dieb in der Nacht. Obwohl Amundsens Pläne in Norwegen weithin bekannt waren, nahm die Öffentlichkeit von der Ausfahrt der Gjöa kaum Notiz. Zwei Zeilen in der Spalte Schiffahrtsnachrichten – das war alles, was die Presse für dieses Ereignis übrig hatte.

Das Glück half ihm

Die Arktis war Amundsen freundlicher gesonnen. Die Eisverhältnisse waren im Sommer 1903 ungewöhnlich günstig. Nachdem Amundsen im Juli in Godthaab Schlittenhunde erstanden und am 15. August die von den Schotten bei Dalrymple Rock deponierten Proviantvorräte übernommen hatte, durchquerte er die Melville-Bai und den Lancaster-Sund ohne nennenswerte Schwierigkeiten. Schon am 22. August ankerte die Gjöa in der Erebus-Bucht der Beechey-Insel.

Der erste Landgang führte Amundsen zu dem Gedenkstein, den Jane Franklin zum Andenken an die Franklin-Expedition hatte aufstellen lassen. Danach begann er mit seinen erdmagnetischen Beobachtungen. Schon am 24. August lichtete er wieder die Anker und nahm Kurs auf den Peel-Sund. Er wußte, daß er die wenigen guten Tage eines arktischen Sommers nützen mußte, wollte er nicht in ähnliche Bedrängnis geraten wie andere vor ihm in diesen Gewässern. Vor allem mußte er sich beeilen, um dem Rat zu folgen, den MacClintock eventuellen Nachfolgern hinterlassen hatte: daß die Aussichten, eine schiffbare Nordwestpassage zu finden, an der Ostküste von King-Williams-Land am besten sind.

Amundsen steuerte, sobald er den noch ziemlich eisfreien Peel-Sund hinter sich hatte, die James-Ross-Straße an. Dichter Nebel setzte ein. Der Kompaß wurde träger. Doch das Fahrwasser blieb trotz der Herbstnähe noch offen.

Erst bei der Tasmania-Insel vor der Boothia-Westküste kam geschlossenes Packeis in Sicht, das in breiter Front herandrängte. An der Küste blieb eine eisfreie Rinne – gerade breit und tief genug für den flachen Kiel der Gjöa. Die Fahrrinne war mit Felsblöcken gespickt, aber das Meer war so klar, daß man auftretende Hindernisse stets rechtzeitig erkennen konnte.

Es würde allerdings mörderisch werden, sobald Sturm aufkam, und der ließ nicht lange auf sich warten. Bei schwerer See hielt sich Amundsen unter gerefften Segeln so dicht unter Land, daß die Gjöa sich im Schutz der Leeküste bergen konnte. Kam sie ihr zu nahe, drohte Strandung, doch wenn sie den Windschutz verließ, geriet sie in Gefahr, vom mahlenden Treibeis zerdrückt zu werden.

Der Sturm jagte das Schiff wie eine Möwe vor sich her. Gegen Abend hatte es den südlichen Abschnitt der James-Ross-Straße erreicht. Er war eisfrei. Amundsen ließ Anker fallen. Das Gröbste sei geschafft, meinte er erleichtert. Da scheuchte in der folgenden Nacht Feueralarm die Mannschaft aus den Kojen. Es brannte im Maschinenraum.

„Das war der gefährlichste Augenblick unserer Reise“, erzählt Amundsens Gefährte, Godfred Hansen. „Es befanden sich noch fast zwanzigtausend Liter Petroleum und große Mengen Sprengstoff an Bord. Bei jeder anderen Gefahr wäre uns wohl Zeit genug geblieben, das Nötigste an Proviant und Ausrüstung von Bord zu schaffen und auf dem Land oder Eis in Sicherheit zu bringen. Hier gab es nur eins: alle mußten dem Feuer zu Leibe gehen, auch auf die Gefahr hin, daß es die Petroleumtanks doch noch erfaßte und das Schiff mit Mann und Maus in die Luft sprengte. Selbst wenn wir durch ein Wunder mit dem Leben davonkämen, würden wir doch ohne alle Hilfsmittel auf nacktem Felsen stehen." – Das Glück stand Amundsen auch diesmal bei; es gelang, den Brand zu löschen. – „Amundsen arbeitete dabei womöglich noch gesammelter und eifriger als wir anderen", berichtet Helmer Hanssen. „Er war mit seiner Mannschaft eigentlich immer zufrieden. An diesem Abend war er stolz auf uns. Das drückte er auf seine Weise in einer Dankansprache aus: ‚Da seht ihr es, Jungens! Wenn wir nur wollen, bringen wir gemeinsam alles fertig!'"

Der nächste Tag brachte aufs neue Sturm und diesiges Wetter. Das Fahrwasser wurde so flach, daß Ausguck und Lot keine Minute mehr zur Ruhe kamen. In Lee einer kleinen Insel geriet die Gjöa trotzdem auf Grund. Vergebens quälte sich die Mannschaft den ganzen Tag, das Schiff wieder flottzumachen. Am folgenden Morgen nahm der Nordsturm noch zu. Der Seegang hob die Gjöa zwar an, setzte sie aber sofort wieder hart auf Grund, und auch die Flut half ihr nicht.

„Es bleibt nichts anderes übrig, als das Schiff freizusegeln", erklärte Amundsen schließlich.

„Ob die Gjöa es aushält, einige hundert Meter über den Meeresgrund zu schurren?" fragte Godfred Hansen.

„Sie muß", erwiderte Amundsen und gab Befehl, die Decklast über Bord zu werfen und alle Segel zu setzen.

„Zuerst opferten wir 25 Kisten Hundepemmikan", erzählt Helmer Hanssen. „Das machte uns noch nicht viel aus. Wir arbeiteten bis neun Uhr abends, ohne Erfolg. Dann ordnete Amundsen an, wir sollten das nächste Hochwasser abwarten und bis dahin zur Koje gehen. Er selbst würde die Wache übernehmen."

Davon wollte Godfred Hansen nichts wissen: dies sei seine Wache, außerdem habe der Kapitän die Ruhe nötig. Darauf Amundsen: „Ich weiß, wer Ruhe nötig hat! Ihr geht jetzt zur Koje!"

Um drei Uhr mußte er seine Mannschaft wecken, der Sturm frischte erneut auf. Amundsen wagte es, Segel zu setzen. Sie hielten, befreiten die Gjöa aber nicht. Plötzlich sagte Amundsen zu Lund: „Was würden Sie in unserer Lage vorschlagen?" Lund zögerte nicht einen Augenblick. „Wir müssen so lange Decklast abgeben, bis das Schiff wieder schwimmt."

Amundsen pflichtete ihm bei. Er wisse auch keinen anderen Ausweg mehr, habe diesen nur noch nicht anordnen wollen, weil es ihm zuwider sei, Proviant über Bord zu werfen.

„Wir gingen unverzüglich an die Arbeit", schreibt Hanssen, „und warfen weitere Kisten in die See. Diesmal ging es uns nahe; sie enthielten ausgerechnet die Delikatessen, die uns eine Drontheimer Konservenfabrik spendiert hatte."

Auf diese Weise erleichtert, kam das Schiff etwas vom Grund frei. Doch erst als Sturm und Seegang ganz hart zupackten, sprang es in kurzen Stößen über den Meeresboden. Der äußere Kielbeschlag zersplitterte, sonst blieb es heil und glitt endlich in tieferes Wasser. „Diese rüde Segelweise vergißt wahrscheinlich keiner von uns, und wenn er alt wird wie Methusalem", schrieb Amundsen später.

Am 8. September gelang es ihm, in die Rae-Straße einzulaufen. Eisfrei auch sie! Also weiter – nach Westen, in die Simpson-Straße hinein. Unerhörte Überraschung angesichts der vorgerückten Jahreszeit: auch diese Straße weithin frei von Treibeis. Fast war es Amundsen unheimlich, daß ihm das Glück so treu blieb.

Die Versuchung, das zu einem Rekord auszunützen und die Nordwestpassage in einer einzigen Navigationsperiode zu durchsegeln, muß für ihn sehr stark gewesen sein. Ein solcher Rekord hätte die ganze Welt aufhorchen lassen, sie stärker noch beeindruckt als jede andere Leistung.

Großer Häuptling Amukjenna

Daß Amundsen dieser Versuchung widerstand und am Südostrand von King-Williams-Land eine Bucht zu seinem Winterhafen, dem Gjöa-Hafen, machte, hatte verschiedene Gründe. Er selbst sagt darüber: „Wir hatten vor allem die Absicht, Klarheit über die Lage des magnetischen Nordpols zu schaffen. Deshalb mußte die Durchfahrt als das minder Wichtige zurückstehen."

Die Bezwingung der Nordwestpassage das minder Wichtige für Amundsen? Oder war es vielleicht so, daß ihm nichts daran lag, so schnell wieder in die Welt der modernen Zivilisation zurückzukehren, die für einen Mann seiner Art viel zu eng und verwirrend war? Hier, am Rande der Arktis, hatte er ein überschaubares Dasein, hart und rauh, aber mit Raum für männliche Bewährung vor Naturgewalten und Strapazen. Die ungezähmte Natur, der Kreis gleichgesinnter Gefährten waren der eigentliche Lebensraum dieses Mannes. Natürlich wußte er, daß er dennoch in diesem Reich nur Gast, nicht für die Dauer Herrscher sein konnte. Dieses Wissen war die niemals endende, aber auch niemals offen eingestandene Qual seines Lebens.

Am Strand von King-Williams Land war die Gjöa vor Eispressungen sicher, gutes Trinkwasser war in nächster Nähe und das vorgeschriebene Arbeitsfeld, der magnetische Nordpol, nicht zu weit entfernt. Amundsen ließ die Vorräte an Land schaffen. Lagerschuppen und Beobachtungsstationen wurden errichtet, und dann gingen sie auf die Rentierjagd. Bald hing eine stattliche Frischfleischreserve im Lagerhaus und an den Wanten des Schiffs.

Wenn Amundsen auch die wissenschaftlichen Aufgaben der Expedition nicht so wichtig waren, wie er daheim vorgegeben hatte, die Pflichten, die sie ihm auferlegten, erfüllte er gewissenhaft und besonders gern, wenn sie Wagemut von ihm forderten und mit Strapazen verbunden waren wie bei den langen Schlittenreisen zum magnetischen Nordpol und zur Erkundung des Landes.

Ristvedt, der ihn auf diesen Reisen begleitete, berichtet, es sei oft schwierig gewesen, dem dank seiner Hünenkräfte unermüdlichen Amundsen zu folgen. Jeden Morgen habe sich Amundsen eine reichlich bemessene Tagesleistung vorgenommen, von der ihn weder Sturm noch Geländeschwierigkeiten oder Zwischenfälle mit Schlitten und Hundegespann abbringen konnten. Selbst bei größten Anstrengungen und im schlimmsten Unwetter behielt er seine gute Laune und seinen Humor, „sogar noch bei den sonderbaren Gerichten, die ich ihm mitunter auftischte. Setzte ich ihm zum Beispiel eine Pfanne Eisbärenfleisch, in Tran gebraten, vor, sagte er: ‚Wirklich ein feines Essen, Ristvedt!‘ Mir grauste; ich brachte nur mit Mühe ein paar Bissen hinunter.“

Einmal gerieten die beiden in einen schweren Schneesturm, dem dichter Nebel folgte. Alle Landmarken waren unkenntlich. Vier Tage irrten sie herum, bis sie sich wieder zurechtfanden. Auf dieser Fahrt wurde Amundsen von Skorbut befallen. Da er die Zeichen der Krankheit von seiner Antarktis-Expedition her kannte, behielt er klaren Kopf. Sie schlugen sofort ein Lager auf und schossen in den nächsten Tagen alles erreichbare Wild. Amundsen vertilgte große Portionen blutfrischen Fleisches und wurde schnell gesund.

Der Ertrag der langen Schlittenreisen waren wertvolle Berichtigungen und Ergänzungen der Landkarten. Eine in dieser Hinsicht besonders ergiebige Fahrt unternahmen während der zweiten Überwinterung Godfred Hansen und Ristvedt. Sie hielten sich vom 2. April bis 26. Mai 1905 an der bis dahin unbekannten Nordostküste des Victorialandes auf und brachten ausführliche Kartenskizzen mit.

Die erdmagnetischen und luftelektrischen Messungen

sowie die meteorologischen und ozeanographischen Beobachtungen führte hauptsächlich der überaus geduldige Wiik in der Uranienborg genannten Observatoriumshütte durch. Auch die ärgste Kälte, mitunter 50 Grad C unter Null, konnte ihn von seiner pedantischen Sorgfalt erfordernden Arbeit nicht fernhalten. Was die Geophysik der Gjöa-Expedition verdankt, bezeugt H. U. Sverdrup: „Die Wissenschaft steht bei Amundsen in tiefer Dankesschuld. Er hat unschätzbare Beiträge zur Wetter- und Meereskunde, zur Erkenntnis des Erdmagnetismus und zum Verständnis der Polarlichterscheinungen beigebracht."

Amundsen bemühte sich ferner sehr um Verständnis für Leben und Wesen der Eskimos. Ihm lag daran, von ihnen Gebrauchsgegenstände einzutauschen, die die völkerkundlichen Sammlungen norwegischer Museen bereichern konnten. Er hatte aber auch von Dr. Rae gelernt und besser als die meisten anderen Nordwestpassagen-Forscher begriffen, daß es wichtig war, sich im Notfall auf die Hilfe der Eskimos stützen zu können.

Obwohl eine Wikingernatur, war er doch kein rücksichtsloser Eroberer. Wie er seiner Mannschaft gegenüber niemals den Kommandanten herauskehrte und trotzdem unangefochtene Autorität besaß, so behandelte er die Eskimos freundlich und mit ruhiger Bestimmtheit, was ihm ebenso wie seine überlegene Körperkraft ihren Respekt und ihre Bewunderung eintrug. Sie nannten ihn vertraulich Amukjenna oder auch Isomata Angi, was soviel wie Großer Häuptling bedeutete. Betrat er ihre Wohnstätten, so erhoben sich die Anwesenden, und seine Anordnungen befolgten sie widerspruchslos.

Das verstärkte seinen angeborenen Hang zur Lehrhaftigkeit und Ordnung, ja zur Pedanterie. Er liebte es gar nicht, wenn in seiner Gegenwart geflucht oder geschweinigelt wurde. An Bord der Gjöa sah und hörte er darüber hinweg, weil er wußte, daß er seine Seemänner nicht ändern konnte. Doch als er bemerkte, daß die Eskimos die derben Flüche der Besatzung übernahmen, verbot er seinen Leuten streng, in deren Beisein zu fluchen.

Umgekehrt wurden die Gewohnheiten der Eskimos seinem ausgeprägten Sinn für Sauberkeit lästig. Mit Grausen beobachtete er, daß sie ihre Zungen als Wasch- und Wischlappen benutzten und ihren Kindern alle Körperteile beleckten wie Katzen. Er wollte ihnen durchaus beibringen, sich mit Wasser zu waschen und zu schwimmen. Seine Männer sollten ein gutes Beispiel geben. Sie mußten sich im Sommer so oft wie möglich in Süßwassertümpeln abseifen und baden. Doch nichts verfing, die Eskimos lachten unbändig beim Anblick der Badenden; ihre Wasserscheu blieb unüberwindlich.

Energisch rückte Amundsen auch ihrem Hang zu Müßiggang und Schmarotzerei zu Leibe. Als sie zu beharrlich beim Schiff herumlungerten und sich aus der Küche der Gjöa versorgen ließen, nahm er drei ihrer angesehensten Jäger beiseite und erklärte ihnen: „Morgen geht ihr auf Fahrt!" Sie taten, als verstünden sie ihn nicht. Der Gedanke, sich von den gefüllten Fleischtöpfen und den Tabakvorräten der Gjöa zu trennen, behagte ihnen nicht.

Amundsen ließ sich nicht irremachen. „Morgen geht ihr auf Fahrt und sucht euch einen Robbenfangplatz!"

Betroffen ließen sie die Köpfe hängen. „Wir haben keine Hunde!"

Da kamen sie bei Amundsen schlecht an. „Hunde leihe ich euch", sagte er. „Wenn ihr den Fangplatz gefunden habt, schickt ihr sie mir zurück."

Betrübt schlichen sie davon. Sie wagten nicht, sich dem mächtigen, starken Amukjenna zu widersetzen. Am nächsten Morgen zog wirklich die ganze Sippe lustlos über das Eis. Nachdem sie drei Seehunde erlegt hatten, kehrten sie zum Schiff zurück. Jetzt erklärte Amundsen ihnen grob, wer in Zukunft Tabak, Tee oder Zucker haben wolle, müsse Seehundsfelle dafür liefern. Von da an jagten sie tatsächlich eifrig.

Neunzehn Monate lang regierte Amundsen wie ein väterlich wohlwollender, aber strenger Häuptling im Bereich des Gjöa-Hafens. Das befriedigte ihn so, daß ihn nicht einmal die durch das Eis der Simpson-Straße erzwungene zweite Überwinterung verdroß.

Dann aber trug sich, während Hansen und Ristvedt im Mai 1905 auf Fahrt im Victorialand waren, beim Gjöa-Hafen folgendes zu: Der beste Jäger der Sippe, Umiktualla, von den Gjöa-Leuten Uhu genannt, lag Amundsen schon lange mit der Bitte in den Ohren, ihm seinen alten englischen Vorderlader durch einen Karabiner zu ersetzen. Weil der Uhu längst eine Belohnung für seinen Jagdeifer und seine Dienstwilligkeit verdiente, gab Amundsen schließlich nach.

Die neue Waffe erregte besonders die Neugier der Eskimo-Jungen. Sohn und Stiefsohn des Uhus spielten mit ihr, ein Schuß ging los und tötete den Sohn. Der Anblick des toten Kindes raubte dem Vater jede Überlegung. Er schleifte den Unglücksschützen aufs Eis hinaus und tötete ihn mit drei Messerstichen.

Amundsen war tief betroffen. Dieses Unglück warf einen Makel auf seine ganze Expedition und beschattete die Freude an den erfüllten Tagen im Gjöa-Hafen auf King-Williams-Land.

Als im Hochsommer das Eis der Simpson-Straße aufging, lichtete die Gjöa am 13. August die Anker, um die Fahrt durch die Nordwestpassage zu vollenden.

Es liegt in der Natur des Menschen

Das Eis in der Simpson-Straße, in der Dease-Straße, im Coronation-Golf sowie in der Union- und Dolphin-Straße gab lediglich eine schmale, seichte Rinne dicht unter Land frei. Nur ein Schiff mit dem geringen Tiefgang der Gjöa konnte sie passieren. Lot- und Ausguckposten kamen tagelang nicht zur Ruhe, und der Kapitän ging nicht vom Ruder weg. Manchmal trennten nur wenige Zentimeter Wasser den Kiel des Schiffes vom felsenübersäten Meeresgrund. Die tiefste Lotung ergab ganze drei Faden. Es war ein Glück, daß das Wetter während dieser mühselig-langsamen Fahrt ruhig blieb.

Am 17. August erreichte die Gjöa die Cambridge-Bucht an der Südküste des Victorialandes. Damit war die Durchfahrt eigentlich schon vollendet, denn bis hierher war Kapitän Collinson 1852 bei seiner Suche nach Franklin bereits vorgedrungen. Amundsen konnte sich von nun an wieder auf exakte Angaben und Karten eines Vorgängers stützen, die ihm sagten, wo er ausreichend tiefes Wasser finden würde.

Doch nun machten Wetter und Eis dem Schiff hart zu schaffen. Bis jener Meeresteil westlich der Union- und Dolphin-Straße erreicht war, der heute den Namen Amundsen-Golf führt, wurde Amundsen von einer kaum erträglichen Spannung gefoltert. „Ich hatte tagelang kaum einen Bissen essen können", erzählt er. „Zwar spürte ich quälenden Heißhunger, aber bei den Mahlzeiten war mir die Kehle wie zugeschnürt. Als wir endlich aus der Bedrängnis heraus waren, überfiel mich ein wahrer Wolfshunger. An den Wanten hing Rentierfleisch zum Trocknen. Eine Scheibe des rohen Fleisches nach der anderen schnitt ich ab und schlang es in mich hinein. Der Magen nahm das barbarische Schlingen übel. Ich mußte die Fische füttern. Doch kaum war das geschehen, meldete sich der Hunger wieder, und ich verschlang aufs neue das halb gefrorene Fleisch. Diesmal behielt ich es bei mir, und damit kehrte die Vernunft zurück. Nun fühlte und sah ich auch, welche Spuren diese drei Wochen ununterbrochener Spannung hinterlassen hatten: Mein Gesicht war faltig und verfallen wie das eines Siebzigjährigen, obwohl ich gerade erst dreiunddreißig war."

Die Mannschaft war nicht weniger strapaziert worden. Sie hatte täglich kaum mehr als eine Stunde Schlaf gehabt und war zwölf Tage lang nicht aus den Kleidern gekommen. Jeder war froh, als der Kapitän statt des achtzehnstündigen Wachdienstes am 26. August wieder den üblichen Sechs-Stunden-Turnus anordnete. Dann übergab er die Wache seinem Stellvertreter Hansen und kroch in die Koje. Doch kurz darauf kam Hansen aufgeregt in die Kajüte gestürzt und schrie: „Schiff in Sicht!“

„Im ersten Augenblick war mir, als wollte mein Herz stehenbleiben“, berichtet Amundsen. „Alle Müdigkeit fiel von mir ab. Ich fuhr eilends in die Kleider. Während ich mit zitternden Fingern die Knöpfe schloß, fiel mein Blick auf das Bild Nansens, das die Schottwand gegenüber der Koje schmückte. Mir war, als lächelte der große Schutzpatron der Polarforscher mir freundlich zu: Du hast es geschafft, mein Junge, hast die Nordwestpassage bezwungen, hast deinen Jugendtraum verwirklicht! Unbeschreiblich frei, leicht und glücklich war mir in diesem Augenblick zumute! Nie wieder werde ich dergleichen erleben. Dann lief ich an Deck.“

Das fremde Schiff war schon auf Rufweite heran. Die Gjöa hißte die norwegische Flagge und dippte sie. Drüben, auf dem Walfänger Charles Hansson aus San Francisco, ging das Sternenbanner hoch. Das war es, worauf in dem langen Ringen um die Nordwestpassage so viele Männer gehofft und wofür sie Leben und Hab und Gut eingesetzt hatten: Ein Schiff, das aus dem Atlantik kam und den Erdteil Amerika im Norden umrundete, begegnete einem Schiff, das ihm aus dem Pazifik entgegenkam. Amundsens freudige Erregung über das Gelingen seiner Fahrt klang ab. Für ihn bedeutete diese Begegnung gleichsam nur noch eine nachträgliche Bestätigung der vollbrachten Leistung. Die Mitteilung des Walfängerkapitäns, von Point Barrow an sei das Meer so gut wie eisfrei gewesen, ließ hoffen, daß die Gjöa die Heimreise ohne Hinderung zurücklegen könne.

Doch schon am nächsten Tag, vor Kings Point bei der Mackenzie-Mündung, meldete der Ausguck: „Dichtes Packeis voraus!“ Dicht unter Land mußte die Gjöa vor Anker gehen. Tagelang hoffte man, das Eis werde den Weg

noch einmal freigeben. Vergeblich! Man mußte sich auf eine neue Überwinterung einrichten.

Sie dauerte zehn Monate. Amundsen, von wachsender Unrast gequält und in seinen Gedanken schon mit Plänen zu einem Vorstoß zum Nordpol beschäftigt, brach aus dem gleichmäßig ruhigen Gang der abermals mit meteorologischen und erdmagnetischen Beobachtungen ausgefüllten Wintermonate aus. Er unternahm eine Schlittenreise nach Eagle City in Alaska, um von dort die ersten Berichte über seine Fahrt durch die Nordwestpassage in die Welt zu kabeln. Während seiner Abwesenheit starb Gustav Wiik, der immer geduldige Betreuer des Observatoriums, an einer Lungenentzündung.

Mitte Juli 1906 endlich kam die Gjöa vom Eis frei. Am 31. August ließ sie auf der Reede der damals noch blühenden Goldgräbersiedlung Nome die Anker fallen, lärmend begrüßt von einer jubelnden Menge, die den Bezwinger der Nordwestpassage überschwenglich feierte. Amundsen reiste von hier aus mit einem gerade abfahrbereiten Postschiff nach Süden. Er wollte unverzüglich ausführliche Berichte über seine Fahrt in die Öffentlichkeit bringen, um durch sie die Publizität zu gewinnen, die ihm sein nächstes Vorhaben erleichtern sollte.

Godfred Hansen steuerte die Gjöa nach San Francisco. Zuvor blieb sie noch fünf Tage vor Nome, denn sie brauchte einen neuen Mast: Der Zimmermann gab ihn billig her – unter der Bedingung, daß er den alten dafür bekäme. Hansen willigte ein. Aber er war doch neugierig, was den Handwerker zu dem Handel veranlaßte.

„Es zeigte sich“, erzählt Hansen, „daß er ein schlauer Geschäftsmann war. Er zersägte den alten Mast in Scheiben und verkaufte sie, das Stück für einen Dollar, an alle, die ein Andenken an das Schiff haben wollten, das als erstes die Nordwestpassage durchfahren hatte. Er machte ein sehr gutes Geschäft dabei, denn ich glaube fast, er hat nicht nur unseren alten Mast in Scheiben zersägt. Die Nachfrage war sehr groß.“

Es wunderte Hansen nach seiner ersten Erfahrung mit dieser amerikanischen Form der Heldenverehrung nicht mehr sehr, daß wenig später die Stadt San Francisco die wackere kleine Gjöa erwarb, um sie als Denkmal in einem Park aufzustellen.

Amundsens Heimatland Norwegen machte von seinem Erfolg weniger Aufhebens. Die bedeutendste Zeitung des Landes gönnte der Nachricht nur wenige Zeilen auf der zweiten Seite – neben Notizen über Kommunalwahlen, die Hitze in London und ähnlichem.

Was hatte Amundsen mit seiner Gjöa-Fahrt geleistet? Kein Zweifel, er hatte eine Aufgabe zu Ende geführt, für die Seefahrer und Gelehrte vierhundert Jahre lang viel Geist, Mut und Geld aufgewandt hatten. Im Grunde war damit nur noch einmal bestätigt worden, was man seit Franklin und MacClure bereits wußte: daß es mit der Nordwestpassage nicht mehr auf sich hatte als etwa mit der Erreichung der Erdpole. Für die Wissenschaft hatte sie nur bedingten, für den Welthandel gar keinen Wert.

Roald Amundsen hatte in diesem Abenteuer die Erfüllung eines verwegenen Traums gefunden und damit die Selbstbestätigung, die der Mensch braucht, der vor sich und der Welt bestehen will. Daß es ihm darüber hinaus Anerkennung, Ruhm und Ehrungen einbrachte, war ein Gewinn, der ihm mithalf, die neuen Abenteuer zu finanzieren, die er plante.

Für diesen Gewinn an Ansehen und Kreditwürdigkeit mußte er freilich einen hohen Preis zahlen: Was immer er fortan unternahm, man erwartete von ihm das Außerordentliche.

Daß seine Leistung vorwiegend seemännisch-sportlichen Ranges war, wußte er vermutlich selbst. Doch einem Menschen seiner Art, für dessen Tatendrang und Abenteuerlust seine Zeit und Mitwelt keine rechte Verwendung hatte, blieb keine andere Wahl. Er fand Befriedigung nur, wenn er hinter dem Steuer seines Schiffes stand, die Weite der See und das kalte Blinken ferner Eisfelder um sich hatte.

Nur dann konnte er ohne Pein an die voraufgegangene Kreditsuche, an die Hetzjagd der Vortragsreisen und an die unvermeidlichen Zeitungsartikel denken: ganz ein Wiking – der letzte, der zu spät geborene, aber gleichwohl legitime Nachfahr jener normannischen Seefahrer, von denen das norwegische „Königsbuch“ des 12. Jahrhunderts sagt: „Du fragst, was diese Leute dazu verlockt, unter großer Gefahr für Leib und Leben nach jenem Land zu suchen? Das erste ist die Freude an Kampf und Ruhm, denn es liegt in der Natur des Menschen, daß er weder Kampf noch Gefahr scheut, wenn er sich einen Namen machen kann. Das zweite ist die Wißbegier, denn der Mensch ist so geartet, daß er allem nachspüren muß, wovon er gehört hat, und sich mit eigenen Augen überzeugen will, ob es sich damit so verhält, wie ihm gesagt wurde.“

Auf jeden Fall war Amundsen ein Charakter, der sich würdig zu jenen wagemutigen Männern gesellt, die sich vor ihm bei der Suche nach einer Durchfahrt vom Atlantischen zum Pazifischen Ozean der Nachwelt als Helden, Dulder und Narren gezeigt haben.

Öl und Technik schlagen ein neues Kapitel auf

Als Amundsen 1929 bei dem Versuch, dem italienischen Polflieger Nobile zu Hilfe zu kommen, mit dem Flugzeug im Meer versank, hieß es in einem Nachruf, von all seinen Erfolgen sei die Bezwingung der Nordwestpassage wahrscheinlich der dauerhafteste, weil kein Schiff und kein Seemann sie jemals wiederholen werde. Doch das war ein Irrtum. Dasselbe Fahrwasser wie die Gjöa befuhr 1940 bis 1942 der kanadische Polizeischoner St. Roch von West nach Ost und im Jahre 1944 noch einmal, als erster sogar in einer einzigen Navigationsperiode, von Ost nach West. Diese Leistung wiederholte 1954 das kanadische Forschungsschiff Labrador.

Die Fahrten dieser beiden Schiffe dienten jedoch ganz anderen Zielen als Amundsens Gjöa-Fahrt. Sie waren Erkundungsreisen, um die Lebensverhältnisse der Eskimos zu überprüfen und zugleich geologische und ozeanographische Untersuchungen im kanadischen Arktis-Archipel durchzuführen. Die Durchfahrt durch die Nordwestpassage ergab sich dabei nebenher. Kennzeichnend war für diese Unternehmungen, daß sie sich aller Hilfsmittel moderner Expeditionstechnik bedienen konnten und dadurch ein Maß an Sicherheit und Wirksamkeit erreichten wie keine andere Expedition vorher.

Trotzdem dachte niemand in der Welt daran, daß die Nordwestpassage als Schiffahrtsweg jemals in Betracht gezogen werden könnte. Aber im Sommer 1969 – fast zur gleichen Zeit, als das größte Forschungsabenteuer des 20. Jahrhunderts, der Vorstoß des Menschen zum Mond, verwirklicht wurde – geschah das Unerwartete: Die Nordwestpassage offenbarte sich aufs neue als ein begehrenswertes Ziel! Und wieder war es eine kostbare, viel umworbene Ware, die sie ins Spiel brachte!

Hatte am Anfang der abenteuerlichen Geschichte der nordwestlichen Durchfahrt der Traum bestanden, durch diesen Seeweg um das nördliche Amerika herum schneller und bequemer zum Gold und zu den Gewürzen des Fernen Ostens zu gelangen, hatten später kostbare Pelze die Suche nach dieser Durchfahrt vorangetrieben, so wurde nun, in unseren Tagen, das Öl die treibende Kraft für einen erneuten Versuch, die Nordwestpassage als Schiffahrtsweg nutzbar zu machen.

An der Nordküste Alaskas, an der Prudhoe-Bucht, war man 1967 bei Probebohrungen auf unerhört reiche Ölvorkommen gestoßen. Geologische Untersuchungen ließen ferner vermuten, daß entlang der ganzen arktischen Küste Amerikas und im Bereich des kanadischen Archipels noch weitere reiche Ölvorkommen sich unter Dauerfrostboden und Eis verbargen – von anderen Bodenschätzen wie Eisen, Kupfer, Nickel und Blei ganz zu schweigen.

Die Frage war nur: Wie sollte man das „flüssige Gold“ der arktischen Ölquellen zu den Verarbeitungsstätten der Industrieländer transportieren? Die Ölfachleute hielten nach ihren Erfahrungen mit anderen unwirtlichen Landschaften die Überland-Rohrleitung für den zweckmäßigsten, wenn auch kostspieligsten Weg. Den Seetransport, die Nordwestpassage, zog nicht einer von ihnen auch nur für einen Augenblick in Betracht.

Wieder – wie schon manchmal im Lauf der Geschichte der Nordwestpassage – war es ein phantasiebeschwingter Laie, ein „Träumer“, der sich hartnäckig und begeistert zu ihrem Verfechter machte: der Chemiker Stanley B. Haas, der im Dienst der großen Ölgesellschaft stand, die in der Prudhoe-Bucht fündig geworden war. Er hatte die

Geschichte der Nordwestpassage, insbesondere den Bericht über die Fahrt der Labrador, genau studiert. Obwohl – oder gerade weil? – er kein Seemann und kein Schifffahrtssachverständiger war, schloß er aus diesem Studium, es gebe keinen besseren, wirtschaftlicheren Weg, als das Öl mit Tankern aus der Arktis herauszuholen.

Es gelang seiner an Besessenheit grenzenden Hartnäckigkeit, mit seinem Plan bis zu den leitenden Herren der Ölgesellschaft vorzudringen. Er trug ihn so begeistert und zugleich so wohlfundiert durch Statistiken und Berechnungen vor, daß er ihn seinen Vorgesetzten schmackhaft machte. Natürlich hielt man ihm Bedenken entgegen – zum Beispiel, was er da vorschlage, sei ein Wagnis ohnegleichen und ohne Vorbild.

„Ohne Vorbild?" gab Haas verwundert zurück. „Was Männer wie Franklin, Parry, MacClure und Amundsen mit Segelschiffen aus Holz zustande gebracht haben – nämlich tief ins Eis der Nordwestpassage vorzustoßen, das müßte doch modernen Schiffen mit starken Maschinen und allen anderen Hilfsmitteln, die uns die Technik anbietet, erst recht möglich sein!"

„Aber kleine Tanker würden uns kaum etwas nützen! Und nur solchen könnten Eisbrecher den Weg bahnen."

„Wer spricht von kleinen Tankern? Riesentanker muß man eigens für die Nordwestpassage bauen – Schiffe, die die Geräumigkeit und Ladefähigkeit moderner Überseetanker mit der Kraft und der Widerstandsfähigkeit eines Eisbrechers verbinden!"

„Und die Kosten, Mister Haas?"

„Nicht mehr als 40 Millionen Dollar", erwiderte Haas leichthin, als ob das gar nichts sei. „Wenn wir den Reichtum, den wir am Rand der Arktis gefunden haben, flüssig machen, das heißt in Geld umwandeln wollen, muß man sich dazu verstehen, mit der Wurst nach der Speckseite zu werfen."

Seine Berechnungen, vereint mit seiner Beredsamkeit, überzeugten die Herren Direktoren. Sie standen auch dann

noch zu ihrer Überzeugung, als die Schiffahrtssachverständigen den Plan für einen „ausgemachten Blödsinn" erklärten. Man wählte für die Versuchsfahrt den Riesentanker Manhattan. Er wurde mit allen Mitteln und neuen Erkenntnissen moderner Schiffbautechnik umgebaut und ausgerüstet, erhielt einen neuartigen Eisbrecherbug, die allermodernsten Navigationsanlagen, zwei Hubschrauber für Erkundungsflüge und schließlich eine eigens für diese Aufgabe geschulte Besatzung.

Nicht ein einzelner, sondern drei Kapitäne, von denen jeder seine spezielle Aufgabe hatte, sollten das Schiff mit Hilfe einer ausgeklügelten, von Computern koordinierten Navigation durch die nordwestliche Durchfahrt führen. Nachrichtensatelliten übermittelten vom Schiff zum Land, vom Land zum Schiff die von Minute zu Minute errechneten und ausgewerteten Navigationsdaten, ähnlich wie bei einem Raumschiff, das auf dem Weg zum Mond ist. Der Kurs wurde so ständig überwacht und korrigiert, der böse Zufall von Eisdrift und Strömungsdruck, der vordem den Schiffen in der Nordwestpassage so oft zum Verhängnis geworden war, weitgehend ausgeschaltet – weitgehend, nicht ganz, wie sich im Laufe der Fahrt erweisen sollte.

Am 24. August 1969 trat die Manhattan von Philadelphia aus ihre Reise an. Am 5. September unternahm sie bei Thule an der Westküste Grönlands im altberühmt-berüchtigten Gewässer des Melville-Sunds ihren ersten Vorstoß ins Eis, um ihre Eisbrecherfähigkeit zu erproben. Erst als sie sich dabei bewährt hatte, ging sie, von zwei kleinen Eisbrechern begleitet, auf den Kurs, dem Parry 1819 als erster gefolgt war: durch den Lancaster-Sund und die Barrow-Straße nach Westen.

In der MacClure-Straße erging es der Manhattan jedoch nicht anders als seinerzeit Parry. Undurchdringliches Packeis versperrte ihr den Weg nach Westen. Einige gefahrvolle Stunden hindurch saß sie im pressenden Packeis fest, und es schien, als sollte das Unternehmen hier scheitern. Nur mit Mühe kämpfte sie sich mit Hilfe der begleitenden

Eisbrecher aus der gefährlichen Umklammerung frei. Die Schiffsführung entschloß sich, auf die Durchfahrt durch die MacClure-Straße zu verzichten und den Weg nach Süden, durch die Prince-of-Wales-Straße, zu erzwingen.

Dem mächtigen Eisbrecherbug der Manhattan und ihren starken Turbinen gelang, was Parry und MacClure seinerzeit versagt geblieben war. Sie brach in mehreren Anläufen durch die Eisbarriere, die ständig die MacClure-Straße von der Prince-of-Wales-Straße trennt. Dahinter öffnete sich, wie es MacClure 1850 erlebt hatte, eisfreies Wasser durch die Amundsen-See bis hin zur Nordküste Alaskas. Am 26. September konnte die Manhattan auf der Reede vor Point Barrow die Anker fallen lassen. Wofür Amundsen drei Jahre, das kanadische Forschungsschiff Labrador noch sieben Monate brauchte, hatte die Manhattan nur wenig mehr als vier Wochen benötigt. Die Fortschritte moderner Schiffbautechnik, vor allem aber die durch die Raumfahrt aufs höchste entwickelte moderne Nachrichtentechnik hatten diesen Rekord ermöglicht.

Die Weltöffentlichkeit, vom Rekord der ersten Landung auf dem Mond fasziniert, hat kaum bemerkt, daß wenige Wochen später im hohen Norden eine bahnbrechende Leistung vollbracht wurde. Dennoch hat sie nicht, wie Haas erwartete, vermocht, „eine neue Ära im Ölzeitalter zu eröffnen“ und ein neues, für Seefahrt wie Weltwirtschaft gleich bedeutsames Kapitel aufzuschlagen: Voll mit Rohöl aus der Prudhoe Bay beladen, hätte die „Manhattan“ zu viel Tiefgang gehabt, um – wie es die Sicherheit gebot – die Nordwestpassage in Küstennähe zu befahren. Sie nahm für die Rückfahrt als symbolische Fracht ein Barrel Rohöl mit. Der Inhalt dieses Fasses dürfte für alle Zeiten das teuerste Öl bleiben. Die Ölgesellschaften jedoch entschieden sich danach für den Bau des Alaska-Pipeline und damit gegen die Nordwestpassage. Wovon alle geträumt, wofür alle gekämpft und gelitten haben, die diesen Seeweg den Schiffen der seefahrenden Nationen öffnen wollten, das blieb unerfüllter, unerfüllbarer Traum.

Literaturnachweis

Amundsen, R.: Mein Leben als Entdecker. Leipzig, 1928.

Amundsen, R.: The North-West Passage. Being the record of a voyage of exploration of the ship „Gjöa" 1903 - 1907. New York, 1908.

Armstrong, A.: A Personal Narrative of the Discovery of the North-West Passage. London, 1857.

Arnesen, O.: Roald Amundsen. Stuttgart, 1929.

Asher, G. H.: Hudson the Navigator. London, 1860.

Back, George: Narrative of the Arctic Land Expedition to the Mouth of the Great Fish River. London, 1836.

Barrow, John: Chronical History of the Voyages into the Arctic Regions. London, 1818.

Barrow, John: Voyages of Discovery within the Arctic Regions from the Year 1818 to the Present Time. London, 1846.

Benson, E. F.: Sir Francis Drake. Leipzig, 1936.

Biddle, O.: Memoir of Sebastian Cabot. London, 1832.

Biggar, H. P.: The Great Age of Discovery. Quebec, 1930.

Biggar, H. P.: Precursors of Jacques Cartier. Ottawa, 1911.

Biggar, H. P.: The Voyages of Jacques Cartier. Ottawa, 1924.

Biggar, H. P.: The Works of Samuel Champlain. Toronto, 1925.

Bolton, H. E.: Spanish Exploration in the Southwest 1542 to 1706. New York, 1916.

Bonneau, C. de: Historie du Canada Français 1534 - 1763. Paris, 1950.

Bourne, E. G.: Spain in America. New York, 1904.

Brandes, Carl: Die Unternehmungen zur Rettung Sir John Franklins. Berlin, 1854.

Brown, John: The North-West-Passage and the Plans for the Search for Sir John Franklin. London, 1858.

Burpee, L. J.: The Search for the Western Sea. Toronto, 1908.

Carter, H. D.: Sea of Destiny. The Story of Hudson's Bay. New York, 1940.
Champlain, S. de: Les Voyages du Sieur de Champlain. Paris, 1830.
Channing/Lansing: The Story of the Great Lakes. New York, 1912.
Coates, W.: Geography of Hudson's Bay. London, 1852.
Collinson, T. B.: The Three Voyages of Martin Frobisher. London, 1867.
Collinson, T. B.: Journal of H. M. S. „Enterprise" on the Expedition in Search of Sir John Franklin's Ships. London, 1889.
Creighton, D. G.: Dominion of the North. London, 1958.
Croix, R.: Mysteries of the North Pole. New York, 1956.
Crouse, N. M.: In Quest of the Western Ocean. New York, 1928.
Crouse, N. M.: The Search for the North-West Passage. New York, 1934.
Daenell, E.: Die Spanier in Nordamerika. München, 1911.
Dugas, G.: The Canadian West and its Discovery by the Sieur de la Verendrye. Montreal, 1905.
Ellis, H.: A Voyage to the Hudson's Bay by the Dobbs Galley and California in the Years 1746 and 1747 for Discovering a North-West Passage. Dublin, 1749.
Esso-Magazin, Nr. 2/69. Hamburg, 1969.
Forster, J. R.: Geschichte der Entdeckungen und Schiffahrten im Norden. Frankfurt a. O., 1784.
Franklin, John: Geschichte einer Reise zu den Küsten des Polarmeers in den Jahren 1819 - 1822. Weimar, 1824.
Franklin, John: Geschichte einer zweiten Reise zum Polarmeer in den Jahren 1823 - 1825. Weimar, 1828.
Fremont, D.: Pierre Esprit Radisson. Winnipeg, 1934.
Guenin, R.: Ango et ses Pilotes. Paris, 1901.
Hakluyt, R.: Divers Voyages, ed. Hakluyt Society. London, 1850.
Hanssen, H.: Der harte Weg. Mit Amundsen im Kampf um die Pole. Wiesbaden, 1955.

Harrisse, H.: John Cabot. London, 1895.
Harrisse, H.: Jean et Sebastian Cabot. Paris, 1882.
Harrisse, H.: The Discovery of North America. Paris, 1892.
Hauser, H.: Kanada. Berlin, 1940.
Havighurst, W.: Im Lande Lederstrumpfs. Wiesbaden, 1949.
Hearne, S.: S. H.'s Reise von dem Prinz von Wallis-Fort an der Hudsons Bay bis zu dem Eismeer. (Deutsche Bearb. v. J. R. Forster in: Magazin merkw. neuer Reisebeschreib., Bd. 14.) Berlin, 1797.
Herrmann, E.: Das Nordpolarmeer – Mittelmeer von morgen. Berlin, 1949.
Howard, J. K.: Strange Empire. New York, 1952.
Janvier, F. A.: Henry Hudson, London, 1909.
Jouon de Langrais, F.: Jacques Cartier. Paris, 1888.
King, Richard: The Franklin Expedition from First to Last. London, 1855.
Kingsley, H.: Tales of Old Travel. London, 1890.
Kretschmer, K.: Die Entdeckung Amerikas. Berlin, 1892.
Lanctôt, G.: Jacques Cartier devant l'Histoire. Montreal, 1947.
Lescarbot, M.: Histoire de la Nouvelle France. (Neudruck.) Paris, 1866.
Lütgen, K.: Der Große Kapitän. Braunschweig, 1950.
Lütgen, K.: Die Hunde der Götter. Minden, 1961.
MacClintock, L.: The Voyage of the „Fox" in the Arctic Seas. A Narrative of the Discovery of the Fate of Sir John Franklin and his Companions. London, 1859.
MacIlraith, P.: Life of Sir John Richardson. London, 1868.
MacKay, D.: The Honourable Company. London, 1937.
Mackenzie, A.: Reisen von Montreal durch den Kontinent von Nordamerika zum Eismeer und zum Stillen Ozean. (In: Bibliothek der neuesten und wichtigsten Reisebeschreibungen, Bd. 7.) Weimar, 1802.
Margry, P.: Les Navigations Françaises. Paris, 1867.
Markham, A. H.: Life of Sir John Franklin. London, 1882.

Markham, C. R.: Life of John Davis. London, 1889.
Markham, C. R.: Voyages and Works of John Davis the Navigator. London, 1880.
Markham, C. R.: The Voyages of William Baffin. London, 1881.
Mecking, L.: Die Polarländer. Leipzig, 1925.
Nansen, F.: Nordische Meere. Leipzig, 1907.
Nute, G. L.: The Voyageur. New York, 1931.
Ober, W. H.: John and Sebastian Cabot. London, 1908.
O'Reilly, B.: Greenland, the Adjacent Seas and the North-West-Passage to the Pacific Ocean. Edinburgh, 1818.
Osborn, Sh.: The Discovery of the North-West Passage by H. M. S. Investigator, Capt. Robert MacClure. London, 1857.
Osborn, Sh.: Career, Last Voyage and Fate of Franklin. London, 1860.
Parkman, F.: Pioneers of France in the New World. Boston, 1899.
Parkman, F.: The Jesuits in North America. Boston, 1895.
Parry, W. E.: Voyages for the Discovery of a North-West Passage 1819 - 1825. London, 1828.
Parry, E.: Memoirs of Rear-Admiral Sir William Edward Parry. London, 1857.
Peschel, O.: Geschichte der Erdkunde. München, 1865.
Peschel, O.: Geschichte des Zeitalters der Entdeckungen. Meersburg, 1930.
Plawenn, O.: Manitu im Harnisch. Freiburg, 1955.
Powys, D. W.: Henry Hudson. New York, 1928.
Prestage, E.: Die portugiesischen Entdecker. München, 1963.
Prowse, D. W.: A History of Newfoundland. London, 1895.
Purchas, S.: Samuel Purchas His Pilgrims. (Modern Edition.) Glasgow, 1906.
Rae, John: Narrative of an Expedition to the Shores of the Arctic Sea. London, 1850.
Rasmussen, Knud: Heldenbuch der Arktis. Leipzig, 1933.

Rasmussen, Knud: Thulefahrt. Frankfurt a. M., 1934.
Rein, A.: Der Kampf Westeuropas um Nordamerika im 15. und 16. Jahrhundert. Gotha, 1925.
Rein, A.: Die europäische Ausbreitung über die Erde. Potsdam, 1931.
Richardson, J.: An Arctic Searching Expedition. London, 1851.
Richardson, J.: The Polar Regions. London, 1861.
Roncière, B.: Jacques Cartier et la Découverte de la Nouvelle France. Paris, 1931.
Ross, John: Entdeckungsreise der Schiffe Alexander und Isabella. Jena, 1819.
Ross, John: Zweite Entdeckungsreise in die Gegenden des Nordpols während der Jahre 1829 - 1833. Leipzig, 1845.
Rundall, Th.: Narratives of Voyages towards the North-West. London, 1849.
Scoresby-Jackson, R. E.: Life of William Scoresby. London, 1861.
Scott, J. M.: Hudson of Hudsons Bay. London, 1962.
Simpson, A.: Life and Travels of Thomas Simpson, the Arctic Discoverer. London, 1845.
Simpson, Th.: Narrative of the Discovery on the North Coast of America. London, 1843.
Smith, D. M.: Arctic Expeditions from British and Foreign Shores from the Earliest to the Expedition of 1875. London, 1875.
Traill, H. D.: Life of Sir John Franklin. London, 1896.
Wade, M.: The French Canadians. Toronto, 1956.
Weld, Ch. R.: History of the Royal Society. London, 1848.
Williamson, J. A.: Maritime Enterprise 1485 - 1558. Oxford, 1913.
Williamson, J. A.: The Voyages of the Cabotos and the English Discovery of North America. London, 1929.
Williamson, J. A.: The Age of Drake. London, 1938.
Yule, H.: Cathay and the Way thither. London, 1913.

Zeittafel

1473	Der Portugiese Joao Vaz Cortereal mit dänischen Schiffen in den Neufundland-Gewässern; sucht nordwestliche Durchfahrt nach Ostasien.
um 1480	Beginn der portugiesischen Neufundland-Fischerei; um 1500 folgen Basken und Bretonen.
1492 - 1495	Joao Fernandes (genannt „O Labrador“) mit Pedro de Barcellos auf Entdeckungsfahrt zwischen Neufundland, Labrador und Grönland.
1496	John und Sebastian Cabots erste Expedition zur Nordostküste Nordamerikas.
1498	Zweite Expedition der beiden Cabots (mit Joao Fernandes) erreicht Neufundland und Labrador.
1500 - 1502	Portugiesen Gaspar und Miguel Cortereal: zwei Fahrten in die Gewässer nördlich von Neufundland; erreichen angeblich Grönlands Westküste und die Ungava-Bai.
1509	Sebastian Cabots dritte Expedition; führt zur Labradorküste und bis zum Westausgang der Hudson-Straße.
1523 - 1525	Verrazano in französischem Auftrag zweimal an der Ostküste Nordamerikas; entdeckt den Long-Island-Sund.
1526	Esteban Gomez in spanischem Auftrag an der Ostküste Nordamerikas; entdeckt die Fundy-Bai.
1527	John Rut, Expedition zur Labradorküste.
1534 - 1535	Jacques Cartier entdeckt auf zwei Reisen den Inselcharakter Neufundlands und den Sankt-Lorenz-Strom.
1536	Hore sucht die Hudson-Straße zu erreichen, kommt zur Nordküste Neufundlands.

1540 - 1542	Francisco Coronado (zu Lande) und Alarcon (auf dem Pazifischen Ozean) versuchen von Mexiko aus, die Nordwestpassage zu finden.
1576 - 1578	Martin Frobisher: drei Reisen nach „Meta Incognita“ (Baffinland).
1578	Francis Drake sucht von Kalifornien (Neu-Albion) aus die Straße Anian.
1583	Humphrey Gilbert unternimmt einen Siedlungsversuch auf Neufundland.
1585 - 1587	John Davis führt drei Expeditionen in die Gewässer zwischen Grönland, Baffinland und Labrador.
1592	Juan de Fuca: angeblich erfolgreiche Reise von Mexiko zur Straße Anian. Entdeckung der Beringstraße?
1598 - 1601	Samuel de Champlain sucht an der Nordostküste zwischen Kap Breton und Kap Cod nach einer Durchfahrt nach Westen.
1601, 1602	John Knight und George Weymouth: Expedition zur Labradorküste.
1608 - 1612	Samuel de Champlain sucht vom Sankt Lorenz landeinwärts nach der Nordwestpassage.
1608 - 1611	Henry Hudson entdeckt auf der Suche nach der Nordwestpassage den Hudson River und die Hudson-Bai.
1612	Thomas Button erforscht die Süd- und Westküste der Hudson-Bai.
1615	Der französische Waldläufer Etienne Brûle erreicht den Oberen See.
1615 - 1616	William Baffin erforscht (mit Robert Bylot) den Nordteil der Hudson-Bai und das Meer westlich von Grönland bis zum Smith-Sund und Lancaster-Sund.
1619 - 1620	Dänische Expedition unter Jens Munk an der Südküste der Hudson-Bai.

1631	Lucas Foxe erkundet die Westküste der Hudson-Bai und entdeckt den Foxe-Kanal.
1631 - 1632	Thomas James sucht die Nordwestpassage in der Hudson-Bai.
1634	Der französische Waldläufer Jean Nicolet erreicht auf der Suche nach dem Großen Wasser im Westen das Westufer des Michigan-Sees.
1670	Gründung der Hudson Bay Company
1719 - 1728	Im Auftrag der Hudson Bay Company (HBC) suchen Knight, Barlow, Vaughan und Scroggs von der Hudson-Bai aus nach der Nordwestpassage.
1731 - 1743	La Verendrye (Vater und Sohn) erkunden die Prärien zwischen den Großen Seen und den Rocky Mountains.
1741 - 1748	Kapitäne Middleton, Moore und Smith versuchen mehrfach, durch die Wager-Bai, die Repulse-Bai, durch Frozen Strait und das Chesterfield-Inlet eine Durchfahrt nach Westen zu finden.
1769 - 1772	Samuel Hearne dringt im Auftrag der HBC auf dem Landweg zur Polarmeerküste vor.
1778 - 1780	James Cook (vom Pazifischen Ozean aus) und Pickersgill (von der Davis-Straße aus) suchen nach der Nordwestpassage.
1789 - 1792	Alexander Mackenzie dringt auf dem von ihm entdeckten und nach ihm benannten Strom (1789) bis zum Polarmeer und (1792) über die Rocky Mountains bis zum Pazifischen Ozean vor.
1818	John Ross bestätigt Baffins Entdeckungen, findet aber keine Durchfahrt durch den Lancaster-Sund.
1819 - 1820	Parry dringt als erster Europäer durch Lancaster-Sund und Barrow-Straße über den 110. Grad westl. Länge vor und entdeckt

	die großen Inseln im Norden des amerikanischen Arktis-Archipels.
1819 - 1822 1823 - 1825	John Franklin erkundet weite Strecken der Polarmeerküste von Alaska und Kanada.
1821 - 1825	Parrys zweite und dritte Arktis-Expedition: Erkundung der Melville-Halbinsel und des Prince-Regent-Inlet.
1823 - 1826	Beechey versucht, vom Pazifischen Ozean her die Nordwestpassage zu finden.
1829 - 1834	John und James Ross entdecken die Boothia-Halbinsel und den magnetischen Nordpol.
1833 - 1835	George Back und Richard King erforschen den Fisch-Fluß bis zur Polarmeerküste.
1837 - 1839	Simpson und Dease erkunden im Auftrag der HBC die Polarmeerküste zwischen Point Barrow und Boothia-Halbinsel.
1836 - 1837	George Back versucht, das Land hinter Wager-Bai und Repulse-Bai zu erkunden.
1845 - 1848	John Franklins dritte Arktis-Expedition.
1846 - 1848	Dr. John Rae erkundet auf Schlittenreisen (1846/47) das Hinterland der Repulse-Bai (Rae-Isthmus) und auf Bootsfahrten (1848) mit Richardson die Polarmeerküste zwischen Mackenzie- und Kupferminen-Fluß.
1848 - 1859	Rettungs- und Suchexpeditionen für die seit 1845 verschollene Expedition Franklins.
1850/1851	MacClure entdeckt die Nordwestpassage.
1903 - 1906	Amundsen durchsegelt die Nordwestpassage.
1940 - 1942	Der kanadische Polizeischoner St. Roch durchfährt die Nordwestpassage von West nach Ost
1944	und von Ost nach West.
1969	Der amerikanische Öltanker Manhattan durchfährt die Nordwestpassage von Ost nach West in wenig mehr als vier Wochen.